BIBLIOTHÈQUE SOCIALISTE INTERNATIONALE

PUBLIÉE SOUS LA DIRECTION DE ALFRED BONNET

III

ESSAIS

SUR LA

CONCEPTION MATÉRIALISTE

DE L'HISTOIRE

PAR

ANTONIO LABRIOLA

Professeur à l'Université de Rome

TRADUIT PAR ALFRED BONNET

DEUXIÈME ÉDITION

PARIS

V. GIARD & E. BRIÈRE

LIBRAIRES-ÉDITEURS

16, rue Soufflot, 16

1902

ESSAIS
sur la
CONCEPTION MATÉRIALISTE
DE L'HISTOIRE

BIBLIOTHÈQUE SOCIALISTE INTERNATIONALE
PUBLIÉE SOUS LA DIRECTION DE Alfred Bonnet
III

ESSAIS

SUR LA

CONCEPTION MATÉRIALISTE

DE L'HISTOIRE

PAR

ANTONIO LABRIOLA
Professeur à l'Université de Rome

TRADUIT PAR ALFRED BONNET

DEUXIÈME ÉDITION

PARIS
V. GIARD & E. BRIÈRE
LIBRAIRES-ÉDITEURS
16, rue Soufflot, 16
—
1902

PRÉFACE

En apprenant de mon éditeur qu'il y a lieu de faire une *seconde édition* de ce livre, je ne sais si je dois éprouver plus d'étonnement ou plus de plaisir. Les idées que ces *Essais* représentent ont donc désormais un public assuré et suffisamment nombreux, bien que, par leur composition même, ils ne puissent pas faire partie de la littérature populaire ?

En réalité, cette nouvelle édition, sauf quelques très légers changements de certains mots et de certaines phrases, est une simple *réimpression* ; il en est de même de la polémique contre M. Masaryk, que j'ai ajoutée en *appendice*. Aussi me semble-t-il inutile d'écrire une véritable préface.

Il est bon de rappeler que les deux principaux *Essais* de ce volume portent respectivement la date du 7 avril 1895 et du 10 mars 1896, et que l'appendice I est du 18 juin 1899. Cela est utile afin de pouvoir saisir telle ou telle allusion à des événements politiques du moment, et à expliquer pourquoi le xix⁰ siècle est toujours appelé *ce siècle*, mais surtout afin d'expliquer l'absence ici d'une longue préface. Depuis 1895 la littérature pour et contre le *matérialisme historique* en général, et pour et contre le *marxisme* en particulier, a pris de telles proportions, qu'il me faudrait écrire non pas une préface, mais tout un volume, pour défendre à nouveau et à fond les principales propositions de ces *Essais*, qui d'ailleurs ont eu un assez grand nombre de lecteurs, ont été l'occasion d'un bon nombre de polémiques récentes, et ont amené plus d'un à repenser à des choses que jusque-là il avait acceptées ou rejetées un peu hâtivement, sans critique et pour des raisons assez faibles.

Il me faut ajouter quelques observations encore.

Le lecteur curieux des compléments philosophiques généraux de mes *Essais* les trouvera dans un autre volume, qui a paru chez le même éditeur, et dans lequel la forme même de l'exposé m'a permis de rattacher les doctrines socialistes à beaucoup de leurs prémisses sous-entendues ou moins souvent remarquées(1). Ce volume me

(1) *Socialisme et Philosophie.* Paris, Giard et Brière, 1899

dispense de répondre à deux espèces de critiques qui m'ont été faites : « vous êtes un marxiste orthodoxe ; — vous n'êtes plus du tout marxiste ». Ni l'une ni l'autre de ces affirmations né sont exactes. La vérité c'est que, ayant accepté la doctrine du *matérialisme historique,* je l'ai exposée en tenant compte des conditions actuelles de la *science* et de la *politique* et dans la forme qui convient à mon tempérament intellectuel.

Page 10 de la 1re édition italienne du premier des *Essais* contenus dans ce volume je disais dans une *note*, qui n'est pas reproduite dans l'édition française, que je n'avais pas l'intention de *refaire* le Manifeste pour l'adapter aux besoins actuels de la propagande, ni d'analyser ce document dans un commentaire perpétuel. Je disais que je me proposais simplement d'écrire *en mémoire,* c'est-à-dire pour *commémorer* le Manifeste en le confrontant avec l'état actuel du socialisme. Aussi, ni dans son intention, ni dans son exécution, cet Essai ne pourrait-il être comparé avec l'étude récente de M. Andler. Cependant, sans faire aucune comparaison directe entre ces deux travaux, je pense qu'en indiquant, toujours par des remarques rapides, et non en érudit, la genèse du Manifeste, j'ai tenu également compte, en toute justice, de *tous les courants de fait et d'idées*, de toutes les manifestations politiques et littéraires (qu'elles fussent anglaises, françaises ou allemandes) qui ont été concentrées et réfléchies dans le Manifeste, tandis que M. Andler, qui a cependant un savoir si vaste, est resté trop unilatéral dans son analyse, à tant de points de vue d'ailleurs excellente.

Rome, 27 mars 1902

Antonio Labriola.

PREMIER ESSAI

EN MÉMOIRE

DU MANIFESTE DU PARTI COMMUNISTE

En mémoire du Manifeste du parti communiste

Dans trois ans, nous pourrons célébrer notre jubilé. La date mémorable de la publication du *Manifeste du parti communiste* (février 1848) rappelle notre entrée première et incontestable dans l'histoire. C'est à cette date que se réfèrent tous nos jugements et toutes nos appréciations sur les progrès que le prolétariat a faits dans ces cinquante dernières années. C'est cette date qui marque le commencement de *l'ère nouvelle*. Celle-ci éclôt et surgit, ou mieux se dégage de l'ère actuelle, et se développe par formation intime et immanente à celle-ci même, partant, d'une façon nécessaire et inéluctable, quelles qu'en puissent être les vicissitudes et les phases successives, qu'on ne peut prévoir dès maintenant.

Tous ceux d'entre nous qui ont à cœur, ou qui simplement ont besoin de posséder la parfaite intelligence de leur œuvre propre, doivent rappeler à leur esprit les causes et les forces motrices qui déterminèrent la *genèse* du Manifeste, les circonstances dans lesquelles il parut, à la veille de la révolution qui éclata de Paris à Vienne, de Palerme à Berlin. De cette façon seulement il nous sera donné de trouver dans la forme sociale actuelle l'explication de la tendance au socialisme, et de justifier par conséquent, par sa raison d'être actuelle, la nécessité de son triomphe, que dès maintenant nous conjecturons.

N'est-ce pas là, en effet, la partie vitale du Manifeste, son essence et son caractère propre ? (1).
On ferait certainement fausse route si on considérait comme la partie essentielle les mesures conseillées et proposées à la fin du second chapitre pour le cas d'un succès révolutionnaire du prolétariat, ou les indications d'orientation politique à l'égard des autres partis révolutionnaires de cette époque, que l'on trouve dans le quatrième chapitre. Ces indications et ces conseils, — bien qu'ils aient mérité d'être pris en considération au moment et dans les circonstances où ils furent formulés et suggérés, et bien qu'ils soient fort importants pour juger d'une façon exacte l'action politique des communistes allemands dans la période révolutionnaire qui va de 1848 à

(1) Pour la commodité du lecteur nous avons reproduit en appendice la traduction du Manifeste.

1850, — ne forment plus désormais pour nous un ensemble de vues pratiques, pour lesquelles ou contre lesquelles nous devons prendre parti, à chaque événement. Les partis politiques qui, depuis l'Internationale, se sont constitués dans les différents pays, au nom du prolétariat et en le prenant nettement pour base, ont senti et sentent, à mesure qu'ils naissent et se développent, la nécessité impérieuse d'adapter et de conformer leur programme et leur action aux circonstances toujours différentes et multiformes. Mais aucun de ces partis ne sent la *dictature du prolétariat* si proche qu'il éprouve le besoin, le désir ou même la tentation, d'examiner à nouveau les mesures proposées dans le Manifeste et de porter sur elles un jugement. Il n'y a, en réalité, d'expériences historiques que celles que l'histoire fait elle-même ; on ne peut pas plus les prévoir qu'elles ne se font de propos délibéré ou sur commande. C'est ce qui est arrivé au moment de la *Commune*, qui a été, qui est et qui reste, jusqu'à aujourd'hui, la seule expérience approximative bien que confuse, parce qu'elle fut subite et de courte durée, de l'action du prolétariat devenu maître du pouvoir politique. Elle ne fut, d'ailleurs, cette expérience, ni voulue ni cherchée, mais imposée par les circonstances ; elle fut héroïquement conduite et elle est devenue aujourd'hui, pour nous, un salutaire enseignement. Là où le mouvement socialiste est à peine à ses débuts, il peut arriver que, à défaut d'expérience personnelle et directe, on en appelle — et cela est fréquent en Italie — à l'autorité d'un texte comme on ferait d'un précepte : mais, au fond, cela n'a aucune importance.

Il ne faut pas non plus, à mon avis, chercher cette partie vitale, cette essence, ce caractère propre, dans ce que le Manifeste dit des autres formes du socialisme, dont il parle sous le nom de *littérature*. Tout le chapitre troisième peut servir sans doute à bien définir, par voie d'exclusion et d'antithèse, par des caractéristiques brèves mais vigoureuses et fortes, les différences qu'il y a en réalité entre le communisme, communément qualifié aujourd'hui de *scientifique*, — expression dont on se sert souvent à tort et à travers, — c'est-à-dire entre le communisme qui a pour sujet le prolétariat et pour thème la révolution prolétarienne, et les autres formes du socialisme : réactionnaire, bourgeois, semi-bourgeois, *petit-bourgeois*, utopiste, etc. Toutes ces formes, sauf une (1), ont réapparu et se sont renouvelées

---

(1) Je veux parler de cette forme que le Manifeste désigne ironiquement sous le nom de *socialisme vrai, ou socialisme allemand*. Ce paragraphe qui est inintelligible pour tous ceux qui ne sont pas très au courant de la philosophie allemande de cette époque, notamment de certaines de ses tendances marquées de dégénérescence aiguë, a été, avec raison, supprimé dans la traduction espagnole.

plus d'une fois ; elles reparaissent et se renouvellent, même aujourd'hui, dans les pays où le mouvement prolétarien moderne vient à peine de naître. Pour ces pays et dans ces circonstances, le Manifeste a exercé et exerce encore l'office de critique actuel et de *fouet littéraire*. Mais dans les pays où ces formes ont été déjà théoriquement et pratiquement dépassées, comme en Allemagne et en Autriche, ou ne survivent que chez quelques-uns comme opinion individuelle, comme en France et en Angleterre, sans parler des autres nations, le Manifeste, à ce point de vue, a épuisé son rôle. Il ne fait alors qu'enregistrer, comme *pour mémoire*, ce à quoi il n'est plus nécessaire de penser, étant donnée l'action politique du prolétariat, qui déjà se déroule dans son processus normal et graduel.

Ce fut précisément là, par anticipation, la disposition d'esprit de ceux qui l'ont écrit. Par la vigueur de leur pensée et sur quelques données d'expérience ils avaient devancé les événements, et ils se contentèrent de constater l'élimination et la condamnation de ce qu'ils avaient dépassé. Le *communisme critique* — c'est là son nom véritable, et il n'y en a pas de plus exact pour cette doctrine — ne se mettait pas à regretter avec les féodaux la vieille société pour faire par *a contrario* la critique de la société actuelle : — il n'avait en vue que l'avenir. Il ne s'associait plus avec les *petits bourgeois* dans le désir de sauver ce qui ne peut pas être sauvé : — comme par exemple la petite propriété, ou la vie tranquille des petites gens, que l'action vertigineuse de l'état moderne, organe nécessaire et naturel de la société actuelle, détruit et bouleverse, parce que, par ses révolutions continues, il porte en soi et avec soi la nécessité d'autres révolutions, nouvelles et plus profondes. Il ne traduisait pas non plus en bizarreries métaphysiques, en sentimentalité maladive ou en contemplation religieuse, les contrastes réels des intérêts matériels de la vie de chaque jour :— il exposait au contraire ces contrastes dans toute leur réalité prosaïque. Il ne construisait pas la société de l'avenir sur un plan conçu harmoniquement dans chacune de ses parties. Il n'avait aucun mot de louange et d'exaltation, d'invocation et de regret, pour les deux déesses de la mythologie philosophique, la *Justice* et l'*Egalité*, — ces deux déesses qui font si triste figure dans la pratique de la vie de chaque jour, quand on voit que l'histoire s'offre depuis tant de siècles le passe-temps malséant de se faire presque toujours en contradiction avec leurs suggestions infaillibles. Bien plus, ces communistes, tout en déclarant, d'après des faits qui ont force d'argument et de preuve, que les prolétaires ont pour mission d'être les fossoyeurs de la bourgeoisie, rendaient hommage à celle-ci, comme à l'auteur d'une forme sociale qui représente en extension et en intensité un stade important du progrès, et qui peut seule fournir le terrain des nouvelles luttes, qui déjà promettent au prolétariat une issue heureuse. On ne fit jamais oraison funèbre aussi grandiose. Il y a dans ces louanges adressées à la bourgeoisie un certain humorisme tragique ; quelques-uns les ont trouvées dithyrambiques.

Les définitions négatives et *antithétiques* des autres formes du socialisme alors courantes, qui ont souvent réapparu depuis et jusqu'à aujourd'hui, bien qu'elles soient irréprochables dans le fond, dans la forme comme dans le but qu'elles se proposent, n'ont pas la prétention de nous donner, et elles ne nous donnent pas, la véritable histoire du socialisme ; elles n'en fournissent ni les jalons, ni le schéma à celui qui veut l'écrire. L'histoire, en effet, ne repose pas sur la distinction du vrai et du faux, du juste et de l'injuste, et moins encore sur l'antithèse plus abstraite du possible et du réel : comme si les choses étaient d'un côté et qu'elles eussent de l'autre côté leurs ombres et leurs reflets dans les idées. L'histoire est tout d'une pièce, et elle repose sur le processus de formation et de transformation de la société : c'est-à-dire qu'elle se fait d'une façon tout à fait objective, et indépendamment de notre approbation ou de notre désapprobation. Elle est une dynamique d'un genre spécial, pour parler comme les Positivistes, si friands de ces sortes d'expressions, mais qui s'en tiennent souvent au mot nouveau qu'ils ont lancé. Les différentes formes de conception et d'action socialistes, qui ont paru et disparu dans le cours des siècles, si différentes dans leurs causes, leur physionomie et leurs effets, doivent toutes être étudiées et expliquées par les conditions spécifiques et complexes de la vie sociale dans lesquelles elles sont nées. En les étudiant de près, on s'aperçoit qu'elles ne forment pas un seul tout, un processus continu, et que la série en est plusieurs fois interrompue par le changement du complexus social et par la disparition et la rupture de la tradition. C'est seulement à partir de la *Grande Révolution* que le socialisme se présente avec une certaine unité de processus, qui apparait plus évidente à partir de 1830 avec l'avènement politique définitif de la bourgeoisie en France et en Angleterre, et qui devient enfin intuitive et pour ainsi dire palpable depuis l'*Internationale*. Sur cette route, le Manifeste est comme une grande colonne milliaire, portant une double inscription : d'un côté, l'incunable de la doctrine nouvelle qui, depuis, a fait le tour du monde ; de l'autre, l'orientation sur les formes qu'il exclut, mais sans en faire l'histoire (1).

(1) Les cours que je professe à l'Université depuis plusieurs années — depuis huit ans déjà — sur la *genèse du socialisme moderne*, ou sur l'*histoire générale du socialisme*, ou sur l'*interprétation matérialiste de l'histoire,* m'ont permis de me rendre maître de toute cette litté-

La partie vitale, l'essence, le caractère propre de cette œuvre sont tout entiers dans la nouvelle conception de l'histoire qui l'inspire et qui s'y trouve en partie exposée et développée. Grâce à cette conception, le communisme, cessant d'être une espérance, une aspiration, un souvenir, une conjecture, un expédient, trouvait pour la première fois son expression adéquate dans la conscience de sa nécessité même, c'est-à-dire dans la conscience qu'il est le terme et la solution des luttes de classe actuelles. Ces luttes ont varié suivant les temps et les lieux, et sur elles l'histoire s'est développée ; mais elles se réduisent toutes de nos jours à la seule lutte entre la bourgeoisie capitaliste et les ouvriers fatalement prolétarisés. Le Manifeste a donné la genèse de cette lutte ; il en détermine le rythme d'évolution, et en présage le résultat final.

C'est à cette conception de l'histoire que se ramène toute la doctrine du communisme scientifique. Depuis ce moment, les adversaires théoriques du socialisme n'ont plus à discuter sur la

---

rature, d'en tracer la perspective et de la réduire en système. La chose est déjà difficile en elle-même, mais elle l'est plus encore en Italie, où il n'y a pas de traditions d'écoles socialistes et où le parti est si récent qu'il ne peut pas nous servir comme exemple de formation et de processus. — Cet essai ne reproduit aucune de mes leçons. Les leçons ne reproduisent pas les livres qui servent à les faire, pas plus qu'on ne fait des livres en publiant des leçons.

possibilité abstraite de la *socialisation démocratique des moyens de production* (1) : comme si l'on pouvait sur ce point asseoir son jugement sur des inductions tirées des aptitudes générales et communes de la prétendue nature humaine. Il s'agit désormais de reconnaître, ou de ne pas reconnaître, dans le cours des choses humaines, une nécessité qui passe outre à notre sympathie et à notre assentiment subjectif. La société est-elle, dans les pays les plus avancés en civilisation, organisée de telle sorte qu'elle passera au communisme par les lois immanentes à son propre devenir, étant donnés sa structure économique actuelle et les frottements qu'elle produit nécessairement dans son propre sein et qui finiront par la briser et la dissoudre ? C'est là le sujet de toutes les discussions depuis l'apparition de cette théorie. Et de là découle aussi la règle de conduite qui s'impose à l'action des partis socialistes, qu'ils soient composés des prolétaires

(1) Il vaut mieux employer l'expression *socialisation démocratique des moyens de production* que *propriété collective*, parce que celle-ci implique une certaine erreur théorique en ce que, d'abord, elle met à la place du fait réel économique son exposant juridique et de plus, parce que, dans l'esprit de plus d'un, elle se confond avec l'augmentation des monopoles, avec l'étatisation croissante des services publics, et avec toutes les autres fantasmagories du *socialisme d'Etat* toujours renaissant, dont tout l'effet est d'augmenter les moyens économiques d'oppression dans les mains de la classe des oppresseurs.

seuls, ou qu'ils aient dans leurs rangs des hommes sortis des autres classes et qui se joignent comme volontaires à l'armée du prolétariat.

C'est pour cela même que nous acceptons volontiers l'épithète de scientifiques, si on ne veut pas, par là, nous confondre avec les Positivistes, hôtes encombrants parfois, qui se font de la *science* un monopole ; nous ne cherchons pas à soutenir une thèse abstraite et générique comme des avocats ou des sophistes, et nous ne nous évertuons pas à démontrer la rationalité de nos buts. Nos intentions ne sont pas autre chose que l'expression théorique et l'explication pratique des données que nous offre l'interprétation du processus qui s'accomplit parmi nous et autour de nous, et qui est tout entier dans les rapports objectifs de la vie sociale, dont nous sommes le sujet et l'objet, la cause et l'effet. Nos buts sont rationnels, non parce qu'ils sont fondés sur des arguments tirés de la raison raisonnante, mais parce qu'ils dérivent de l'étude objective des choses, c'est-à-dire de l'explication de leur processus, qui n'est pas et qui ne peut pas être un résultat de notre choix, mais qui triomphe au contraire de notre volonté individuelle et la subjugue.

Aucun des ouvrages antérieurs ou postérieurs des auteurs mêmes du Manifeste, bien qu'ils aient une portée scientifique beaucoup plus considérable, ne peut remplacer le Manifeste et n'a la même efficacité spécifique. Il nous donne dans sa simplicité classique l'expression véritable de cette situation : le prolétariat moderne est, se pose, croît et se développe dans l'histoire contemporaine comme le sujet concret, comme la force positive, dont l'action nécessairement révolutionnaire doit trouver dans le communisme son aboutissant nécessaire. Et c'est pour cela que cette œuvre, en donnant à sa prédiction une base théorique, et en l'exprimant en formules brèves, rapides et concises, forme un recueil, bien plus, une mine inépuisable d'embryons de pensées que le lecteur peut féconder et multiplier indéfiniment ; elle conserve toute la force originale et originaire de la chose qui vient à peine de naître, et qui n'est pas encore éloignée du terrain de sa production. Cette observation s'adresse surtout à ceux qui, affichant une docte ignorance, quand ce ne sont pas des fanfarons, des charlatans ou d'aimables dilettantes, donnent à la doctrine du communisme critique des précurseurs, des patrons, des alliés et des maîtres de tout genre, sans respect aucun du sens commun et de la chronologie la plus vulgaire. Ou bien, ils font rentrer notre doctrine matérialiste de l'histoire dans la théorie de l'évolution universelle, qui n'est plus, chez beaucoup, qu'une métaphore nouvelle d'une nouvelle métaphysique ; ou bien, ils cherchent dans cette doctrine un dérivé du darwinisme, qui n'est une théorie analogue qu'à un certain point de vue et dans un sens très large ; ou bien, ils ont l'amabilité de nous gratifier de l'alliance ou du patronage de cette philosophie positiviste qui va de Comte, ce disciple dégénéré et réactionnaire du génial Saint-Simon, à Spencer, cette quintessence du bourgeoisisme anarchique : c'est dire qu'ils veulent nous donner pour alliés nos adversaires les plus déclarés.

C'est à son origine que cet ouvrage doit sa vertu germinative, sa force classique, et d'avoir donné en si peu de pages la synthèse de tant de séries et de groupes de pensées (1).

Il est l'œuvre de deux Allemands, mais il n'est, ni dans la forme ni dans le fond, l'expression d'une opinion personnelle. On n'y trouve ni les imprécations, ni les soucis, ni les rancœurs familiers à tous les réfugiés politiques et à tous ceux qui avaient volontairement abandonné leur pays pour respirer ailleurs un air plus libre. On n'y trouve pas non plus la reproduction directe des

---

(1) 23 pages in-8 dans l'édition originale (Londres, février 1848), que je dois à l'extrême amabilité d'Engels. Je dois dire ici, en passant, que j'ai résisté à la tentation de mettre des notes bibliographiques, des renvois, des citations, car j'aurais fait alors un travail d'érudition ou un livre plutôt qu'un simple essai. J'espère que le lecteur voudra bien me croire sur parole : il n'y a pas dans tout cet essai d'allusions, d'indications ou de sous-entendus, que je ne puisse appuyer sur des sources.

conditions de leur patrie, alors dans un état politique lamentable, et qui ne pouvaient être comparées à la France et à l'Angleterre, socialement et économiquement, que pour certaines parties de son territoire seulement. Ils y apportèrent, au contraire, la pensée philosophique qui seule avait mis et maintenu leur patrie à la hauteur de l'histoire contemporaine : cette pensée philosophique qui, précisément avec eux, subissait cette transformation importante qui permettait au matérialisme (renouvelé déjà par Feuerbach), en se combinant avec la dialectique, d'embrasser et de comprendre le mouvement de l'histoire dans ses causes les plus intimes et jusqu'alors inexplorées, parce que latentes et difficiles à observer. Ils étaient communistes et révolutionnaires tous deux, mais ils ne l'étaient ni par instinct, ni par impulsion ou par passion ; ils avaient élaboré toute une nouvelle critique de la science économique, et ils avaient compris la liaison et la signification historiques du mouvement prolétarien des deux côtés de la Manche, en France et en Angleterre, avant d'être appelés à donner dans le Manifeste le programme et la doctrine de la *Ligue des Communistes*. Celle-ci avait son siège à Londres et de nombreuses ramifications sur le continent ; elle avait derrière elle une vie et un développement propres.

Engels avait déjà publié un essai critique, dans lequel, laissant de côté les corrections subjectives et unilatérales, il faisait sortir pour la première fois, d'une façon objective, la critique de l'Economie politique des antithèses inhérentes aux données et aux concepts de l'Économie elle-même, et il était devenu célèbre par la publication d'un livre sur la condition des ouvriers anglais, qui est la première tentative dans laquelle on représente les mouvements de la classe ouvrière comme résultant du jeu même des forces et des moyens de production (1). Marx, en quelques années, s'était fait connaître comme publiciste radical en Allemagne, à Paris et à Bruxelles ; il avait conçu les premiers rudiments de la conception matérialiste de l'histoire ; il avait fait la critique théoriquement victorieuse des hypothèses et des déductions de la doctrine de Proudhon, et donné la première explication précise de l'origine de la plus-value comme résultant de l'achat et de l'usage de la *force-de-travail*, c'est-à-dire le premier germe des conceptions qui ont été démontrées plus tard et exposées, dans leur enchaînement et dans leurs détails, dans le *Capital*. Tous deux étaient en relation avec les révolutionnaires des différents pays d'Europe et notamment de la France, de la Belgique et de

---

(1) Les *Umrisse zu einer Kritik der Nationaloekonomie* ont paru dans les *Deutsch-Französische Jahrbücher*, Paris, 1844, pp. 86-114 ; et son livre, *Die Lage der arbeitenden Klasse in England*, à Leipsig en 1845.

l'Angleterre ; leur Manifeste ne fut pas l'exposé de leur opinion personnelle, mais la doctrine d'un parti dont l'esprit, le but et l'activité, formaient déjà l'*Internationale des travailleurs*.

Ce sont là les débuts du socialisme moderne. Nous trouvons là la ligne qui le sépare de tout le reste.

La *Ligue des Communistes* était sortie de la *Ligue des Justes* ; celle-ci, à son tour, s'était formée, en prenant une conscience claire de ses buts prolétariens, par spécification graduelle du groupe générique des réfugiés, des *exilés*. Comme type, portant en soi dans un dessein embryonnaire la forme de tous les mouvements socialistes et prolétariens ultérieurs, elle avait traversé les différentes phases de la conspiration et du socialisme *égalitaire*. Elle fut métaphysique avec Grün et utopiste avec Weitling. Ayant son siège principal à Londres, elle s'était intéressée au mouvement *chartiste* et avait eu sur lui quelque influence ; — ce mouvement montra par son caractère désordonné, parce qu'il ne fut ni le fruit d'une expérience préméditée, ni le fait d'une conspiration ou d'une secte, combien était pénible et difficile la formation du parti de la politique prolétarienne. La tendance socialiste ne se manifesta dans le *Chartisme* que quand le mouvement fut près de sa fin et finit en réalité (inoubliables Jones et

Horney !). La *Ligue* flairait partout la révolution, et parce que la chose était dans l'air, et parce que son instinct et sa méthode d'information l'y portaient : et, tandis que la révolution éclatait effectivement, elle se munissait, grâce à la nouvelle doctrine du Manifeste, d'un instrument d'orientation, qui était en même temps une arme de combat. En fait déjà internationale, par la qualité et les différences d'origine de ses membres, et plus encore par suite de l'instinct et de la vocation de tous, elle prit sa place dans le mouvement général de la vie politique, comme le précurseur clair et précis de tout ce qu'on peut aujourd'hui appeler le socialisme moderne, si par *moderne* il ne faut pas entendre une simple donnée de chronologie extrinsèque, mais un indice du processus interne ou morphologique de la société.

Une longue interruption, de 1852 à 1864, qui fut la période de la réaction politique et en même temps celle de la disparition, de la dispersion et de l'absorption des anciennes écoles socialistes, sépare l'Internationale de l'*Arbeiterbildungsverein* de Londres, de l'*Internationale* proprement dite, qui, de 1864 à 1873, travailla à mettre de l'unité dans la lutte du prolétariat d'Europe et d'Amérique. L'action du prolétariat eut d'autres interruptions, surtout en France, et à l'exception de l'Allemagne, depuis la dissolution de l'*Internationale* de glorieuse mémoire jusqu'à la nouvelle Internationale, qui vit aujourd'hui par d'autres moyens et qui se développe suivant d'autres modes, adaptés à la situation politique dans laquelle nous vivons et appuyés sur une expérience plus mûre. Mais, de même que les survivants de ceux qui, en décembre 1847, discutèrent et acceptèrent la nouvelle doctrine, ont réapparu sur la scène publique dans la grande *Internationale* et depuis, à nouveau, dans la nouvelle Internationale, le Manifeste a, lui aussi, reparu petit à petit et il a fait le tour du monde dans toutes les langues des pays civilisés, ce qu'il s'était promis, mais ce qu'il n'avait pu faire, lors de sa première apparition.

C'est là notre véritable point de départ ; ce furent là nos vrais précurseurs. Ils marchèrent avant tous les autres, de bonne heure, d'un pas pressé mais sûr, sur cette route que nous devons précisément parcourir, et que nous parcourons en réalité. Il ne convient pas d'appeler nos précurseurs ceux qui ont suivi des chemins qu'il a fallu, depuis, abandonner, ou ceux qui, pour parler sans métaphore, ont formulé des doctrines et commencé des mouvements, sans doute explicables par les temps et les circonstances où ils naquirent, mais qui furent dépassés depuis par la doctrine du communisme critique, qui est la théorie de la révolution prolétarienne. Ce n'est pas que ces doctrines et que ces tentatives aient été des apparitions accidentelles, inutiles et superflues. Il n'y a rien d'irrationnel dans le cours historique des choses, parce que rien n'arrive sans motifs, et que, partant, il n'y a rien de superflu. Nous ne pouvons pas non plus, même aujourd'hui, arriver à la parfaite connaissance du communisme critique, sans repasser mentalement par ces doctrines, en suivant le processus de leur apparition et de leur disparition. En fait, ces doctrines ne sont pas seulement *passées*, elles ont été intrinsèquement *dépassées*, par suite du changement des conditions de la société, et par suite de l'intelligence plus exacte des lois sur lesquelles reposent sa formation et son processus.

Le moment où elles entrent dans le passé, c'est-à-dire celui où elles sont intrinsèquement dépassées, c'est précisément celui de l'apparition du Manifeste. Comme premier indice de la genèse du socialisme moderne, cet écrit, qui ne donne que les traits les plus généraux et les plus facilement accessibles de la doctrine, porte en lui les traces du terrain historique dans lequel il est né, qui était celui de la France, de l'Angleterre et de l'Allemagne. Le terrain de propagation et de diffusion est devenu depuis de plus en plus large, et il est désormais aussi vaste que le monde civilisé. Dans tous les pays dans lesquels la tendance au communisme s'est développée à travers les antagonismes, d'aspects divers mais chaque jour plus évidents, entre la bourgeoisie et le prolétariat, le processus de la première formation s'est en tout ou en partie plusieurs fois répété. Les partis prolétariens, qui se sont formés petit à petit, ont parcouru à nouveau les stades de formation que les précurseurs ont parcourus les premiers ; mais ce processus s'est fait, de pays à pays et d'année en année, toujours plus rapide, par suite de l'évidence plus grande, de la nécessité pressante et de l'énergie des antagonismes, et parce qu'il est plus facile de s'assimiler une doctrine et une direction que de créer pour la première fois l'une et l'autre. Nos collaborateurs d'il y a cinquante ans furent aussi à ce point de vue véritablement internationaux, puisqu'ils donnèrent au prolétariat des différentes nations, par leur exemple, la marche générale du travail à accomplir.

Mais la parfaite connaissance théorique du socialisme est aujourd'hui comme autrefois, et comme elle le sera toujours, dans l'intelligence de sa nécessité historique, c'est-à-dire dans la conscience du mode de sa genèse ; et celle-ci se reflète, comme dans un champ d'observation restreint et dans un exemple rapide, précisément dans la formation du Manifeste. Il se proposait d'être une arme de guerre, et partant il ne porte pas lui-même extérieurement les traces de son origine ; il contient plus d'énoncés substantiels que de démonstrations. La démonstration est toute entière dans l'impératif de la nécessité. Mais on peut refaire cette formation, et la refaire c'est comprendre vraiment la doctrine du Manifeste.

Il est une analyse qui, séparant par abstraction les facteurs d'un organisme, les détruit en tant qu'éléments concourant à l'unité de l'ensemble ; — mais il est une autre analyse, et celle-ci seulement permet de comprendre l'histoire, qui ne distingue et ne sépare les éléments que pour retrouver en eux la nécessité objective de leur coopération au résultat total.

C'est maintenant une opinion courante que le socialisme moderne est un produit normal et, partant, inévitable de l'histoire. Son action politique, qui peut comporter dans l'avenir des délais et des retards, mais jamais plus une réabsorption totale, commença avec l'*Internationale*. Le Manifeste lui est néanmoins antérieur. Sa doctrine est avant tout dans la lumière qu'il jette sur le mouvement prolétarien, qui d'ailleurs était né et se développe indépendamment de toute doctrine. Il est, aussi, plus que cette lumière. Le communisme critique ne naît qu'au moment où le mouvement prolétarien est non seulement un résultat des conditions sociales, mais où il a déjà assez de force pour comprendre que ces conditions peuvent être changées, et pour entrevoir les moyens qui peuvent les modifier, et dans quel sens. Il ne suffisait pas que le socialisme fût un résultat de l'histoire, mais il fallait de plus comprendre les causes intrinsèques de cet aboutissant, et où menait toute son activité. Cette affirmation, que le prolétariat, résultat nécessaire de la société moderne, a pour mission de succéder à la bourgeoisie, et de lui succéder comme force productrice d'un nouvel ordre social dans lequel les antithèses de classe devront disparaître, fait du Manifeste un moment caractéristique du cours général de l'histoire. Il est une révélation, — mais non pas au sens d'une apocalypse ou d'une promesse de millénium. C'est la révélation scientifique et réfléchie du chemin que parcourt notre *société civile* (que l'ombre de Fourier me pardonne !).

Le Manifeste nous donne ainsi l'histoire interne de son origine, ce qui justifie la doctrine et explique en même temps son effet singulier et sa merveilleuse efficacité. Sans nous perdre dans les détails, voici les séries et groupes d'éléments qui, réunis et combinés dans cette synthèse rapide et exacte, nous donnent le noyau de tout le développement ultérieur du socialisme scientifique.

La matière prochaine, directe et intuitive est donnée par la France et par l'Angleterre, qui avaient déjà eu, après 1830, un mouvement ouvrier, qui tantôt ressemble et tantôt se distingue des autres mouvements révolutionnaires, et qui va de la révolte instinctive aux buts pratiques des partis politiques (la *charte* et la *démocratie sociale* par exemple), et donne naissance à différentes formes temporaires et périssables du communisme et du semi-communisme, comme était ce qu'on appelait alors le socialisme.

Pour reconnaître dans ces mouvements non plus l'apparition fugitive de troubles météoriques, mais le fait nouveau de la société, on avait besoin d'une théorie qui les expliquât, d'une théorie qui ne fût pas un simple complément de la tradition démocratique, ni la correction subjective des inconvénients désormais reconnus de l'économie de la concurrence : ce qui était alors la préoccupation de beaucoup. Cette nouvelle théorie fut l'œuvre personnelle de Marx et d'Engels ; ils transportèrent le concept du devenir historique par processus d'antithèses, de la forme abstraite que la dialectique de Hegel avait déjà décrite dans ses traits les plus généraux, à l'explication concrète de la lutte des classes ; et dans ce mouvement historique, où l'on avait cru voir le passage d'une forme d'idées à une autre forme, ils virent pour la première fois la transition d'une forme de l'anatomie sociale à une autre, c'est-à-dire d'une forme de la production économique à une autre.

Cette conception historique, qui donnait une forme théorique à ce besoin de la *nouvelle révolution sociale*, plus ou moins explicite dans la conscience instinctive du prolétariat et dans ses mouvements passionnés et spontanés, en reconnaissant la nécessité intrinsèque et immanente de la révolution, en changeait le concept. Ce que les sectes de conspirateurs avaient considéré comme appartenant au domaine du choix personnel, et pouvant être arbitrairement construit, devenait un simple processus qu'on peut favoriser, soutenir et seconder. La révolution devenait l'objet d'une politique dont les conditions sont données par la situation complexe de la société ; elle devenait donc un résultat que le prolétariat doit atteindre par des luttes et des moyens d'organisation variés, que n'avait pas encore imaginés la vieille tactique des révoltes. Et il en est ainsi, parce que le prolétariat n'est pas un accessoire, un moyen auxiliaire, une excroissance, un mal qu'on peut éliminer de la société dans laquelle nous vivons, mais parce qu'il en est le substratum, la condition essentielle, son effet inévitable, et à son tour la cause qui conserve et maintient la société elle-même : il ne peut donc s'émanciper qu'en émancipant tout le monde, c'est-à-dire en révolutionnant complètement la forme de la production.

De même que la *Ligue des Justes* était devenue la *Ligue des Communistes* en se dépouillant des formes symboliques et conspiratrices et en adoptant petit à petit les moyens de la propagande et de l'action politiques dès après l'échec de l'insurrection de Barbès et de Blanqui (1839), de même la nouvelle doctrine, que la *Ligue* acceptait et faisait sienne, abandonnnait définitivement les idées qui inspiraient l'action conspiratrice, et concevait comme le terme et le résultat objectif d'un processus ce que les conspirateurs croyaient être le résultat d'un plan prédéterminé, ou l'émanation de leur héroïsme.

Là commence une nouvelle ligne ascendante dans l'ordre des faits et une autre connexion de concepts et de doctrines.

Le communisme conspirateur, le Blanquisme d'alors, nous fait remonter par Buonarroti, et aussi par Bazard et les « Carbonari », jusqu'à la conspiration de Babœuf, un véritable héros de tragédie antique qui se heurte contre la fatalité, parce qu'il n'y avait pas de rapport entre son but et la condition économique du moment, qui ne pouvait pas encore mettre sur la scène politique un prolétariat ayant une large conscience de classe. En partant de Babœuf et de quelques éléments moins connus de la période jacobine, par Boissel et Fauchet, on remonte jusqu'à l'intuitif Morelly et à l'original et versatile Mably et, si l'on veut, jusqu'au *Testament* chaotique du curé Meslier, rébellion instinctive et violente du *bon sens* contre l'oppression sauvage du malheureux paysan.

Ces précurseurs du socialisme violent, protestataire et conspirateur, furent tous des *égalitaires* ; égalitaires aussi furent la plupart des conspirateurs. Partant d'une erreur singulière, mais inévitable, ils prirent pour arme de combat, en l'interprétant et en la généralisant à rebours, cette même doctrine de l'égalité qui, développée comme *droit de nature* parallèlement à la formation de la théorie économique, était devenue un instrument aux mains de la bourgeoisie, conquérant petit à petit sa position actuelle, pour faire de la société du privilège la société du libéralisme, du libre-échange et du code civil (1). Sur cette déduction immédiate, qui était au fond une simple illusion, que tous les hommes étant égaux en nature doivent aussi être égaux dans leurs jouissances, on croyait que l'appel à la raison portait avec lui tous les éléments de propagande et de persuasion, et que la prise de possession rapide, instantanée et violente des instruments extérieurs du pouvoir politique était le seul moyen pour mettre à la raison ceux qui résistaient.

(1) Dans ces dernières années, beaucoup de juristes ont cru trouver dans un remaniement du *Code civil* un moyen pratique pour améliorer la condition du prolétariat. Mais pourquoi n'ont-ils pas demandé au pape de devenir le chef de la ligue des libres-penseurs ? — Le plus réjouissant est cet auteur italien qui, s'occupant de la *lutte de classe*, demande qu'à côté du code qui établit les droits du capital on en élabore un autre qui garantisse les droits du travail !

Mais d'où viennent et comment se maintiennent toutes ces inégalités qui paraissent si irrationnelles à la lumière d'un concept de la justice aussi simple et aussi simpliste ? Le Manifeste fut la négation nette du principe de l'égalité, entendu d'une façon aussi naïve et aussi grossière. En proclamant inévitable l'abolition des classes dans la forme future de la production collective, il nous explique en même temps la raison d'être, la naissance et le développement de ces classes mêmes, qui ne sont pas une exception ou une dérogation à un principe abstrait, mais le processus même de l'histoire.

De même que le prolétariat moderne suppose la bourgeoisie, de même celle-ci ne peut pas vivre sans celui-là. L'un et l'autre sont le résultat d'un processus de formation qui repose tout entier sur le nouveau mode de production des objets nécessaires à la vie, c'est-à-dire qui repose tout entier sur le mode de la production économique. La société bourgeoise est sortie de la société corporative et féodale, et elle en est sortie par la lutte et la révolution, afin de s'emparer des instruments et des moyens de production, qui aboutissent tous à la formation, au développement et à la multiplication du capital. Décrire l'origine et le progrès de la bourgeoisie dans ses diverses phases, exposer ses succès dans le développement colossal de la technique et dans la conquête du marché mondial, indiquer les transformations politiques qui ont suivi et qui sont l'expression, les moyens de défense et le résultat de ces conquêtes, c'est faire en même temps l'histoire du prolétariat. Celui-ci, dans sa condition actuelle, est inhérent à l'époque de la société bourgeoise, et il a eu, il a et il aura autant de phases qu'en a cette société même jusqu'à son épuisement. L'antithèse de riches et de pauvres, de jouisseurs et de malheureux, d'oppresseurs et d'opprimés, n'est pas quelque chose d'accidentel et qui peut être facilement mis de côté, comme l'avaient cru les enthousiastes de la justice. Bien plus, c'est un fait de corrélation nécessaire, étant donné le principe directeur de la forme de production actuelle qui fait du salariat une nécessité. Cette nécessité est double. Le capital ne peut s'emparer de la production qu'en prolétarisant, et il ne peut continuer à vivre, à être fructifère, à s'accumuler, se multiplier et se transformer qu'à la condition de salarier ceux qu'il a prolétarisés. Ceux-ci, de leur côté, ne peuvent vivre et se reproduire qu'à la condition de se vendre comme force de travail, dont l'emploi est abandonné à la discrétion, c'est-à-dire au bon plaisir des possesseurs du capital. L'harmonie entre le capital et le travail réside toute entière en ceci, que le travail est la force vive avec laquelle les prolétaires mettent continuellement en mouvement et reproduisent, en y ajoutant, le travail accumulé dans le capital. Ce lien, résultat d'un développement qui est toute l'essence intime de l'histoire moderne, s'il donne la clef pour comprendre la raison propre de la nouvelle lutte de classe, dont la conception communiste est devenue l'expression, est de telle nature qu'aucune protestation sentimentale, aucune argumentation reposant sur la justice, ne peut le résoudre et le dénouer.

C'est pour ces raisons, que j'ai exposées ici aussi simplement que possible, que le communisme *égalitaire* restait vaincu. Son impuissance pratique se confondait avec son impuissance théorique à rendre compte des causes des injustices, ou des inégalités, qu'il voulait, courageusement ou étourdiment, détruire ou éliminer d'un trait.

Comprendre l'histoire devenait dès lors la tâche principale des théoriciens du communisme. Comment opposer encore à la dure réalité de l'histoire un idéal caressé ? Le communisme n'est pas l'état naturel et nécessaire de la vie humaine, dans tous les temps et dans tous les lieux, et tout le cours des formations historiques ne peut pas être considéré comme une série de déviations et d'aberrations. On ne va pas au communisme, ou on n'y retourne pas, par abnégation spartiate ou par résignation chrétienne. Il peut être, bien plus, il doit être et il sera la conséquence de la dissolution de notre société capitaliste. Mais la dissolution ne peut pas lui être inoculée artificiellement, ni importée *ab extra*. Elle se dissoudra par son propre poids, dirait Machiavel. Elle disparaîtra comme forme de production qui engendre d'elle-même et en elle-même la rébellion constante et progressive des forces productives contre les rapports (juridiques et politiques) de la production ; et elle ne continue à vivre qu'en augmentant par la concurrence, qui engendre les crises, et par l'extension vertigineuse de sa sphère d'action, les conditions intrinsèques de sa mort inévitable. La *mort* d'une forme sociale, comme cela est arrivé dans une autre branche de la science pour la mort naturelle, devenait un *cas physiologique*.

Le Manifeste n'a pas fait, et il ne devait pas faire le tableau de la société future. Il a dit comment la société actuelle se résoudra par la dynamique progressive de ses forces. Pour faire comprendre cela, il fallait surtout exposer le développement de la bourgeoisie, et c'est ce qui fut fait en traits rapides, modèle de philosophie de l'histoire, qui peut être retouché, complété et développé, mais qui ne peut être corrigé (1).

(1) Ce développement a été donné dans le *Capital* de Marx, qui peut être considéré comme une sorte de *philosophie de l'histoire*.

Saint-Simon et Fourier, bien qu'on ne reprît ni leurs idées ni la marche générale de leurs développements, se trouvaient justifiés. Idéologues tous deux, ils avaient par leurs vues de génie dépassé l'époque libérale qui, dans leur horizon, avait son point culminant dans la *Grande Révolution*. Le premier substitua, dans l'interprétation de l'histoire, au droit l'économie, et à la politique la physique sociale, et malgré beaucoup d'incertitudes idéalistes et positives, il trouva presque la genèse du tiers-état. L'autre, ignorant des détails, inconnus encore ou négligés par lui, par l'exubérance de son esprit non discipliné imagina une grande chaîne d'époques historiques, vaguement distinguées par certaines particularités du principe directeur des formes de production et de distribution. Il se proposa ensuite de construire une société dans laquelle disparaîtraient les antithèses actuelles. De toutes ces antithèses il découvrit par un éclair de génie et il étudia principalement : *le cercle vicieux de la production* ; il se rencontrait là, sans le savoir, avec Sismondi qui, à cette même époque, mais dans d'autres intentions et par d'autres chemins, en étudiant les crises et en dénonçant les inconvénients de la grande industrie et de la concurrence effrénée, annonçait l'échec de la science économique, qui venait à peine de se constituer. Du haut de sa méditation sereine du monde futur des harmoniens, il regarda avec un serein mépris la misère des civilisés et, impassible, il écrivit la satire de l'histoire. Ignorants l'un et l'autre, parce que idéologues, de la lutte âpre que le prolétariat est appelé à soutenir avant de mettre un terme à l'époque de l'exploitation et des antithèses, ils devinrent par besoin subjectif de conclure, l'un faiseur de projets, l'autre utopiste (1). Mais, par divination, ils entrevirent quelques-uns des principes directeurs d'une société sans antithèses. Le premier conçut nettement le gouvernement technique de la société dans laquelle disparaîtrait la domination de l'homme sur l'homme, et l'autre devina, entrevit et présagea, à côté des extravagances de son imagination luxuriante, un grand nombre d'aspects importants de la psychologie et de la pédagogie de cette société future, dans laquelle, selon l'expression du Manifeste, *le libre développement de chacun est la condition du libre développement de tous.*

Le Saint-Simonisme avait déjà disparu quand parut le Manifeste. Le Fouriérisme, au contraire, florissait en France et, conséquence de sa nature, non pas comme parti mais comme école. Quand

---

(1) Je ne suis pas loin de reconnaître avec M. Anton Menger que Saint-Simon ne fut pas vraiment un utopiste comme les utopistes classiques et typiques, Fourier et Owen.

l'école essaya, en 1848, de réaliser l'utopie par le moyen de la loi, les prolétaires parisiens avaient déjà été battus dans les journées de juin par cette bourgeoisie qui, par cette victoire, se préparait un maître : ce fut un insigne aventurier dont le pouvoir dura vingt ans.

Ce n'est pas au nom d'une école, mais comme la promesse, la menace et la volonté d'un parti que se présentait la nouvelle doctrine du communisme critique. Ses auteurs et ses adhérents ne se nourrissaient pas de la construction utopique de l'avenir ; mais leur esprit était plein de l'expérience et de la nécessité du présent. Ils s'unissaient avec les prolétaires que l'instinct, que n'avait pas encore fortifié l'expérience, poussait à renverser à Paris et en Angleterre la domination de la classe bourgeoise avec une rapidité de mouvement que ne guidait pas une tactique étudiée. Ces communistes répandirent en Allemagne les idées révolutionnaires ; ils furent les défenseurs des victimes de juin et ils eurent dans la *Neue Rheinische Zeitung* un organe politique, dont les extraits, qui de temps à autre ont été reproduits après tant d'années, font maintenant encore autorité (1). Une fois disparues les con-

---

(1) Ce n'est que depuis la publication de l'édition italienne de cet essai que j'ai pu avoir à ma disposition,

tingences historiques qui, en 1848, avaient poussé les prolétaires sur le devant de la scène politique, la doctrine du Manifeste ne trouva plus ni base ni terrain de diffusion. Il a fallu bien des années avant qu'il se répande à nouveau, et cela parce qu'il a fallu bien des années avant que le prolétariat pût réapparaître, par d'autres routes et sous d'autres modes, sur la scène comme force politique, et faire de cette doctrine son organe intellectuel, et trouver en elle son orientation.

Mais du jour où la doctrine parut, elle fit la critique anticipée de ce *socialismus vulgaris* qui fleurit en Europe, et spécialement en France depuis le *coup d'État* jusqu'à l'*Internationale* ; celle-ci, du reste, dans sa courte période de vie, n'eut pas le temps de le vaincre et de l'éliminer. Ce socialisme vulgaire s'alimentait, quand ce n'était pas à quelque chose de plus incohérent et de plus désordonné, aux doctrines et surtout aux paradoxes de Proudhon, déjà vaincu théoriquement par Marx (1), mais qui ne fut vaincu prati-

---

pendant quelques mois, une collection complète de la *Neue Rheinische Zeitung*, ce dont je remercie vivement le bibliothécaire du *Partei-Archiv* de Berlin. L'impression qui se dégage de cette lecture dépasse toute attente. Il est à désirer que ce journal, devenu très rare, soit réimprimé en entier, ou que les correspondances et les articles les plus importants soient publiés.

(1) *Misère de la Philosophie*, par Karl Marx, Paris et Bruxelles, 1847 ; nouvelle édition, Paris, Giard et Brière, 1896.

quement que pendant la *Commune*, quand ses disciples, — et ce fut une salutaire leçon de choses, — furent forcés de faire le contraire de leurs propres doctrines et de celles du maître.

Dès son apparition, cette nouvelle doctrine communiste fut la critique implicite de toutes les formes de *socialisme d'Etat*, de Louis Blanc à Lassalle. Le socialisme d'État, bien que mêlé de tendances révolutionnaires, se concentrait alors dans le songe creux, dans l'abracadabra du *droit au travail*. C'est une formule insidieuse, si elle implique une demande adressée à un gouvernement, même de bourgeois révolutionnaires. C'est une absurdité économique, si on veut par là supprimer le chômage, qui influe sur les variations des salaires, c'est-à-dire sur les conditions de la concurrence. Ce peut être un moyen de politicien, si c'est un expédient pour calmer une masse désordonnée de prolétaires non organisés. Cela est bien évident pour quiconque conçoit nettement le cours d'une révolution victorieuse du prolétariat, qui ne peut pas ne pas s'acheminer vers la socialisation des moyens de production par leur prise de possession, c'est-à-dire qui ne peut pas ne pas arriver à la forme économique dans laquelle il n'y a ni marchandises ni salariat, et dans laquelle le droit au travail et le devoir de travailler ne font qu'un, confondus dans la nécessité commune : travail pour tous.

Le mirage du droit au travail finit dans. la

tragédie de juin. La discussion parlementaire dont elle fut l'objet dans la suite ne fut qu'une parodie. Lamartine, ce larmoyant rhéteur, ce grand homme d'occasion, avait prononcé le dernier ou l'avant-dernier de ses mots célèbres : « les catastrophes sont l'expérience des peuples », et cela suffisait pour l'ironie de l'histoire.

Le Manifeste, dans sa brièveté et avec son style si étranger à la rhétorique insinuante de la foi ou de la croyance, s'il comprenait tant et tant de choses, par les nombreuses idées qu'il réduisait pour la première fois en système, et comme recueil de germes capables d'un grand développement, ne fut pas, et il ne prétendit pas être, le code du socialisme ou le catéchisme du communisme critique, ou le *vade-mecum* de la révolution prolétarienne. Nous pouvons laisser les *quintessences* à l'illustre M. Schæffle, auquel nous laissons volontiers aussi la phrase fameuse : *la question sociale est une question de ventre.* Le *ventre* de M. Schæffle a fait de longues années assez belle figure dans le monde, au grand avantage des dilettantes du socialisme et pour le bonheur des policiers. Le communisme critique, en réalité, commençait à peine avec le Manifeste ; il avait besoin de se développer, et il s'est effectivement développé.

L'ensemble de doctrines qu'on a l'habitude de

désigner sous le nom de Marxisme n'est arrivé à maturité que dans les années 1860-1870. Il y a loin certes de l'opuscule *Capital et travail salarié* (1), dans lequel on voit, pour la première fois en termes précis, comment de l'achat et de l'emploi de la *marchandise-travail* on obtient un produit supérieur au coût de production, ce qui était le nœud de la question de la *plus-value*; il y a loin de là aux développements amples, complexes et multiples du *Capital*. Ce livre épuise la genèse de l'époque bourgeoise dans toute sa structure économique intime, et il dépasse intellectuellement cette époque parce qu'il explique sa marche, ses lois particulières et les antithèses qu'elle produit organiquement, et qui la dissolvent organiquement.

Il y a loin aussi du mouvement prolétarien qui succomba en 1848 au mouvement prolétarien actuel qui, à travers de grandes difficultés, après avoir réapparu sur la scène politique, s'est développé avec continuité et avec une lenteur étudiée. Jusqu'à il y a quelques années, cette régularité de marche en avant du prolétariat n'était constatée et admirée qu'en Allemagne ; la *démocratie*

---

(1) Ce sont des articles parus en 1849 dans la *Neue Rheinische Zeitung* et qui reproduisaient les conférences faites par Marx au *Cercle ouvrier allemand* de Bruxelles en 1847. On les a depuis —en 1884 — publiés comme brochure de propagande.

sociale y avait grandi normalement comme sur son terrain propre (depuis la conférence ouvrière de Nuremberg en 1868 jusqu'à nos jours). Mais, depuis, ce même phénomène s'est manifesté dans d'autres pays, sous des formes variées.

Dans ce large développement du Marxisme et dans cet accroissement du mouvement prolétarien dans les formes compassées de l'action politique, n'y a-t-il pas eu, comme le prétendent quelques-uns, une altération du caractère belliqueux de la forme originaire du communisme critique ? Y a-t-il là un passage de la révolution à la soi-disant évolution ? n'y a-t-il pas eu acquiescement de l'esprit révolutionnaire aux exigences du réformisme ?

Ces réflexions et ces objections sont nées et naissent continuellement chez les plus exaltés et les plus passionnés des socialistes, et aussi chez les adversaires du socialisme, qui ont intérêt à généraliser les insuccès, les arrêts et les retards particuliers pour affirmer que le communisme n'a pas d'avenir.

Celui qui compare le mouvement prolétarien actuel et son cours varié et compliqué à l'impression que laisse le Manifeste, quand on le lit sans être pourvu d'autres connaissances, peut croire facilement qu'il y avait quelque chose de trop juvénile et de prématuré dans la hardiesse assurée de ces communistes d'il y a cinquante ans. Il y a dans leur ton comme un cri de bataille et l'écho de la vibrante éloquence de quelques-uns des orateurs du Chartisme ; il y a l'annonce d'un nouveau 93, mais qui ne pourra faire place à un nouveau Thermidor.

Et Thermidor s'est renouvelé, et plusieurs fois depuis, sous des formes variées, plus ou moins explicites ou dissimulées, que les auteurs en aient été, depuis 1848, des ex-radicaux français, ou des ex-patriotes italiens, ou des bureaucrates allemands, adorateurs du dieu État et pratiquement excellents serviteurs du dieu argent, des parlementaires anglais rompus aux artifices de l'art du gouvernement, ou même des policiers à masque d'anarchistes. Beaucoup de gens pensent que la constellation de Thermidor ne doit plus disparaître du ciel de l'histoire ; ou, pour parler d'une façon plus prosaïque, que le libéralisme, c'est-à-dire une société où les hommes sont égaux seulement en droit, marque la limite extrême de l'évolution humaine, au delà de laquelle il n'y a plus que retour en arrière. C'est là l'opinion de tous ceux qui voient dans l'extension progressive de la forme bourgeoise au monde entier la raison et la fin de tout progrès. Qu'ils soient optimistes ou pessimistes, ce sont là, pour eux, les colonnes d'Hercule du genre humain ! Souvent il arrive que ce sentiment, dans sa forme pessimiste, agit inconsciemment sur quelques-uns de ceux qui vont grossir, avec les autres déclassés, les rangs de l'anarchisme.

Il en est d'autres qui vont plus loin et qui théorisent sur les invraisemblances objectives des assertions du communisme critique. Cette affirmation du Manifeste, que la réduction de toutes les luttes de classe à une seule porte en soi la nécessité de la révolution prolétarienne, serait intrinsèquement fausse. Cette doctrine serait sans fondement, parce qu'elle prétend tirer une déduction théorique et une règle de conduite pratique de la prévision d'un fait qui, d'après ces adversaires, serait un simple *point théorique*, que l'on peut déplacer et différer indéfiniment. La prétendue collision inévitable entre les forces productives et la forme de production ne pourrait jamais se réaliser, parce qu'elle se réduit, selon eux, à d'infinis frottements particuliers, qu'elle se multiplie avec les collisions partielles de la concurrence économique, et qu'elle rencontre des arrêts et des empêchements dans les expédients et les violences de l'art gouvernemental. En d'autres termes, la société présente, au lieu de se briser et de se dissoudre, réparerait d'une façon continue les maux qu'elle engendre. Tout mouvement prolétarien qui n'est pas réprimé par la violence, comme l'a été celui de juin 1848 et celui de mai 1871, mourrait de lent épuisement, comme cela est arrivé pour le Chartisme, qui a fini dans le Trade Unionisme, cheval de bataille de cette façon d'argumenter, honneur et gloire des économistes et sociologues vulgaires. Tout mouvement prolétarien moderne serait météorique et non pas organique ; ce serait une perturbation et non un processus, et, d'après ces critiques, nous serions, bien malgré nous, encore des *utopistes*.

La prévision historique, qu'on trouve dans la doctrine du Manifeste, et que le communisme critique a depuis développée par une analyse large et détaillée du monde actuel, a pris certainement, par suite des circonstances dans lesquelles elle s'est produite, un air de bataille et une forme très vive. Mais elle n'impliquait, pas plus qu'elle n'implique maintenant, ni une donnée chronologique, ni une peinture anticipée d'une organisation sociale, comme dans les apocalypses et dans les prophéties anciennes.

L'héroïque Fra Dolcino n'était pas venu de nouveau faire un cri de guerre de la prophétie de Gioachino di Fiore. On ne célébrait pas de nouveau à Münster la résurrection du Royaume de Jérusalem. Il n'y avait plus de Taborites, ni de Millénaires. Ce n'était plus Fourier attendant chez lui, à heure fixe, pendant des années, le candidat de l'humanité. Ce n'était pas non plus l'initiateur d'une vie nouvelle, qui commençait, avec des moyens artificiels, à créer le premier noyau d'une association qui se proposerait de refaire l'homme, comme ce fut le cas de Bellers, d'Owen, de Cabet, et de l'entreprise des Fouriéristes au Texas, qui fut la tombe de l'utopisme, illustrée par une épitaphe singulière : le mutisme qui succéda à la chaude éloquence de Considérant. Ce n'est plus une secte qui se retire pudiquement et timidement du monde pour célébrer dans un cercle fermé l'idée parfaite de la communauté, comme dans les colonies socialistes d'Amérique.

Ici, au contraire, dans la doctrine du communisme critique, c'est la société tout entière qui, à un moment de son processus général, découvre la cause de sa marche fatale, et à un point saillant de sa courbe s'éclaire elle-même pour proclamer les lois de son mouvement. La prévision qu'indiquait le Manifeste n'était pas chronologique, ce n'était pas une prophétie ou une promesse, mais une prévision *morphologique*.

Au-dessous du bruit des passions sur lesquelles s'exerce la conversation quotidienne, au delà des mouvements visibles des volontés qui forment la matière à laquelle s'arrêtent les historiens, au delà de l'appareil juridique et politique de notre société civile, bien loin des sens que la religion et l'art donnent à la vie, demeure, s'altère et se transforme la structure élémentaire de la société, qui soutient tout le reste. L'étude anatomique de cette structure sous-jacente, c'est l'*économie*. Et comme la société humaine a plusieurs fois changé, en partie ou intégralement, dans sa forme extérieure la plus visible, ou dans ses manifestations idéologiques, religieuses, artistiques, etc., il faut avant tout trouver la cause et la raison de ces changements, les seuls que les historiens racontent, dans les transformations plus cachées, et au premier abord moins visibles, des processus économiques de cette structure. Il faut se mettre à l'étude des différences qu'il y a entre les différentes formes de la production, quand il s'agit d'époques historiques nettement distinctes et proprement dites ; et quand il s'agit d'expliquer la succession de ces formes, le remplacement de l'une par l'autre, il faut étudier les causes d'érosion et de dépérissement de la forme qui disparaît ; et enfin, quand on veut comprendre le fait historique, déterminé et concret, il faut étudier les frottements et les contrastes qui naissent des différents courants (c'est-à-dire les classes, leurs subdivisions et leurs entrecroisements), caractéristiques d'une société donnée.

Quand le Manifeste déclarait que toute l'histoire jusqu'à nos jours n'a été que l'histoire des luttes de classe et que ce sont elles qui sont la cause de toutes les révolutions, comme aussi celle de toutes les régressions, il faisait deux choses en même temps : il donnait au communisme les éléments d'une nouvelle doctrine, et aux communistes le fil conducteur pour reconnaître dans les évènements embrouillés de la vie politique les conditions du mouvement économique sous-jacent.

Dans ces cinquante dernières années la prévision générique d'une *ère historique nouvelle* est devenue pour les socialistes l'art difficile de comprendre, dans chaque cas, ce qu'il est opportun de faire, parce que cette ère nouvelle est par elle-même en formation continue. Le communisme est devenu un art, parce que les prolétaires sont devenus ou sont sur le point de devenir un parti politique. L'esprit révolutionnaire s'incarne aujourd'hui dans l'organisation prolétarienne. La conjonction souhaitée des communistes et des prolétaires est désormais un fait accompli (1). Ces cinquante dernières années ont été la preuve toujours plus forte de la révolte toujours croissante des forces productives contre la forme de la production.

Nous n'avons pas, nous les *utopistes*, à offrir d'autre réponse que cette leçon de choses à ceux qui parlent encore de troubles météoriques qui, d'après eux, disparaîtront petit à petit et se résoudront tous dans le calme de cette époque définitive de civilisation. Et cette leçon suffit !

(1) V. le chapitre II du *Manifeste*.

Onze ans après la publication du Manifeste, Marx formulait d'une façon claire et précise les principes directeurs de l'interprétation matérialiste de l'histoire, dans la préface d'un livre qui est le prodrome du *Capital* (1).

« Le premier travail que j'ai entrepris pour résoudre les doutes qui m'assaillaient, ce fut la revision critique de la *philosophie du droit* de Hegel, dont la préface parut dans les *Deutsch-französische Jahrbücher* qui se publiaient à Paris en 1844. Mes recherches aboutirent à ceci : les rapports juridiques et les formes politiques de l'Etat ne peuvent être compris ni par eux-mêmes ni par le soi-disant développement général de l'esprit humain, mais ils ont au contraire leur racine dans les rapports matériels de la vie, que Hegel, sur les traces des Anglais et des Français du XVIIIe siècle, a désignés du nom de *société civile*, et l'anatomie de la société civile doit être cherchée dans l'économie politique. Je commençai mes recherches sur ce sujet à Paris et je les continuai à Bruxelles, où je fus forcé de me rendre après un décret d'expulsion de M. Guizot. Le résultat, auquel je parvins et qui servit depuis de fil conducteur à mes études, peut être brièvement formulé comme suit :

« Dans la production sociale des moyens d'exis-

---

(1) *Zur Kritik der politischen Oekonomie*, Berlin, 1859, pag. IV-VI de la préface.

tence les hommes contractent des rapports déterminés, nécessaires et indépendants de leur volonté, des rapports de production qui sont corrélatifs à un stade déterminé du développement de leurs forces productives. Tout l'ensemble de ces rapports de la production forme la structure économique de la société, c'est-à-dire qu'il est la base réelle sur laquelle s'élève une superstructure juridique et politique, et à laquelle correspondent des formes sociales déterminées de la conscience. Le mode de production de la vie matérielle détermine en général le processus social, politique et intellectuel de la vie. Ce n'est pas la conscience de l'homme qui détermine sa manière d'être, mais c'est au contraire sa manière d'être sociale qui détermine sa conscience. A un degré déterminé de leur développement les forces productives de la société se trouvent en contradiction avec les rapports existants de la production, ou, pour nous servir de l'expression juridique qui y correspond, avec les rapports de propriété dans lesquels ils avaient pu jusque-là se mouvoir. Ces rapports qui constituaient jusque-là des formes de développement des forces productives deviennent autant d'obstacles. Alors commence une époque de révolution sociale. Le changement de la base économique détruit petit à petit l'immense superstructure. Dans l'étude de ces bouleversements, il faut toujours distinguer la révolution matérielle et susceptible d'être constatée qui se produit dans les conditions économiques de la production, et les formes juridiques, politiques, religieuses, artistiques ou philosophiques, en un mot les formes idéologiques, par lesquelles les hommes se rendent compte du conflit et l'expliquent. De même qu'on ne peut pas porter un jugement sur quelqu'un d'après l'opinion qu'il a de lui-même, de même on ne peut pas juger une période de trouble d'après la conscience qu'elle en a ; bien plus, cette conscience elle-même doit être expliquée par les contradictions de la vie matérielle et par le conflit qui existe entre les forces sociales productives et les rapports sociaux de la production. Un système social ne se détruit pas lui-même avant que toutes les forces productives n'aient eu le développement que ce système pouvait comporter, et d'autres rapports de production ne les remplacent pas avant que leurs conditions matérielles d'existence n'aient été couvées au sein de la vieille société. Aussi l'humanité se pose-t-elle toujours les problèmes qu'elle peut effectivement résoudre, parce que, à regarder les choses de près, il est évident que le problème ne naît que quand les conditions matérielles pour le résoudre existent déjà ou sont en train de se former. En s'en tenant aux grandes lignes, on peut distinguer les formes de production suivantes : asiatique, ancienne, féodale, et moderno-bourgeoise, comme autant d'époques progressives de la formation économique de la société. Les rapports de production bourgeoise sont la dernière forme antagoniste du processus social de production — forme antagoniste non pas au sens d'antagonisme individuel, mais d'antagonisme qui jaillit des conditions de la vie sociale des individus — ; mais les forces productives qui se développent au sein de la société bourgeoise créent en même temps les conditions matérielles pour résoudre ces antagonismes.

« Avec cette organisation sociale se termine la préhistoire du genre humain. »

A ce moment, Marx était sorti, depuis quelques années, de l'arène politique, et il n'y rentra que plus tard, avec l'*Internationale*. La réaction avait triomphé en Italie, en Autriche, en Hongrie, en Allemagne, de la révolution patriotique, libérale ou démocratique. La bourgeoisie, de son côté, avait vaincu les prolétaires en France et en Angleterre. Les conditions indispensables au développement du mouvement démocratique et prolétarien disparurent tout à coup. Le bataillon, peu nombreux certes, des communistes du Manifeste, qui avait pris part à la révolution, et qui avait participé à tous les actes de résistance et d'insurrection populaires contre la réaction, vit son activité brisée par le mémorable procès de Cologne. Les survivants du mouvement essayèrent de recommencer à Londres ; mais bientôt Marx et Engels et d'autres se séparèrent des révolutionnaires quand même, et se retirèrent du mouvement. La crise était passée. Une longue période de repos suivit. On en avait un témoignage dans la lente disparition du mouvement chartiste, c'est-à-dire du mouvement prolétarien du pays qui était *la colonne vertébrale du système capitaliste*. L'histoire avait, pour le moment, donné tort aux illusions des révolutionnaires.

Avant de se donner presque exclusivement à la longue incubation des éléments déjà découvets de la critique de l'économie politique, Marx illustra dans plusieurs travaux l'histoire de la période révolutionnaire de 1848 à 1850, et spécialement les luttes de classe en France, montrant ainsi que, si la Révolution, dans les formes qu'elle avait revêtues à ce moment, n'avait pas abouti, la théorie révolutionnaire de l'histoire ne se trouvait pas pour cela démentie (1). Les indications données dans le Manifeste y trouvèrent leur complet développement.

Plus tard, le *18 brumaire de Louis-Bona-*

---

(1) Ces articles parus dans la *Neue Rheinische Zeitung, Politisch-ökonomische Revue,* Hambourg 1850, ont été récemment réunis en brochure par Engels (Berlin, 1895), sous le titre : ***Die Klassenkämpfe in Frankreich 1848 bis 1850***. L'opuscule est précédé d'une préface d'Engels.

parte (1) fut le premier essai pour appliquer la nouvelle conception de l'histoire à un ordre de faits contenus dans des limites précises de temps. C'est une grande difficulté de remonter du mouvement apparent au mouvement réel de l'histoire, pour en découvrir le lien intime. Il y a, en effet, de grandes difficultés pour remonter des données passionnées, oratoires, parlementaires, électorales et autres, à l'engrenage social intime, pour découvrir dans celui-ci les différents intérêts des grands et des petits bourgeois, des paysans, des artisans, des ouvriers, des prêtres et des soldats, des banquiers, des usuriers et de la canaille ; tous ces intérêts agissent consciemment ou inconsciemment, se heurtant, s'éliminant, se combinant et se fondant dans la vie dissonante des civilisés.

La crise était passée, et elle l'était précisément dans les pays qui constituaient le terrain historique d'où était sorti le communisme critique. Tout ce que les communistes critiques pouvaient faire, c'était de comprendre la réaction dans ses causes économiques cachées, parce que, pour le moment, comprendre la réaction, c'était continuer l'œuvre de la révolution. C'est aussi ce qui

---

(1) Paru pour la première fois à New-York, en 1852, dans une revue. Plusieurs éditions ont été faites depuis en Allemagne. Une traduction française a paru en 1891, chez Delory, Lille.

est arrivé, dans d'autres conditions et dans d'autres formes, vingt ans plus tard, quand Marx, au nom de l'*Internationale,* fit dans la *Guerre civile en France* une apologie de la Commune, qui en était en même temps la critique objective.

L'héroïque résignation avec laquelle Marx abandonna, après 1850, la vie politique se manifesta encore quand il se retira de l'*Internationale* après le congrès de la Haye en 1872. Ces deux faits ont leur valeur pour le biographe, parce qu'ils lui permettent de pénétrer son caractère personnel ; chez Marx, en effet, les idées, le tempérament, la politique et la pensée ne faisaient qu'un. Mais, d'autre part, ces faits ont une portée beaucoup plus grande pour nous. Le communisme critique ne fabrique pas les révolutions, il ne prépare pas les insurrections, il n'arme pas les révoltes. Il se confond avec le mouvement prolétarien ; mais il voit et il appuie ce mouvement dans la pleine intelligence du lien qu'il a, qu'il peut et qu'il doit avoir, avec l'ensemble de tous les rapports de la vie sociale. Ce n'est pas, en un mot, un séminaire dans lequel on forme l'état-major des chefs de la révolution prolétarienne ; il est uniquement la conscience de cette révolution, et avant tout la conscience de ses difficultés

Le mouvement prolétarien a grandi d'une façon colossale dans ces trente dernières années.

Au milieu de difficultés sans nombre, de progrès et de regrès, il a, petit à petit, pris une forme politique ; ses méthodes ont été élaborées et graduellement appliquées. Tout cela n'est pas le fait de l'action magique de la doctrine, répandue par la vertu persuasive de la propagande écrite et orale. Dès les premiers débuts, les communistes eurent ce sentiment qu'ils étaient l'extrême gauche de tout mouvement prolatérien ; mais à mesure que celui-ci se développait et se spécialisait, ce fut pour eux une nécessité et un devoir de seconder, par l'élaboration des programmes et par leur participation à l'action pratique des partis, les contingences variées du développement économique et de la situation politique qui en découle.

Dans les cinquante années qui nous séparent de la publication du Manifeste, la spécialisation et la complexité du mouvement prolétarien sont devenues telles, qu'il n'y a plus, désormais, d'esprit capable de l'embrasser dans son ensemble, de le comprendre dans ses détails, et qui puisse en saisir les causes véritables et les relations exactes. L'*Internationale* unitaire, de 1864 à 1873, dut disparaître après avoir rempli sa tâche, l'égalisation préliminaire des tendances générales et des idées communes et indispensables à tout le prolétariat, et personne ne pourra prétendre et ne prétendra reconstituer quelque chose qui y ressemble.

Deux causes, notamment, ont fortement contribué à cette spécialisation et à cette complexité du mouvement prolétarien. Dans beaucoup de pays, la bourgeoisie a senti le besoin de mettre un terme, dans l'intérêt de sa propre défense, à quelques-uns des abus qui avaient été la conséquence de l'introduction du système industriel : c'est de là qu'est née la *législation ouvrière*, ou, comme on l'a pompeusement appelée, la *législation sociale*. Cette même bourgeoisie, dans son propre intérêt ou sous la pression des circonstances, a dû, dans beaucoup de pays, augmenter les conditions génériques de la liberté, et notamment étendre le droit de suffrage. Ces deux circonstances ont entraîné le prolétariat dans le cercle de la vie politique quotidienne ; elles ont considérablement augmenté sa possibilité de mouvement, et l'agilité et la souplesse qu'il a acquises lui permettent de lutter avec la bourgeoisie dans les assemblées électives. Et, comme le processus des choses détermine le processus des idées, à ce développement pratique multiforme du prolétariat a correspondu un développement graduel des doctrines du communisme critique, aussi bien dans la manière de comprendre l'histoire ou la vie actuelle que dans la description minutieuse des parties les plus infimes de l'économie : en un mot, il est devenu une *doctrine*.

N'y a-t-il pas là, se demandent quelques-uns, une déviation de la doctrine simple et impérative du Manifeste ? Ce qu'on a gagné en extension et en complexité, disent quelques autres, ne l'a-t-on pas perdu en intensité et en précision ?

Ces questions, à mon avis, dérivent d'une conception inexacte du mouvement prolétarien actuel et d'une illusion d'optique au sujet du degré d'énergie et de valeur révolutionnaires des manifestations d'autrefois.

Quelles que soient les concessions que puisse faire la bourgeoisie dans l'ordre économique, serait-ce même une très grande réduction des heures de travail, il reste toujours vrai que la nécessité de l'exploitation, sur laquelle repose tout l'ordre social actuel, impose des limites au delà desquelles le capital, comme instrument privé de la production, n'a plus de raison d'être. Si une concession peut apaiser aujourd'hui dans le prolétariat une forme de malaise, la concession elle-même ne peut aboutir qu'à faire naître le besoin de concessions nouvelles et toujours croissantes. Le besoin d'une législation ouvrière est né en Angleterre avant le mouvement chartiste et il s'est développé ensuite avec lui ; il eut ses premiers succès dans la période qui suivit immédiatement la chute du chartisme. Les principes et les raisons de ce mouvement de réforme législative furent, dans leurs causes et dans leurs effets, étudiés d'une manière critique par Marx dans le

Capital, et ils passèrent ensuite, par l'*Internationale*, dans les programmes des différents partis socialistes. Finalement, tout ce processus, se concentrant dans la revendication des huit heures, est devenu avec le 1ᵉʳ mai une revue internationale du prolétariat, et un procédé pour évaluer ses progrès. D'un autre côté, la lutte politique, à laquelle prend part le prolétariat, démocratise ses mœurs; bien plus, une véritable démocratie prend naissance qui, avec le temps, ne pourra plus s'adapter à la forme politique présente. Organe d'une société basée sur l'exploitation, cette forme est constituée par une hiérarchie bureaucratique, une bureaucratie judiciaire, et une association de secours mutuel entre les capitalistes pour la défense des droits protecteurs, de la rente perpétuelle de la dette publique, de la rente de la terre, etc., c'est-à-dire de l'intérêt du capital sous toutes ses formes. Par conséquent, les deux faits qui, d'après les mécontents et les hypercritiques, semblent nous faire dévier à l'infini des prévisions du communisme, deviennent, au contraire, des moyens et des conditions nouvelles qui confirment ces prévisions. Les déviations apparentes de la révolution, c'est en somme ce qui la précipite.

De plus, il ne faut pas exagérer la portée de l'attente révolutionnaire des communistes d'il y a cinquante ans. Etant donnée la situation politique de l'Europe, s'ils avaient une foi, c'était d'être des précurseurs, et ils l'ont été ; — ils espéraient que les conditions politiques de l'Italie, de l'Autriche, de la Hongrie, de l'Allemagne et de la Pologne se rapprocheraient des formes modernes, et c'est ce qui est arrivé plus tard, en partie et par d'autres voies ; s'ils avaient une espérance, c'était que le mouvement prolétarien de France et d'Angleterre continuerait à se développer. La réaction qui survint balaya beaucoup de choses et arrêta plus d'un développement déjà commencé. Elle balaya aussi la vieille tactique révolutionnaire, et dans ces dernières années une nouvelle tactique est née. Là est tout le changement (1).

Le Manifeste n'a pas voulu être autre chose que le premier fil conducteur d'une science et d'une pratique que l'expérience et les années pouvaient seules développer. Il donne seulement le schéma et le rythme de la marche générale du mouvement prolétarien. Bien évidemment les communistes furent influencés par l'expérience des deux mouvements qu'ils avaient sous leurs yeux, celui de France et surtout le

---

(1) Dans la préface de la *Lutte des classes en France en 1848-1850*, et ailleurs, Engels a traité à fond le développement objectif de la nouvelle tactique révolutionnaire. (Il est bon de rappeler que la première édition italienne de cet essai est du 18 juin, et la seconde du 15 octobre 1895).

mouvement chartiste que la manifestation du 10 avril 1848 devait bientôt frapper de paralysie. Mais ce schéma ne fixe pas, *ne varietur*, une tactique de guerre, comme cela s'était fait déjà plusieurs fois. Les révolutionnaires avaient souvent, en effet, exposé sous forme de catéchisme ce qui doit être une simple conséquence du développement des choses.

Ce schéma est devenu plus vaste et plus complexe avec le développement et l'extension du système bourgeois. Le rythme du mouvement est devenu plus varié et plus lent, parce que la masse ouvrière est entrée en scène comme parti politique distinct, ce qui change le mode et la mesure de l'action, et par suite le mouvement.

De même que devant le perfectionnement des armes et des autres moyens de défense, la tactique des émeutes est devenue inopportune, et de même que la complication de l'état moderne montre l'insuffisance d'une occupation par surprise d'un *Hôtel de ville* pour imposer à tout un peuple la volonté et les idées d'une minorité, même courageuse et progressive ; de même, de son côté, la masse des prolétaires ne s'en tient plus au mot d'ordre de quelques chefs, pas plus qu'elle ne règle ses mouvements sur les prescriptions de capitaines qui pourraient sur les ruines d'un gouvernement en élever un autre. La masse ouvrière, là où elle s'est développée politiquement, a fait et fait sa propre éducation démocratique ; elle choisit ses représentants et soumet leur action à sa critique ; elle fait siennes, après examen, les idées et les propositions que ceux-ci lui soumettent ; elle sait déjà, ou elle commence à comprendre, selon les pays, que la conquête du pouvoir politique ne peut pas et ne doit pas être faite par d'autres en son nom, et surtout que cette conquête ne peut pas être la conséquence d'un coup de main. En un mot, elle sait, ou elle commence à comprendre, que la *dictature du prolétariat,* qui aura pour tâche la socialisation des moyens de production, ne peut être le fait d'une masse menée par *quelques-uns*, mais qu'elle doit être et qu'elle sera l'œuvre des prolétaires eux-mêmes, devenus, déjà en soi et par une longue pratique, une organisation politique.

Le développement et l'extension du système bourgeois ont été rapides et colossaux dans ces cinquante dernières années. Il ronge déjà la sainte et vieille Russie et il crée, non seulement en Amérique, en Australie et dans l'Inde, mais même au Japon, de nouveaux centres de production moderne, compliquant ainsi les conditions de la concurrence et les enchevêtrements du marché mondial. Les conséquences des changements politiques se sont produites ou ne se feront pas longtemps attendre. Aussi rapides et aussi colossaux ont été les progrès du prolétariat. Son éducation politique marque chaque jour un nouveau pas vers la conquête du pouvoir politique. La rébellion des forces productives contre la forme de la production, la lutte du travail vivant contre le travail accumulé, devient chaque jour plus évidente. Le système bourgeois est désormais sur la défense, et il révèle sa décadence par cette contradiction singulière : le monde pacifique de l'industrie est devenu un campement colossal dans lequel se développe le militarisme. La période pacifique de l'industrie est devenue, par l'ironie des choses, en même temps la période de l'invention continue de nouveaux engins de guerre.

Le socialisme s'est imposé. Ces semi-socialistes, même ces charlatans, qui encombrent de leur personne la presse et les réunions de notre parti, et qui souvent nous sont une gêne, sont un hommage que la vanité et les ambitions de tout genre rendent, à leur manière, à la nouvelle puissance qui monte à l'horizon. Malgré l'antidote anticipé qu'est le socialisme scientifique, — que beaucoup de gens n'arrivent pas à comprendre, il est vrai, — il y a une floraison de pharmaciens de la *question sociale* qui, tous, ont quelque spécifique particulier pour éliminer tel ou tel mal social : nationalisation du sol, monopole des grains entre les mains de l'Etat, impôts démocratiques, étatisation des hypothèques, grève générale, etc. ! Mais la démocratie sociale élimine toutes ces fantaisies, parce que le sentiment de

leur situation conduit les prolétaires, dès qu'ils
se familiarisent avec l'arène politique, à comprendre le socialisme d'une façon intégrale (1).
Ils arrivent à comprendre qu'ils ne doivent viser
qu'à une chose, à l'abolition du salariat ; qu'il
n'y a qu'une forme de société qui rende possible
et même nécessaire l'élimination des classes :
l'association qui ne produit pas de marchandises ;
et que cette forme de société ce n'est plus l'Etat,
mais son contraire, c'est-à-dire l'administration
technique et pédagogique de la société humaine,
le *self-government* du travail. Arrière les Jaco-
bins, les héros géants de 93 et leur caricature
de 48 !

Démocratie sociale ! — Mais n'est-ce pas là,
disent quelques-uns, une atténuation évidente de
la doctrine communiste, telle qu'elle est formulée
dans le Manifeste, en termes si vibrants et si
décisifs ?

Ce n'est pas ici le moment de rappeler que le
mot de *démocratie sociale* a eu, en France, bien
des significations de 1837 à 1848 qui, toutes, se
sont ensuite fondues dans une tendance vague.
Il n'est pas nécessaire non plus d'expliquer
comment les Allemands ont pu, dans cette déno-

---

(1) Malon donnait à ce mot une autre signification ; que
le lecteur en soit averti ! Et d'ailleurs : *ne sutor ulta cre-
pidam*.

mination, résumer tout le riche et vaste développement de leur socialisme, depuis l'épisode de Lassalle, maintenant dépassé et consommé, jusqu'à nos jours. Il est certain que *démocratie sociale* peut signifier, a signifié et signifie beaucoup de choses qui n'ont pas été, qui ne sont pas et qui ne seront jamais ni le communisme critique, ni l'acheminement conscient à la révolution prolétarienne. Il est certain aussi que le socialisme contemporain, même dans les pays où son développement est le plus avancé, emporte avec lui beaucoup de scories dont il se débarrasse, petit à petit, le long de sa route ; il est certain aussi enfin que cette large dénomination de démocratie sociale sert d'écusson et de bouclier à bien des intrus. Mais ici, il importe seulement de fixer notre attention sur certains points d'importance capitale.

Il nous faut insister sur le premier terme de l'expression afin d'éviter toute équivoque. Démocratique fut la constitution de la *ligue des communistes* ; démocratique sa façon d'accueillir et de discuter la nouvelle doctrine ; démocratiques son intervention dans la révolution de 1848 et sa participation à la résistance insurrectionnelle contre la réaction envahissante ; démocratique enfin, même la façon dont la ligue s'est dissoute. Dans ce premier type de nos partis actuels, dans cette cellule première, pour ainsi dire, de notre organisme complexe, élastique et très développé, il y avait non seulement la conscience de la mission à accomplir comme précurseur, mait il y avait aussi déjà la forme et la méthode d'association qui conviennent seules aux premiers initiateurs de la révolution prolétarienne. Ce n'était plus un secte ; cette forme était déjà en fait dépassée. La domination immédiate et fantastique de l'individu était éliminée. Ce qui prédominait, c'était une discipline qui avait sa source dans l'expérience de la nécessité, et dans la doctrine qui doit être précisément la conscience réflexe de cette nécessité. Il en fut de même de l'*Internationale*, qui ne parut autoritaire qu'à ceux qui ne purent y faire prévaloir leur propre autorité. Il doit en être de même et il en est ainsi dans les partis ouvriers ; et là où ce caractère n'est pas ou ne peut pas encore être marqué, l'agitation prolétarienne, encore élémentaire et confuse, engendre seulement des illusions et n'est qu'un prétexte à intrigues. Et quand il n'en est pas ainsi, c'est alors un cénacle, où l'illuminé coudoie le fou et l'espion ; ce sera encore la société des *Frères Internationaux* qui s'attacha comme un parasite à l'*Internationale*, et la discrédita ; ou bien la coopérative qui dégénère en entreprise et se vend à un puissant ; un parti ouvrier qui reste en dehors de la politique et qui étudie les variations du marché pour faire pénétrer sa tactique des grèves dans les sinuosités de la concurrence ; ou enfin un groupement de mécontents, pour la plupart déclassés et petits bourgeois, qui se livrent à des spéculations sur le socialisme comme sur une quelconque des phrases de la mode politique. La démocratie sociale a rencontré tous ces *impedimenta* sur son chemin et elle a dû s'en débarrasser, tout comme elle doit le faire encore de temps à autre. L'art de la persuasion ne suffit pas toujours. Le plus souvent il fallut et il faut se résigner et attendre que la dure école de la désillusion serve d'enseignement, ce qu'elle fait mieux que ne le peuvent faire les raisonnements.

Toutes ces difficultés intrinsèques du mouvement prolétarien, que la bourgeoisie rouée fomente le plus souvent elle-même, et qu'elle exploite, forment une partie considérable de l'histoire interne du socialisme de ces dernières années.

Le socialisme n'a pas trouvé des empêchements à son développement seulement dans les conditions générales de la concurrence économique et dans la résistance de l'appareil politique, mais aussi dans les conditions mêmes de la masse prolétarienne et dans le mécanisme quelquefois obscur, bien qu'inévitable, de ses mouvements lents, variés, complexes, souvent antagonistes et contradictoires. Cela empêche beaucoup de gens de voir la réduction croissante de toutes les luttes de classe à la lutte unique entre les capitalistes et les ouvriers prolétarisés (1).

De même que le Manifeste n'avait pas écrit, comme le faisaient les utopistes, l'éthique et la psychologie de la société future, de même il ne donna pas le mécanisme de cette formation et du développement dans lequel nous nous trouvons. C'est beaucoup déjà que quelques pionniers aient ouvert la voie sur laquelle il faut marcher pour le comprendre et l'expérimenter. D'ailleurs, l'homme est l'animal expérimental par excellence, et c'est pour cela qu'il a une histoire, ou plutôt c'est pour cela qu'il fait sa propre histoire.

Sur cette route du socialisme contemporain, qui constitue son développement parce qu'elle est son expérience, nous avons rencontré la masse des paysans.

Le socialisme, qui s'en était tenu d'abord, pra-

---

(1) Que l'histoire des *Trade Unions* nous serve d'enseignement ! (A cette note de l'édition italienne, qui est presque une exclamation, j'ajoute maintenant ces mots : je ne veux pas aller chercher dans le Congrès socialiste international de Londres une confirmation de ce jugement sommaire des *Trade Unions*. Mais, en fait, les *Trade Unions* cachent à plus d'un le développement du socialisme)

tiquement et théoriquement, à l'étude et à l'expérience des antagonismes entre capitalistes et prolétaires dans le cercle de la production industrielle proprement dite, a tourné son activité vers cette masse où fleurit la *stupidité paysanne*. Conquérir les paysans c'est la question du jour, bien que le *quintessentiel* Schæffle ait depuis longtemps mobilisé, pour la défense de l'ordre, les cerveaux anticollectivistes des paysans. L'élimination et l'accaparement de l'industrie domestique par le capital, le passage de plus en plus rapide de l'industrie agricole à la forme capitaliste, la disparition de la petite propriété ou son amoindrissement par les hypothèques, la disparition des domaines communaux, l'usure, les impôts et le militarisme, tout cela commence à faire des miracles, même sur ces cerveaux, soutiens présumés de l'état actuel.

Les Allemands ont les premiers entrepris cette campagne ; ils y étaient amenés par le fait même de leur expansion colossale ; des villes ils sont allés aux centres plus petits, et ils arrivaient ainsi inévitablement aux frontières de la campagne. Les essais seront longs et difficiles ; c'est ce qui explique, excuse et excusera les erreurs qui ont été (1), et qui seront commises.

(1) A notre avis c'est le cas de la France. Mais les récentes discussions sur le *programme agricole* soumis aux délibérations de la *démocratie sociale* en Allemagne au congrès de Breslau confirment les raisons de fait que j'ai indiquées

Aussi longtemps que les paysans ne seront pas gagnés, nous aurons toujours derrière nous cette *stupidité paysanne*, qui fait ou recommence inconsciemment, et cela parce qu'elle est stupide, le 18 Brumaire et le 2 Décembre.

Le développement de la société moderne en Russie marchera probablement parallèlement à cette conquête des campagnes. Quand ce pays sera entré dans l'ère libérale, avec toutes ses imperfections et tous ces inconvénients, avec toutes les formes de l'exploitation et de la prolétarisation purement modernes, mais aussi avec les dédommagements et les avantages du développement politique du prolétariat, la démocratie sociale n'aura plus à craindre la menace de périls extérieurs imprévus, et elle aura en même temps triomphé des périls intérieurs par la conquête des paysans.

L'exemple de l'Italie est instructif. Ce pays, après avoir ouvert l'ère capitaliste, est sorti pour plusieurs siècles du courant de l'histoire. C'est un cas typique de décadence, que l'on peut étudier d'une façon précise et sur documents, dans toutes ses phases ! Elle est rentrée en partie dans l'histoire au moment de la domination napoléonienne. Elle a reconquis son unité et elle est devenue un état moderne, après la période de la réaction et des conspirations et dans des circonstances connues de tous, et l'Italie a fini par avoir tous les vices du parlementarisme, du militarisme et des finances modernes, sans avoir en même temps les formes de la production moderne et la capacité consécutive de la concurrence à conditions égales. Elle ne peut faire concurrence aux pays où l'industrie est plus avancée, par suite du manque absolu de charbon de terre, de la rareté du fer, du manque d'aptitudes techniques, — et elle attend ou elle espère maintenant que les applications de l'électricité lui permettent de regagner le temps perdu ; c'est ce qui ressort des différentes tentatives de Biella à Schio. Un état moderne, dans une société presque exclusivement agricole et dans un pays où l'agriculture est en grande partie arriérée, c'est là ce qui donne naissance à ce sentiment général de malaise universel.

De là vient l'incohérence et l'inconsistance des partis, les oscillations rapides de la démagogie à la dictature, la foule, la multitude, l'armée infinie des parasites de la politique, des faiseurs de projets et des fantasques. Ce singulier spectacle social d'un développement empêché, retardé, embarrassé, et partant incertain, est éclairé d'une manière très vive par un esprit pénétrant qui, s'il n'est pas toujours le fruit et l'expression d'une culture moderne, large et vraie, porte cependant en lui, comme reste d'une civilisation millénaire, la marque d'un raffinement cérébral très grand. L'Italie n'a pas été, pour des raisons faciles à deviner, un terrain propre pour la formation autogénique d'idées et de tendances socialistes. L'italien Philippe Buonarroti, d'abord l'ami du plus jeune des Robespierre, devient le compagnon de Babeuf, et plus tard il essaie de restaurer le babouvisme en France, après 1830! Le socialisme a fait sa première apparition en Italie au temps de *l'Internationale*, dans la forme confuse et incohérente du bakouninisme ; il ne fut pas d'ailleurs un mouvement ouvrier, mais il fut le fait de petits bourgeois et de révolutionnaires d'instinct (1). Dans ces dernières années, le socialisme s'est fixé dans une forme qui reproduit à peu près le type général de la *démocratie sociale* (2). Or, en Italie, le premier signe de vie qu'ait donné le prolétariat, ce sont les soulèvements des paysans siciliens, que d'autres révoltes du même genre ont

---

(1) Il en fut autrement en Allemagne. Après 1830, le socialisme y fut importé et devint un courant littéraire ; il subit les altérations *philosophiques* dont Grün fut le représentant typique. Mais déjà, avant la *nouvelle doctrine*, le socialisme avait reçu une empreinte caractéristique, prolétarienne, grâce à la propagande et aux écrits de Weitling. Comme le disait Marx en 1844, dans le *Vorwärts* de Paris, c'était le géant au berceau.

(2) C'est ce que beaucoup de gens appellent le *Marxisme*. Le Marxisme est et reste une *doctrine*. Les partis ne peuvent tirer ni leur nom, ni leur raison d'être d'une doctrine. — « *Moi, je ne suis pas Marxiste* », disait — devinez qui ? — Marx lui-même.

suivis sur le continent et auxquels d'autres succèderont peut-être dans la suite. N'est-ce pas très significatif ?

Après cette incursion dans l'histoire du socialisme contemporain, la pensée se reporte volontiers vers nos précurseurs d'il y a cinquante ans, qui ont documenté dans le Manifeste la prise de possession d'un poste avancé sur le chemin du progrès. Et cela n'est pas vrai uniquement des théoriciens, c'est-à-dire de Marx et d'Engels. L'un comme l'autre auraient exercé dans tous les cas et toujours, du haut d'une chaire ou d'une tribune, ou par leurs livres, une influence considérable sur la politique et sur la science, tant était grande en eux la puissance et l'originalité de leur esprit et l'étendue de leurs connaissances, même s'ils n'avaient pas rencontré sur leur chemin la *Ligue des Communistes*. Mais je veux parler de tous les inconnus, selon le jargon orgueilleux et vain de la littérature bourgeoise : — du cordonnier Bauer, des tailleurs Lessner et Eccarius, du miniaturiste Pfänder, de l'horloger Moll (1), de Lochner, etc., et de tant d'autres,

---

(1) C'est lui qui établit les premières relations de Marx avec la *Ligue*, et qui servit d'intermédiaire pour la rédaction du Manifeste. Il mourut dans l'insurrection de 1849, à la rencontre de Murg.

qui les premiers ont été les initiateurs conscients de notre mouvement. La devise : *Prolétaires de tous les pays, unissez-vous*, reste comme indice de leur apparition. *Le passage du socialisme de l'utopisme à la science* marque le résultat de leur travail. La survivance de leur instinct et de leur impulsion première dans l'œuvre d'aujourd'hui est le titre inoubliable que ces précurseurs ont acquis à la gratitude de tous les socialistes.

Comme italien je retourne d'autant plus volontiers à ces débuts du socialisme moderne, parce que, pour moi au moins, n'est pas sans importance cet avertissement récent d'Engels. « Ainsi, la découverte que partout et toujours les conditions et les événements politiques trouvent leur explication dans les conditions économiques n'aurait donc pas été faite par Marx en 1845, mais bien par M. Loria en 1886. Il a tout au moins réussi à le faire croire à ses concitoyens et, depuis que son livre a paru en français, même à quelques Français, et il peut maintenant aller, gonflé d'orgueil et de vanité, comme s'il avait découvert une théorie historique qui fait époque, jusqu'à ce que les socialistes italiens aient le temps d'arracher à l'illustre M. Loria, les plumes de paon qu'il a volées (1). »

---

(1) Page xix-xx, préface du IIIe volume du *Capital* de Marx, Hambourg, 1894. La date de 1845 se refère principalement au livre : *Die heilige Familie*, Frankfort 1845,

Je voudrais finir, mais il me faut tarder encore.

De tous côtés et de tous les camps s'élèvent des protestations, se pressent des objections contre le *matérialisme historique*. Et à ces voix viennent se joindre aussi, par ci, par là, les socialistes trop nouveaux venus, les socialistes philanthropes, les socialistes sentimentaux et quelquefois hystériques. Et puis reparaît, comme un avertissement, la question du *ventre*. D'autres se livrent à des exercices d'escrime logique avec les catégories abstraites de l'égoïsme et de l'altruisme ; pour d'autres enfin, vient toujours au bon moment l'inévitable *lutte pour l'existence*.

La Morale ! Mais il y a beau temps que nous l'avons entendue la leçon de cette morale de l'époque bourgeoise dans la *Fable des abeilles* de Mandeville, qui fut contemporain de la première formation de l'Economie classique ! Et la politique de cette morale n'a-t-elle pas été expliquée, en caractères classiques inoubliables, par le premier grand écrivain politique de l'époque capitaliste, par Machiavel, qui n'a pas inventé le Machiavélisme, mais qui en a été le secrétaire et le rédacteur fidèle et diligent ? Et la joute logique de l'égoïsme et de l'altruisme, ne l'avons-nous pas sous les yeux, depuis le révérend

qui est l'œuvre de la collaboration de Marx et d'Engels. Il est indispensable de lire ce livre pour comprendre l'origine théorique du matérialisme historique.

Malthus jusqu'à ce raisonneur à vide, prolixe et ennuyeux, l'indispensable Spencer ? Lutte pour l'existence ! Mais voulez-vous en observer, en étudier, en comprendre une qui soit plus importante pour nous que celle qui est née et qui prend des proportions gigantesques dans l'agitation prolétarienne ? C'est que peut-être vous voulez réduire l'explication de cette lutte, qui se développe et s'exerce dans le domaine supranaturel de la société, que l'homme lui-même a créé dans la suite des temps par le travail, par la technique et par les institutions, et que l'homme lui-même peut changer par d'autres formes de travail, de technique et d'institutions, vous voulez peut-être la réduire simplement à l'explication de la lutte plus générale que les plantes et les animaux, et les hommes eux-mêmes, en tant qu'ils sont simplement des animaux, combattent au sein de la nature ?

Mais revenons à notre sujet.

Le communisme critique ne s'est jamais refusé, et il ne se refuse pas, à accueillir la multiple et riche suggestion idéologique, éthique, psychologique et pédagogique qui peut venir de la connaissance et de l'étude de toutes les formes du communisme, depuis Phalée de Calcédoine jusqu'à Cabet (1). Bien plus, c'est par l'étude et

---

(1) Je m'arrête à Cabet, qui a vécu à l'époque du Manifeste ; je ne crois pas devoir aller jusqu'aux formes sportives de Bellamy et de Hertzka.

la connaissance de ces formes que se développe et se fixe la conscience de la séparation du socialisme scientifique d'avec tout le reste. En faisant cette étude, quel est celui qui se refusera à reconnaître que Thomas Morus fut une âme héroïque et un grand écrivain du socialisme ? Qui ne trouvera dans son cœur un large tribut d'admiration pour Robert Owen qui, le premier, donna à l'éthique du communisme ce principe indiscutable : le caractère et la morale des hommes sont le résultat nécessaire des conditions dans lesquelles ils vivent et des circonstances qui les enveloppent ? Et les partisans du communisme critique croient de leur devoir, en parcourant l'histoire par la pensée, de prendre parti pour tous les opprimés, quelle qu'ait été leur destinée, qui fut à peu près toujours de rester opprimés et d'ouvrir la voie, après un succès éphémère, à la domination de nouveaux oppresseurs !

Mais les partisans du communisme critique se distinguent nettement sur un point de toutes les autres formes ou manières de communisme ou de socialisme ancien, moderne ou contemporain, et ce point est d'importance capitale.

Ils ne peuvent pas admettre que les idéologies passées sont restées sans effet, et que les tentatives passées du prolétariat ont été toujours vaincues par pur hasard, par pur accident, par l'effet d'un caprice des circonstances. Toutes ces idéologies, bien qu'elles aient réfléchi en fait le sentiment direct des antithèses sociales, c'est-à-dire les luttes réelles des classes, avec une haute conscience de la justice et avec un dévouement profond à un idéal, révèlent toutes l'ignorance des causes vraies et de la nature effective des antithèses, contre lesquelles elles se sont levées, par un acte de révolte spontanée, souvent héroïque. De là leur caractère utopique. Nous nous expliquons également pourquoi les conditions d'oppression des autres époques, bien qu'elles aient été plus barbares et plus cruelles, n'ont pas amené cette accumulation d'énergie et cette concentration de force ou cette continuité de résistance, que l'on voit se réalisant et se développant dans le prolétariat de notre époque. C'est le changement de la structure économique de la société, c'est la formation du prolétariat dans le sein de la grande industrie et de l'état moderne, c'est l'apparition du prolétariat sur la scène politique : — ce sont ces choses nouvelles, en somme, qui ont engendré le besoin d'idées nouvelles. Aussi le communisme critique n'est-il ni moralisateur, ni prêcheur, ni annonciateur, ni utopiste ; — il tient déjà la chose dans ses mains, et dans la chose elle-même il a mis sa morale et son idéalisme.

Cette orientation, qui semble dure aux sentimentaux, parce qu'elle est trop vraie, trop vériste et trop réelle, nous permet de faire regressivement l'histoire du prolétariat et des autres opprimés qui l'ont précédé. Nous en voyons les différentes phases ; nous nous rendons compte de l'insuccès du *Chartisme*, de celui de la *Conspiration des Égaux*, et nous remontons encore plus haut, aux soulèvements, aux résistances et aux guerres, à la fameuse guerre des paysans en Allemagne, et à la Jacquerie et à Fra Dolcino. Dans tous ces faits et dans tous ces événements, nous découvrons des formes et des phénomènes corrélatifs au devenir de la bourgeoisie, à mesure qu'elle déchirait, bouleversait, triomphait et sortait du système féodal. Nous pouvons faire de même pour les luttes de classe du monde ancien, mais avec une clarté moins grande. Cette histoire du prolétariat et des autres classes d'opprimés, des vicissitudes de leurs luttes et de leurs révoltes, nous est déjà un guide suffisant pour comprendre pourquoi les idéologies du communisme des autres époques ont été prématurées.

Si la bourgeoisie n'est pas encore arrivée partout au terme de son évolution, elle est arrivée, certainement, en certains pays, à son faîte. Elle subordonne, en effet, dans les pays les plus avancés, les différentes formes de production plus anciennes, soit directement, soit indirectement, à l'action et à la loi du capital. Et ainsi, elle simplifie, ou elle tend à simplifier, les différentes luttes de classe d'autrefois, qui alors s'élidaient par leur multiplicité, à cette unique lutte entre le capital, qui convertit en marchandises tous les produits du travail humain indispensables à la vie, et la masse prolétarisée, qui vend sa force de travail devenue, elle aussi, simple marchandise. Le secret de l'histoire s'est simplifié. Il est tout prosaïque. Et de même que la lutte de classe actuelle est la simplification de toutes les autres, de même le communisme du Manifeste simplifie en formules théoriques rigides et générales la suggestion idéologique, éthique, psychologique et pédagogique des autres formes du communisme, non pas en les niant, mais en les élevant. Tout est prosaïque, et le communisme lui-même participe de ce caractère ; il est maintenant une science. Aussi n'y a-t-il, dans le Manifeste, ni rhétorique, ni protestations. Il ne se lamente pas sur le paupérisme pour l'éliminer. Il ne répand de larmes sur rien. Les larmes des choses se sont transformées d'elles-mêmes en force revendicatrice spontanée. L'éthique et l'idéalisme consistent désormais en ceci : mettre la pensée scientifique au service du prolétariat. Si cette éthique ne paraît pas assez morale aux sentimentaux, le plus souvent hystériques et niais, qu'ils aillent emprunter l'altruisme au grand pontife Spencer. Il en donnera la définition vague et insipide : qu'ils s'en contentent !

Mais alors le *facteur économique* devra servir seul pour expliquer toute l'histoire ?

Facteurs historiques ! Mais c'est là une expression d'empiristes ou d'idéologues qui répètent Herder. La société est un tout complexe, ou un organisme, selon l'expression de quelques-uns qui perdent leur temps à discuter sur la valeur et l'emploi analogique de cette expression. Ce *complexus* s'est formé et a changé plusieurs fois. Quelle est l'explication de ce changement ?

Déjà longtemps avant que Feuerbach donnât le coup de grâce à l'explication théologique de l'histoire (l'homme fait la religion et non la religion l'homme), le vieux Balzac (1) en avait fait la satire en faisant des hommes les marionnettes de Dieu. Et Vico n'avait-il pas déjà reconnu que la Providence n'agit pas dans l'histoire *ab extra* ? Et ce même Vico, un siècle avant Morgan, n'avait-il pas réduit l'histoire à un processus que l'homme fait lui-même par une expérimentation successive, qui consiste dans l'invention de la langue, des religions, des coutumes et du droit ? Lessing n'avait-il pas affirmé que l'histoire est une éducation du genre humain ? Jean-Jacques n'avait-il pas vu que les idées naissent des besoins ? Saint-Simon n'avait-il pas deviné, quand il ne se perdait pas dans

---

(1) Le Balzac du XVIIe siècle.

la distinction des époques organiques et des époques inorganiques, la genèse réelle du Tiers-État, et ses idées, traduites en prose, ne firent-elles pas d'Augustin Thierry un rénovateur des études historiques ?

Dans les cinquante premières années de ce siècle, et notamment dans la période qui va de 1830 à 1850, les luttes de classe, que les historiens anciens et ceux de l'Italie de la Renaissance avaient décrites si nettement, instruits par l'expérience de ces luttes dans le domaine étroit de leur république urbaine, avaient grandi et atteint, des deux côtés de la Manche. des proportions plus grandes et une évidence toujours plus palpable. Nées dans le milieu de la grande industrie, illustrées par le souvenir et par l'étude de la *Grande Révolution*, elles devenaient intuitivement instructives, parce qu'elles trouvaient avec plus ou moins de clarté et de conscience leur expression actuelle et suggestive dans les programmes des partis politiques : libre échange ou droits de douane sur les céréales en Angleterre, et ainsi de suite. La conception de l'histoire changeait à vue d'œil en France, à l'aile droite comme à l'aile gauche des partis littéraires, de Guizot à Louis Blanc et jusqu'au modeste Cabet. La sociologie était le besoin du temps ; et si elle chercha en vain son expression théorique dans Auguste Comte, un scolastique en retard, elle trouva son artiste dans Balzac, qui fut le véritable inventeur de la *psychologie des classes*. Mettre dans les classes et dans leurs frottements le sujet réel de l'histoire, et le mouvement de celle-ci dans leur mouvement, c'est ce qu'on était en train de chercher et de découvrir : et de tout cela il fallait fixer en termes précis la théorie.

L'homme a fait son histoire, non par évolution métaphorique, ni pour marcher sur la ligne d'un progrès préconçu. Il l'a faite, en se créant ses propres conditions, c'est-à-dire en se créant par son travail un milieu artificiel, en développant successivement ses aptitudes techniques, et en accumulant et en transformant les produits de son activité dans ce nouveau milieu. Nous n'avons qu'une seule histoire, et nous ne pouvons rapprocher l'histoire réelle, celle qui s'est effectivement faite, d'une autre histoire simplement possible. Où trouver les lois de cette formation et de ce développement ? Les très anciennes formations ne sont pas évidentes au premier abord. Mais la société bourgeoise, parce qu'elle est née récemment, et qu'elle n'a pas atteint encore son plein développement, même dans toutes les parties de l'Europe, porte en elle les traces embryonnaires de son origine et de son processus, et elle les met en pleine évidence dans les pays où elle naît à peine sous nos yeux, par exemple au Japon. En tant que société qui transforme tous les produits du travail humain en marchandises au moyen du capital, société qui suppose le prolétariat ou le crée, et qui porte en soi l'inquiétude, le trouble, l'incertitude des innovations continues. elle est née dans des temps déterminés, selon des modes clairs et qu'on peut indiquer, bien que variés. En effet, dans les différents pays, elle a des modes différents de développement : en Italie, par exemple, elle commence avant toutes les autres, et puis s'arrête ; en Angleterre, elle est le produit de trois siècles d'expropriation économique des anciennes formes de production ou de la propriété ancienne, pour parler la langue des juristes. Dans tel pays, elle s'élabore petit à petit, en se combinant avec les forces préexistantes, comme ce fut le cas pour l'Allemagne, et elle en subit l'influence par adaptation ; dans tel autre pays, elle brise l'enveloppe et les résistances violemment, comme cela est arrivé en France, où la *Grande Révolution* nous donne l'exemple le plus intense et le plus vertigineux de l'action historique que l'on connaisse, et constitue ainsi la plus grande école de sociologie.

Comme je l'ai déjà indiqué, cette formation de l'histoire moderne ou bourgeoise a été retracée en traits rapides et magistraux dans le Manifeste, qui en a donné le profil anatomique général dans ses aspects successifs : la corporation, le commerce, la manufacture et la grande industrie, et aussi l'indication de ses organes et appareils dérivés et complexes : le droit, les formes politiques, etc. Les éléments de la théorie qui doit expliquer l'histoire par le principe de la lutte des classes y étaient déjà contenus implicitement.

Cette même société bourgeoise, qui révolutionna les formes antérieures de production, avait porté la lumière sur elle-même et sur son processus en créant la doctrine de sa structure, l'*Économie*. Elle ne s'est pas développée, en effet, dans l'inconscience propre aux sociétés primitives, mais dans la pleine lumière du monde moderne, à partir de la Renaissance.

L'Économie, comme on le sait, est née par fragments, à l'origine, avec la première bourgeoisie, qui fut celle du commerce et des grandes découvertes géographiques, c'est-à-dire avec la première et la seconde phase du mercantilisme. Et elle naquit pour répondre à des questions spéciales, par exemple : — l'intérêt est-il légitime ? est-il avantageux pour les États et pour les nations d'accumuler de l'argent ? Elle grandit ensuite et s'occupa des côtés les plus complexes du problème de la richesse, et elle se développa dans le passage du mercantilisme à la manufacture, et puis plus rapidement et plus résolument dans le passage de celle-ci à la grande industrie. Elle fut l'âme intellectuelle de la bourgeoisie qui conquerrait la société. Elle avait déjà, comme discipline, presque donné ses grandes lignes générales à la veille de la *Grande Révolution* ; elle fut le signal de la rébellion contre les vieilles formes de la féodalité, de la corporation, du privilège, des limitations au travail : c'est-à-dire elle fut le signal de la liberté. Le *droit de nature*, en effet, qui s'est développé des précurseurs de Grotius jusqu'à Rousseau, à Kant et à la Constitution de 93, ne fut pas autre chose que le duplicata et le complément idéologique de l'Économie, au point que souvent la chose et son complément se confondent en un seul dans l'esprit et dans les postulats des écrivains, comme nous en avons un exemple typique avec les Physiocrates.

En tant que doctrine elle sépara, distingua, analysa les éléments et les formes du processus de la production, de la circulation et de la distribution, réduisant le tout en catégories : argent, argent-capital, intérêt, profit, rente de la terre, salaire, etc. Elle marcha, sûre d'elle-même, en accumulant ses analyses, de Petty à Ricardo. Seule maîtresse du terrain, elle ne souleva que de rares objections (1). Elle par-

(1) C'est le cas de Mably vis-à-vis de Mercier de la Rivière, le compilateur du physiocratisme, sans parler de Godwin, de Hall, etc.

tait de deux hypothèses, qu'elle ne se donna pas la peine de justifier, tant elles lui paraissaient évidentes : que l'ordre social qu'elle illustrait était l'ordre naturel, et que la propriété privée des moyens de production ne faisait qu'un avec la liberté humaine ; ce qui faisait du salariat et de l'infériorité des salariés des conditions nécessaires. En d'autres termes, elle ne reconnut pas le caractère historique des formes qu'elle étudiait. Quant aux antithèses qu'elle rencontra sur son chemin dans sa tentative de systématisation, plusieurs fois tentée en vain, elle essaya de les éliminer logiquement, comme Ricardo par exemple dans sa lutte contre la rente foncière.

Au commencement du siècle éclatent avec violence les crises et ces premiers mouvements ouvriers qui ont leur origine immédiate dans un chômage aigu. L'idéal de l'ordre naturel est renversé ! La richesse a engendré la misère ! La grande industrie, en changeant tous les rapports sociaux, a augmenté les vices, les maladies, la sujétion : elle est cause, en un mot, de dégénérescence ! Le progrès a engendré le regrès ! Que faire pour que le progrès n'engendre pas autre chose que le progrès, c'est-à-dire la prospérité, la santé, la sécurité, l'éducation et le développement intellectuel également pour tous ? C'est dans cette question qu'est Owen tout entier, qui a avec Fourier et Saint-Simon ce trait commun, de ne plus faire appel à l'abnégation et à la religion, et de vouloir résoudre et surmonter les antithèses sociales sans diminuer l'énergie technique et industrielle de l'homme, bien plus en l'augmentant. C'est par cette voie qu'Owen est devenu communiste, et il est le premier qui le soit devenu dans le milieu créé par l'industrie moderne. L'antithèse est tout entière dans la contradiction entre le mode de production et le mode de distribution. Cette antithèse doit donc être supprimée dans une société qui produit collectivement. Owen devient utopiste. Cette société parfaite il faut la réaliser expérimentalement, et il s'y dévoue avec une constance héroïque, une abnégation sans égale, apportant une précision mathématique même dans ses pensées de détail.

L'antithèse entre la production et la distribution une fois découverte, il y eut en Angleterre, de Thompson à Bray, une série d'écrivains d'un socialisme qui n'est pas strictement utopiste, mais que l'on doit qualifier d'unilatéral, parce qu'il a pour objet de corriger les vices révélés et dénoncés de la société par autant de remèdes appropriés (1). En effet, la première étape de tous ceux qui sont sur la route du

---

(1) Ce sont les écrivains que Menger crut avoir découverts comme les auteurs du socialisme scientifique.

socialisme, c'est la découverte de la contradiction entre la production et la distribution. Puis, naissent immédiatement ces questions ingénues : pourquoi ne pas abolir le paupérisme? pourquoi ne pas éliminer le chômage? pourquoi ne pas supprimer l'intermédiaire de la monnaie? pourquoi ne pas favoriser l'échange direct des produits en raison du travail qu'ils contiennent? pourquoi ne pas donner à l'ouvrier le produit entier de son travail? etc. Ces demandes réduisent les *choses*, tenaces et résistantes, de la vie réelle en autant de raisonnements, et elles ont pour objet de combattre le régime capitaliste, comme si c'était une machine à laquelle on peut enlever ou ajouter des morceaux, des roues et des engrenages.

Les partisans du communisme critique ont rompu définitivement avec toutes ces tendances. Ils ont été les successeurs et les continuateurs de l'Economie classique (1). Celle-ci est la doctrine de la structure de la société actuelle. Personne ne peut combattre cette structure pratiquement, politiquement, révolutionnairement, sans se rendre d'abord un compte exact de ses éléments et de ses rapports, en étudiant à fond la doctrine qui l'explique. Ces formes, ces élé-

---

(1) C'est pour cela que certains critiques, Wieser par exemple, proposent d'abandonner la théorie de la valeur de Ricardo parce qu'elle conduit au socialisme !

ments et ces rapports naissent dans certaines conditions historiques, mais ils constituent un système et une nécessité. Comment espérer détruire un semblable système par un acte de négation logique, et comment l'éliminer par des raisonnements ? Éliminer le paupérisme ? Mais il est une condition nécessaire du capitalisme ! Donner à l'ouvrier le produit entier de son travail ? Mais que deviendrait le profit du capital ? Et où et comment l'argent dépensé dans l'achat des marchandises pourrait-il s'augmenter si, parmi toutes les marchandises qu'il rencontre et avec lesquelles il s'échange, il n'y en avait pas justement une qui rapporte à celui qui l'a achetée plus qu'elle ne lui a coûté ; et cette marchandise, n'est-ce pas précisément la *force de travail* salariée ? Le système économique n'est pas un tissu de raisonnements, mais un ensemble et un *complexus* de faits, qui engendre un tissu complexe de rapports. C'est une chose folle de prétendre que ce système de faits, que la classe dominante a constitué à grand'peine, à travers les siècles, par la violence, par l'astuce, par le talent, par la science, reconnaisse sa défaite, se détruise lui-même pour faire place aux revendications des pauvres, et aux raisonnements de leurs avocats. Comment demander la suppression de la misère sans demander le renversement de tout le reste ? Demander à cette société qu'elle change son droit, qui constitue sa défense, c'est demander une chose absurde. Demander à cet Etat qu'il cesse d'être le bouclier et la défense de cette société et de ce droit, c'est nager dans l'illogisme (1). Le socialisme unilatéral qui, sans être nettement utopiste, part de cette hypothèse que la société admet des « errata » sans révolution, c'est-à-dire sans changement fondamental dans la structure élémentaire générale de la société elle-même, n'est que de l'ingénuité. La contradiction avec les lois rigides du processus des choses se montre, dans toute son évidence, dans Proudhon qui, reproduisant sans le savoir ou copiant directement quelques-uns des socialistes unilatéraux anglais, voulait arrêter et changer l'histoire par une définition et armé d'un syllogisme.

Les partisans du communisme critique reconnurent à l'histoire le droit de suivre son cours. La phase bourgeoise peut être dépassée, et elle le sera. Mais aussi longtemps qu'elle existe, elle a ses lois. La relativité de celles-ci consiste en ce qu'elles se forment et se développent dans des

(1) C'est ainsi qu'est née, notamment en Prusse, l'illusion d'une *monarchie sociale* qui, dépassant l'époque libérale, résoudrait harmoniquement ce qu'on appelle la question sociale. Cette absurdité s'est reproduite en d'infinies variétés de socialisme de la chaire et de socialisme d'État. Aux différentes formes d'utopisme idéologique et religieux s'est jointe une forme nouvelle : l'utopie bureaucratique et fiscale, *l'utopie des crétins*.

conditions déterminées ; mais la relativité n'est pas simplement le contraire de la nécessité, une pure apparence, une bulle de savon. Ces lois peuvent disparaître et elles disparaîtront par le fait même du changement de la société. Mais elles ne cèdent pas à la suggestion arbitraire qui demande une correction, proclame une réforme ou formule un projet. Le communisme fait cause commune avec le prolétariat, parce que c'est en celui-ci que réside la force révolutionnaire qui rompt, brise, secoue et dissout la forme sociale actuelle et crée dans celle-ci, petit à petit, de nouvelles conditions ; ou, pour être plus exact, le fait même de son mouvement nous montre que ces conditions nouvelles y naissent déjà.

La théorie de la lutte de classe était trouvée. On la voyait apparaître dans les origines de la bourgeoisie, dont le processus intrinsèque était déjà illustré par la science de l'Économie, et dans cette apparition nouvelle du prolétariat. La relativité des lois économiques était découverte, mais en même temps on comprenait leur nécessité relative. C'est en cela qu'est toute la méthode et la raison de la nouvelle conception matérialiste de l'histoire. Ceux-là se trompent qui, en l'appelant l'interprétation économique de l'histoire, croient tout comprendre. Cette appellation convient mieux et seulement à certaines tentatives analytiques (1)

(1) Par exemple aux essais de Th. Rogers.

qui, prenant à part et d'une façon distincte, d'un côté les formes et les catégories économiques, et de l'autre, par exemple, le droit, la législation, la politique, les mœurs, étudient ensuite les influences réciproques des différents côtés de la vie considérés d'une façon abstraite. Toute autre est notre position. Nous sommes ici en présence d'une conception organique de l'histoire. C'est la totalité de l'unité de la vie sociale que l'on a devant l'esprit. C'est l'économie elle-même qui se résoud dans le cours d'un processus, pour apparaître en autant de stades morphologiques, dans chacun desquels elle sert de substruction à tout le reste. Il ne s'agit pas, en somme, d'étendre le soi-disant facteur économique, isolé d'une façon abstraite, à tout le reste, comme se l'imaginent nos adversaires, mais il s'agit avant tout de concevoir historiquement l'économie et d'expliquer les autres changements au moyen de ses changements. Il y a là la réponse à toutes les critiques qui nous viennent de tous les domaines de la docte ignorance, sans excepter les socialistes insuffisamment préparés, sentimentaux ou hystériques. Et nous nous expliquons ainsi, pourquoi Marx a écrit dans le *Capital* non pas le *premier* livre du communisme critique, mais le *dernier* grand livre de l'*Économie bourgeoise*.

Au moment où le Manifeste fut écrit, l'horizon historique n'allait pas au delà du monde classique, des antiquités germaniques à peine étudiées et de la tradition biblique que l'on avait réduite depuis peu aux conditions prosaïques de toute histoire profane. Notre horizon historique est maintenant tout autre, parce qu'il remonte aux antiquités aryennes, à la très ancienne formation de l'Égypte et de la Mésopotamie, qui précèdent toutes les traditions sémitiques. Et on remonte plus en arrière encore, dans la préhistoire, c'est-à-dire dans l'histoire non écrite. Morgan nous a donné la connaissance de la *société antique*, c'est-à-dire *prépolitique*, et la clef pour comprendre comment de là sont sorties toutes les formations postérieures marquées par la monogamie, le développement de la famille paternelle, l'apparition de la propriété de la *gens* d'abord, familiale ensuite, individuelle enfin, et par l'établissement successif des alliances entre *gentes*, qui sont l'origine de l'Etat. Tout cela est illustré par la connaissance du *processus* de la technique dans la découverte et dans l'emploi des moyens et des instruments de travail, et de l'intelligence de l'action que ce *processus* exerce sur le *complexus* social, en le poussant dans certaines directions et en lui faisant parcourir certains stades. Ces découvertes peuvent être corrigées sur certains points, notamment par l'étude des différentes façons spécifiques selon lesquelles s'est réalisé dans les différentes parties du monde le passage de la barbarie à la civilisation. Mais dès maintenant il est un fait indiscutable, c'est que nous avons sous les yeux le tracé général embryogénique du développement humain, du communisme primitif à ces formations complexes, par exemple à Athènes ou à Rome avec leur constitution des citoyens en *classes* d'après le *cens*, qui formaient jusqu'à il n'y a pas longtemps les colonnes d'Hercule des études historiques dans la tradition écrite. Les classes que le Manifeste supposait, ont été désormais résolues dans leur processus de formation, et dans celui-ci on reconnaît déjà le schéma de raisons et de causes économiques différentes des catégories de la science économique de notre époque bourgeoise. Le rêve de Fourier, de faire rentrer l'époque des civilisés dans la série d'un long et vaste processus, s'est réalisé. On a résolu scientifiquement le problème de *l'origine de l'inégalité* parmi les hommes, que Jean-Jacques avait essayé de résoudre par des arguments d'une dialectique originale, mais en s'appuyant sur un trop petit nombre de données de fait.

En deux points, *les points extrêmes pour nous*, le processus humain est palpable : dans les origines de la bourgeoisie, si récentes et qu'a illustrées la science de l'économie, et dans l'ancienne formation de la société divisée en *classes*, qui forme le passage de la barbarie supérieure à la civilisation (l'époque de l'*Etat*), pour nous servir des expressions de Morgan. Tout ce qui se trouve entre ces deux époques, c'est ce dont, jusqu'ici, se sont occupés les chroniqueurs et les historiens proprement dits, les juristes, les théologiens et les philosophes. Parcourir et faire revivre tout ce domaine par la nouvelle conception historique n'est pas chose facile. Il ne faut pas se hâter et donner des schéma. Avant tout, il faut connaître l'*économie* relative à chaque époque (1), pour expliquer spécifiquement les classes qui s'y développent, en évitant les données hypothétiques et incertaines et en se gardant de transporter dans chacune de ces époques nos propres conditions. Pour cela, il faut des phalanges de travailleurs. C'est ainsi, par exemple, que ce que le Manifeste dit de la toute première origine de la bourgeoisie, sortie des serfs du moyen âge, incorporés petit à petit dans les villes, n'est pas général. Ce mode d'origine est propre à l'Allemagne et aux autres pays qui en reproduisent le processus. Ce n'est le cas ni de l'Italie, ni de la France méridionale, ni de l'Espagne qui furent le terrain sur lequel a commencé la première histoire de la bourgeoisie, c'est-à-dire de la civilisation moderne. C'est dans cette première phase que l'on

(1) Qui aurait pensé, il y a quelques années, à la découcouverte et à l'interprétation authentique d'un ancien droit babylonien ?

retrouve toutes les prémisses de toute la société capitaliste, comme Marx nous en avertit dans une note du premier volume du *Capital* (1). Cette première phase, qui atteint sa forme parfaite dans les Communes italiennes, forme la préhistoire de cette accumulation capitaliste que Marx a exposée avec tant de détails caractéristiques dans l'évolution de l'Angleterre. Mais je m'arrêterai là.

Les prolétaires ne peuvent avoir en vue que l'avenir. Ce qui préoccupe avant tout les socialistes scientifiques, c'est le présent où se développent spontanément et où mûrissent les conditions de l'avenir. La connaissance du passé n'est utile et n'est intéressante, pratiquement, que dans la mesure où elle éclaire et oriente l'explication du présent. Pour le moment, il suffit que les partisans du communisme critique aient, il y a déjà cinquante ans, conçu les éléments de la nouvelle et définitive philosophie de l'histoire. Bientôt cette façon de voir s'imposera, parce qu'il sera devenu impossible de penser le contraire : et cette découverte aura le sort de l'œuf de Colomb. Peut-être avant qu'une armée de savants ait fait application de cette conception à la narration continue de toute l'histoire, les succès du prolétariat seront deve-

---

(1) Note 189, p. 740, de la IIIe édition allemande ; p. 315 de la traduction française.

nus tels que l'époque bourgeoise apparaîtra à tous comme pouvant être dépassée, parce qu'elle sera sur le point de l'être. *Comprendre, c'est dépasser* (Hegel).

Quand, il y a cinquante ans, le Manifeste faisait des prolétaires, des malheureux dont on a pitié, les fossoyeurs prédestinés de la bourgeoisie, le périmètre de ce cimetière devait paraître bien petit à l'imagination des écrivains qui cachaient mal dans la gravité du style l'idéalisme de leur passion intellectuelle. Le périmètre probable dans leur imagination n'embrassait alors que la France et l'Angleterre ; et il aurait à peine effleuré les frontières des autres pays, par exemple de l'Allemagne. Aujourd'hui ce périmètre nous apparaît immense, par suite de l'extension rapide et colossale de la forme de la production bourgeoise, qui, par contre-coup, élargit, généralise, et multiplie le mouvement du prolétariat, et rend immense la scène sur laquelle plane l'expectative du communisme. Le cimetière s'étend à perte de vue. Plus le mage évoque de forces de production, plus il suscite et prépare de forces de rébellion contre lui.

Tous ceux qui furent des communistes idéologues, religieux et utopistes, ou même prophètes et apocalyptiques, dans le passé, ont toujours cru que le règne de la justice, de l'égalité et de la félicité devait avoir le monde pour théâtre. Aujourd'hui le monde est envahi par la *civilisation*, et partout se développe la société qui vit sur les antithèses des classes et sur la domination de classe, c'est-à-dire la forme de la production bourgeoise. (Le Japon peut nous servir d'exemple). La coexistence de deux nations dans un seul et même état, que déjà le divin Platon avait constatée, se perpétue. La terre ne sera pas dès demain acquise au communisme. Mais plus larges deviennent les confins du monde bourgeois, plus nombreux sont ceux qui y entrent, abandonnant et dépassant les formes inférieures de production ; — et ainsi l'attente du communisme s'affermit et se précise : surtout, parce que diminuent, dans le domaine et dans la lutte de la concurrence, les déviations de la conquête et de la colonisation. L'*Internationale des Prolétaires*, embryonnaire encore dans la *Ligue des Communistes* d'il y a cinquante ans, devient désormais interocéanique, et elle affirme à chaque premier Mai que les prolétaires du monde entier sont réellement et activement unis. Les fossoyeurs prochains ou futurs de la bourgeoisie, leurs descendants et leurs arrières-petits-fils se souviendront indéfiniment de la date du Manifeste des Communistes.

Rome, 7 avril 1895.

DEUXIÈME ESSAI

LE MATÉRIALISME HISTORIQUE

ÉCLAIRCISSEMENT PRÉLIMINAIRE

Le Matérialisme historique

ÉCLAIRCISSEMENT PRÉLIMINAIRE

I

Ce genre d'études, comme tant d'autres, mais celui-ci plus que tout autre, trouve une grande difficulté, bien plus, un empêchement fastidieux, dans ce vice des esprits instruits par les seuls moyens littéraires, dans ce qu'on appelle d'ordinaire le *verbalisme*. Cette mauvaise habitude s'insinue et se répand dans tous les domaines de la connaissance ; mais, dans les études qui se réfèrent au soi-disant monde moral, c'est-à-dire au *complexus* historico-social, il arrive très souvent que le culte et l'empire des mots réussissent à corrompre et à faire disparaître le sens réel et vivant des choses.

Là, où une longue observation, des expériences répétées, le sûr emploi d'instruments perfectionnés, l'application générale ou au moins partielle du calcul, ont fini par mettre l'esprit en relation constante et méthodique avec les choses et leurs variations, comme dans les sciences naturelles proprement dites, là, le *mythe* et la *superstition des mots* sont désormais dépassés et vaincus ; là, les questions de terminologie n'ont plus que la valeur secondaire d'une pure convention. Dans l'étude des rapports et des actions humaines, au contraire, les passions, les intérêts, les préjugés d'école, de secte, de classe, de religion, l'abus littéraire des moyens traditionnels de représentation de la pensée, et la scolastique jamais vaincue et toujours renaissante, cachent les choses réelles ou les transforment sans le vouloir en termes, en mots, en façons de parler abstraits et conventionnels.

Il faut, avant tout, se rendre compte de cette difficulté lorsqu'on se sert de l'expression ou de la formule de *conception matérialiste* de l'histoire. Beaucoup se sont imaginé, s'imaginent et s'imagineront, qu'il est possible et commode d'en pénétrer le sens par la simple analyse des mots qui la composent, au lieu de le tirer du contexte d'un exposé, de l'étude génétique de la formation de la doctrine (1), ou des

---

(1) Cette étude génétique forme le sujet de mon premier Essai, *En mémoire du Manifeste du parti communiste*, qui est le préambule indispensable pour comprendre tout le reste.

écrits de polémique dans lesquels ses partisans réfutent les objections des adversaires. Le verbalisme tend toujours à se renfermer dans des définitions purement formelles ; il fait naître dans l'esprit cette croyance erronée, que c'est une chose facile de réduire en termes et en expressions simples et palpables le *complexus* embrouillé et immense de la nature et de l'histoire, et qu'il est facile de se représenter l'entrecroisement multiforme et très compliqué des causes et des effets ; en termes plus nets, il oblitère le sens des problèmes, parce qu'il n'y voit que des questions de dénomination.

Si, par surcroît, il arrive ensuite que le verbalisme trouve un appui dans certaines hypothèses théoriques, par exemple, que la *matière* indique quelque chose qui est au-dessous ou qui s'oppose à une autre chose plus haute ou plus noble qu'on appelle l'esprit ; ou s'il arrive qu'il ne fasse qu'un avec cette habitude littéraire qui oppose le mot matérialisme, entendu dans un sens péjoratif, à tout ce qu'on appelle d'un mot l'idéalisme, c'est-à-dire à l'ensemble des inclinations et des actions anti-égoïstes ; c'est alors que notre embarras est extrême ! On nous dit alors que, dans cette doctrine, on s'efforce d'expliquer tout l'homme par le seul calcul des intérêts matériels, et que l'on refuse une valeur quelconque à tout intérêt idéal. L'inexpérience, l'incapacité, et la hâte de certains partisans et propagandistes de cette doctrine ont été, elles aussi, cause de ces confusions. Dans leur empressement à expliquer aux autres ce qu'eux-mêmes ne comprennent qu'à demi, alors que la doctrine elle-même n'est qu'à ses débuts et qu'elle a besoin encore de beaucoup de développements, ils ont cru pouvoir l'appliquer, telle quelle, au fait historique quelconque qu'ils considéraient, et ils l'ont presque réduite en miettes, l'exposant ainsi à la critique facile et aux railleries des gens à l'affût des nouveautés scientifiques et des autres oisifs de même espèce.

Pour autant qu'il m'est permis, dans ces premières pages, d'écarter seulement d'une façon préliminaire ces préjugés, et de démasquer les intentions et les tendances qui les soutiennent, il faut rappeler : — que le sens de cette doctrine doit, avant tout, être tiré de la position qu'elle prend et qu'elle occupe à l'égard des doctrines contre lesquelles elle s'est, en réalité, dressée, et particulièrement à l'égard des *idéologies* de toute sorte ; — que la preuve de sa valeur consiste exclusivement dans l'explication plus adéquate et mieux appropriée de la succession des événements humains qui en dérive ; — que cette doctrine n'implique pas une préférence subjective pour une certaine nature ou une certaine somme d'intérêts humains, opposés par un libre choix à d'autres intérêts, mais qu'elle affirme seulement la coordination et la subordination objectives de tous les intérêts dans le développement de toute société ; et elle affirme cela grâce à ce *processus* génétique, qui consiste à aller des conditions au conditionné, des éléments de formation aux choses formées.

Que les *verbalistes*, à leur gré, ratiocinent sur la valeur du mot matière, en tant qu'il implique ou rappelle une conception métaphysique, ou en tant qu'il est l'expression du *substratum* dernier hypothétique de l'expérience ! Nous ne sommes pas ici dans le domaine de la physique, de la chimie ou de la biologie ; nous cherchons seulement les conditions explicites de l'association humaine, en tant qu'elle n'est plus simplement animale. Il ne s'agit pas d'appuyer nos inductions ou nos déductions sur les données de la biologie ; mais, au contraire, de reconnaître avant toute autre chose les particularités de l'association humaine, qui se forme et se développe par la succession et le perfectionnement de l'activité de l'homme lui-même dans des conditions données et variables, et de trouver les rapports de coordination et de subordination des besoins, qui sont le *substratum* de la volonté et de l'action. On ne se propose pas de découvrir une intention ni de formuler une appréciation ; c'est uniquement la nécessité de fait que l'on veut mettre en évidence.

Et comme les hommes, non par libre choix, mais parce qu'ils ne pourraient autrement agir, satisfont d'abord certains besoins élémentaires, qui, à leur tour, en font naître d'autres en se perfectionnant ; et, comme pour satisfaire les besoins quels qu'ils soient, ils inventent et emploient certains moyens et certains instruments, et s'associent suivant certains modes déterminés, le matérialisme de l'interprétation historique n'est pas autre chose qu'une tentative pour refaire par la pensée, avec méthode, la genèse et la complication de la vie sociale qui se développe à travers les siècles. La nouveauté de cette doctrine ne diffère pas de celle de toutes les autres doctrines, qui, après beaucoup de chevauchées à travers les domaines de l'imagination, sont arrivées enfin, très péniblement, à atteindre la prose de la réalité, et à s'arrêter à elle

II

Il y a une certaine affinité, au moins en apparence, entre ce vice formel du verbalisme et un autre défaut de l'esprit, dont les origines peuvent d'ailleurs être différentes. En considération de certains de ses effets les plus communs et les plus populaires, je l'appellerai la *phraséologie*, bien que ce mot ne soit pas une expression exacte de la chose et n'en fasse pas connaître l'origine.

Depuis de longs siècles on écrit sur l'histoire, on l'expose, on l'illustre. Les intérêts les plus variés, depuis les intérêts les plus immédiatement pratiques jusqu'aux intérêts purement esthétiques, ont poussé les différents écrivains à concevoir et à exécuter ce genre de composition ; ces différents genres ont toujours pris naissance, dans les différents pays, assez longtemps après les origines de la civilisation, du développement de l'État, et du passage de la société communiste primitive à la société qui repose sur les différences et les antithèses de classe. Les historiens, même s'ils ont été aussi naïfs que l'a été Hérodote, sont nés et se sont formés toujours dans une société qui n'avait rien d'ingénu, mais dans une société très compliquée et très complexe, et alors que les raisons de cette complication et de cette complexité étaient inconnues et leurs origines oubliées. Cette complexité, avec tous les contrastes qu'elle porte en elle, et qu'elle révèle ensuite et fait éclater dans ses vicissitudes variées, se dressait devant les narrateurs comme quelque chose de mystérieux, qui a besoin d'être expliqué ; et, pour peu que l'historien voulût donner quelque suite et un certain lien aux choses narrées, il devait ajouter à la simple narration quelques vues générales. De la *jalousie des dieux* du *père* Hérodote au *milieu* de M. Taine, un nombre infini de concepts, servant de moyens d'explication et de compléments aux choses racontées, se sont imposés aux narrateurs par les voies naturelles de la pensée immédiate. Tendances de classes, idées religieuses, préjugés populaires, influences ou imitations d'une philosophie courante, débordements d'imagination et désir de donner une allure artistique à des faits connus uniquement d'une façon fragmentaire, toutes ces causes et d'autres causes analogues ont concouru à former le *substratum* de la théorie plus ou moins naïve des événements, qui est implicitement au fond du récit, ou qui sert tout au moins à l'assaisonner et à l'orner. Que l'on parle du *hasard* ou du *destin*, qu'on fasse appel à la *direction providentielle* des choses humaines, ou qu'on s'en tienne au mot et au concept de la *chance* — la divinité qui subsiste seule encore dans la conception rigide et souvent grossière de Machiavel — ou que l'on parle, comme c'est assez l'usage maintenant, de la *logique des choses*, toutes ces conceptions furent et sont des effets et des résultats de la pensée ingénue, de la pensée immédiate, de la pensée qui ne peut pas justifier à elle-même sa marche et ses produits, ni par les voies de la critique, ni par les moyens de l'expérience. Combler avec des sujets conventionnels (p. e., la *chance*), ou par une énonciation d'apparence théorique (p. e., la *marche fatale des choses*, qui, quelquefois se confond chez les esprits peu cultivés avec la notion du progrès), les lacunes de la connaissance sur la façon dont les choses se sont effectivement produites par leur propre nécessité et sans souci de notre libre choix et de notre consentement, c'est là le motif et le résultat de cette philosophie populaire, latente ou explicite chez les historiens narrateurs, qui, par suite de son caractère immédiat, se dissipe dès qu'apparaît la *critique de la connaissance*.

Dans tous ces concepts et dans toutes ces imaginations, qui, à la lumière de la critique, apparaissent comme de simples moyens provisoires et des effets d'une pensée non mûrie, mais qui semblent souvent aux *gens instruits* le *non plus ultra* de l'intelligence, se révèle et se reflète une grande partie du processus humain ; et, par suite, on ne doit pas les considérer comme des inventions gratuites, ni comme des produits d'une illusion momentanée. Ils sont une partie et un moment du devenir de ce que nous appelons l'esprit humain. Si l'on remarque ensuite que ces concepts et ces imaginations se mélangent et se confondent dans la *communis opinio* des personnes instruites, ou de celles qui passent pour l'être, ils constituent comme une masse immense de préjugés, l'empêchement que l'ignorance oppose à la vision claire et pleine des choses réelles. Ces préjugés se retrouvent comme des *dérivés phraséologiques* dans le langage des politiciens de profession, des soi-disant publicistes et journalistes de toute espèce, et ils offrent le support de la rhétorique à la soi-disant *opinion publique*.

Opposer, et puis substituer, à ce mirage d'idéations non critiques, à ces idoles de l'imagination, à ces effets de l'artifice littéraire, à ce conventionalisme, les sujets réels ou les forces qui agissent positivement, c'est-à-dire les hommes dans les circonstances sociales variées et circonstanciées : c'est l'entreprise révolutionnaire et le but scientifique de la nouvelle doctrine, qui *objective* et, je dirai, *naturalise* l'explication des processus historiques.

Tel peuple déterminé, c'est-à-dire, non pas une masse quelconque d'individus, mais un *plexus* d'hommes organisés de telle et telle façon, par des rapports naturels de consanguinité, ou suivant tel ou tel ordre artificiel ou coutumier de parenté et d'affinité, ou par des raisons de voisinage permanent ; — ce peuple, sur tel territoire circonscrit et limité, qui a telle ou telle fertilité, productif de telle ou telle manière, acquis dans des formes déterminées au travail continu ; — ce peuple, ainsi distribué sur ce territoire, et ainsi réparti et articulé par l'effet d'une division déterminée du travail, qui commence à peine à donner naissance ou qui déjà a développé et mûri telle ou telle division des classes, ou qui a déjà désagrégé ou transformé toute une série de classes ; — ce peuple, qui possède tels ou tels instruments, depuis la pierre à feu jusqu'à la lumière électrique, de l'arc et de la flèche au fusil à répétition, qui produit suivant un certain mode, et, conformément à sa façon de produire, répartit ses produits ; — ce peuple, qui, par tous ces rapports, constitue une société dans laquelle, par des habitudes d'accommodation mutuelle, ou par des conventions explicites, ou par des violences souffertes et subies, sont nés déjà, ou sont sur le point de naître des liens juridico-politiques, qui aboutissent à la formation de l'Etat ; — ce peuple, qui, par l'organisation de l'Etat, qui n'est qu'un moyen pour fixer, défendre et perpétuer les inégalités, rend continuellement instable, par suite des antithèses qu'il porte en lui-même, l'organisation elle-même, d'où résultent les mouvements et les révolutions politiques, et partant les raisons du progrès et du regrès : — c'est là la somme de ce qu'il y a au fond de toute histoire. Et c'est là la victoire de la prose réaliste sur toutes les combinaisons fantastiques et idéologiques.

Il faut, certes, quelque résignation pour voir les choses comme elles sont, en passant outre aux fantômes, qui, pendant des siècles, en ont empêché la vision droite. Mais cette révélation de doctrine réaliste ne fut pas, et elle ne veut pas être, la rébellion de l'homme matériel contre l'homme idéal. Elle a été et elle est, au contraire, la découverte des principes et des moteurs véritables et propres de tout développement humain, y compris tout ce que nous appelons l'idéal, dans des conditions positives de fait déterminées, qui portent en elles les raisons, et la loi, et le rythme de leur propre devenir.

III

Mais ce serait une erreur complète de croire que les écrivains qui narrent, exposent ou illustrent, aient eux-mêmes inventé et donné la vie à cette masse énorme de concepts, d'imaginations et d'explications non mûries qui, grâce à la force du préjugé, cachèrent pendant des siècles la vérité réelle. Il peut arriver, et il arrive certainement, que quelques-uns de ces concepts sont le fruit et le produit de vues personnelles, ou de courants littéraires qui se forment dans le cercle professionnel étroit des universités et des académies. Le peuple, dans ce cas, les ignore complètement. Mais le fait important, c'est que l'histoire s'est mise elle-même ces *voiles* ; c'est dire que les acteurs et les opérateurs mêmes des événements historiques, grandes masses de peuple, ordres et classes dirigeantes, maîtres de l'Etat, sectes ou partis, au sens le plus étroit du mot, si l'on fait exception de quelque moment d'intervalle lucide, n'eurent jamais, jusqu'à la fin du siècle passé, conscience de leur œuvre propre, si ce n'est à travers quelque enveloppe idéologique qui empêchait la vision des causes réelles. Déjà, à l'époque lointaine où se fit le passage de la barbarie à la civilisation, c'est-à-dire quand les premières découvertes de l'agriculture, l'établissement stable de la population sur un territoire déterminé, la première division du travail dans la société, les premières alliances de *gentes* différentes, donnèrent les conditions dans lesquelles se développent la propriété et l'Etat, ou tout au moins la *cité*, déjà, à l'époque des toutes premières révolutions sociales, les hommes transformèrent idéalement leur œuvre en voyant en elle les actions miraculeuses des dieux et des héros. De sorte que, tout en agissant comme ils le pouvaient et comme ils le devaient, étant donnés la nécessité et le fait de leur développement économique relatif, ils conçurent une explication de leur œuvre propre comme si elle ne leur appartenait pas. Cette enveloppe idéologique des œuvres humaines a changé, depuis, plus d'une fois de forme, d'apparence, de combinaisons et de relations dans le cours des siècles, depuis la production immédiate des mythes ingénus jusqu'aux systèmes théologiques compliqués et à la *Cité de Dieu* de saint Augustin, depuis la crédulité superstitieuse aux miracles jusqu'aux miracles mirobolants des miracles métaphysiques, c'est-à-dire jusqu'à l'*Idée*, qui pour les *décadents* de l'Hégélianisme engendre d'elle-même en elle-même, par sa propre désagrégation, toutes les variations les plus disparates de la vie sociale dans le cours de l'histoire.

Maintenant, précisément parce que l'angle visuel de l'interprétation idéologique n'a été définitivement dépassé que très récemment, et que de nos jours seulement l'ensemble des rapports réels et réellement agissants a été distingué avec clarté des reflets ingénus du mythe, et des reflets plus artificieux de la religion et de la métaphysique, notre doctrine pose un problème nouveau et porte en elle de graves difficultés, pour qui veut la rendre propre à comprendre d'une façon spécifique l'histoire du passé,

Le problème consiste en ceci, que notre doctrine nécessite une nouvelle critique des sources historiques. Et je n'entends pas parler exclusivement de la critique des documents, au sens propre et ordinaire du mot, parce que, quant à celle-ci, nous pouvons nous contenter de celle que nous livrent, toute faite, les critiques, les érudits et les philologues de profession. Mais je veux parler de cette source immédiate, qui est au delà des documents proprement dits, et qui, avant de s'exprimer et de se fixer dans ceux-ci, réside dans l'esprit et dans la forme de conscience dans lesquels les acteurs se rendirent compte des motifs de leur œuvre propre. Cet esprit, c'est-à-dire cette conscience, est souvent inadéquate aux causes que nous sommes maintenant en mesure de découvrir, de sorte que les acteurs nous apparaissent comme enveloppés dans un cercle d'illusions. Dépouiller les faits historiques de ces enveloppes que les faits mêmes revêtent tandis qu'ils se développent, c'est faire une nouvelle critique des sources, au sens réaliste du mot, et non au sens formel du document ; c'est, en somme, faire réagir sur la connaissance des conditions passées la conscience dont nous sommes maintenant capables, pour ensuite les reconstruire à nouveau.

Mais cette revision des sources les plus directes, si elle marque l'extrême limite de l'auto-conscience historique à laquelle on peut arriver, peut être une occasion pour tomber dans une grave erreur. Comme nous nous plaçons à un point de vue qui est au delà des vues idéologiques grâce auxquelles les acteurs de l'histoire eurent conscience de leur œuvre, et dans lesquelles ils trouvèrent très souvent et les moteurs et la justification de leur action, nous pouvons croire faussement que ces vues idéologiques furent une pure apparence, un simple artifice, une pure illusion, au sens vulgaire du mot. Martin Luther, comme les autres grands réformateurs ses contemporains, ne sut jamais, comme nous le savons aujourd'hui, que le mouvement de la Réforme était un moment du devenir du *tiers état*, et une rébellion économique de la nationalité allemande contre l'exploitation de la cour papale. Il fut ce qu'il fut, comme agitateur et comme politique, parce qu'il ne fut qu'un avec la croyance qui lui faisait voir dans le mouvement des classes, qui donnait impulsion à l'agitation, comme un retour au vrai christianisme et comme une nécessité divine dans le cours vulgaire des choses. L'étude des effets à longue échéance, c'est-à-dire la force croissante de la bourgeoisie des villes contre les seigneurs féodaux, l'accroissement de la domination territoriale des princes aux dépens du pouvoir interterritorial et superterritorial de l'empereur et du pape, la répression violente du mouvement des paysans et du mouvement plus proprement prolétarien des anabaptistes nous permettent maintenant de refaire l'histoire authentique des causes économiques de la Réforme, particulièrement dans la mesure où elle aboutit, ce qui est la meilleure des preuves. Mais cela ne veut pas dire qu'il nous soit donné de détacher le fait arrivé du mode de sa réalisation, et de résoudre l'intégralité circonstantielle par une analyse posthume, tout à fait subjective et simpliste. Les causes intimes, ou, comme on dirait maintenant, les moteurs profanes et prosaïques de la Réforme nous apparaissent avec clarté en France, où elle ne fut pas victorieuse ; clairement encore dans les Pays-Bas, où, en dehors des différences de nationalité, les contrastes des intérêts économiques se montrent avec une pleine évidence dans la lutte contre l'Espagne ; très clairement enfin en Angleterre, où la rénovation religieuse, réalisée grâce à la violence politique, met en pleine lumière le passage à ces conditions qui sont, pour la bourgeoisie moderne, les prodromes du capitalisme. *Post factum*, et après la réalisation tardive de conséquences non prévues, l'histoire des mouvements réels, qui furent les causes intimes de la Réforme, en grande partie inconnues aux acteurs eux-mêmes, apparaîtra en pleine lumière. Mais que le fait arrivât précisément comme il arriva, qu'il prît telles formes déterminées, qu'il se revêtit de tel vêtement, qu'il se colorât de telle couleur, qu'il mît en mouvement telles passions, qu'il se manifestât avec ce fanatisme, c'est en cela que consiste sa circonstantialité spécifique, qu'aucune suffisance d'analyste ne peut faire qu'elle ne fut comme elle fut. L'amour du paradoxe seul, inséparable toujours du zèle des vulgarisateurs passionnés d'une doctrine nouvelle, peut avoir amené certains à croire que pour écrire l'histoire il suffisait de mettre en évidence uniquement le *moment économique* (souvent encore inconnu et souvent inconnaissable), pour ensuite jeter à terre tout le reste comme un fardeau inutile dont les hommes s'étaient capricieusement chargés, comme un accessoire, en somme, une simple bagatelle, ou même comme quelque chose d'inexistant.

De ce que l'histoire doit être prise dans son intégralité, et que chez elle le noyau et l'écorce ne font qu'un, comme Gœthe le disait de toutes choses, trois conséquences se déduisent.

D'abord il est évident, que dans le domaine du déterminisme historico-social la médiation des causes aux effets, des conditions aux choses conditionnées, des antécédents aux conséquents, n'est jamais évidente à première vue, de la même manière que tous ces rapports ne sont jamais évidents à première vue dans le déterminisme subjectif de la psychologie individuelle. Dans ce dernier domaine, depuis longtemps, ce fut une chose relativement aisée pour la philosophie abstraite et formelle de découvrir, en passant au-dessus de toutes les bagatelles du fatalisme et du libre arbitre, l'évidence du motif dans chaque volition, parce que, en somme, il n'y a vouloir que là où il y a détermination motivée. Mais en-dessous des motifs et du vouloir il y a la genèse de ceux-là et de celui-ci, et pour refaire cette genèse il nous faut sortir du monde fermé de la conscience pour arriver à l'analyse des simples besoins, qui, par un côté, dérivent des conditions sociales, et d'un autre, se perdent dans le fond obscur des dispositions organiques, dans la descendance et dans l'atavisme. Il n'en est pas autrement du déterminisme historique, où, de la même manière, on commence par les motifs religieux, politiques, esthétiques, passionnés, etc., mais où il faut ensuite découvrir les causes de ces motifs dans les conditions de fait sous-jacentes. Or, l'étude de ces conditions doit être si spécifiée qu'on doit apercevoir avec évidence non seulement quelles sont les causes, mais encore par quelles médiations elles arrivent à cette forme qui les révèle à la conscience comme des motifs dont l'origine est souvent oblitérée.

Et de là découle avec évidence cette seconde

conséquence, que, dans notre doctrine, il ne s'agit pas de retraduire en catégories économiques toutes les manifestations compliquées de l'histoire, mais qu'il s'agit seulement d'expliquer en *dernière instance* (Engels) tous les faits historiques par le *moyen de la structure économique sous-jacente* (Marx) : ce qui nécessite analyse et réduction, et puis médiation et composition.

Il résulte de cela, en troisième lieu, que, pour passer de la structure économique sous-jacente à l'ensemble configuratif d'une histoire déterminée, il faut le secours de ce *complexus* de notions et de connaissances qu'on peut appeler, à défaut d'un autre terme, la *psychologie sociale*. Je ne veux pas, par là, faire allusion à l'existence fantastique d'une psyché sociale, ni à la conception d'un prétendu esprit collectif, qui, par ses propres lois, indépendantes de la conscience des individus et de leurs rapports matériels et définissables, se réalise et se manifeste dans la vie sociale. C'est là du pur mysticisme. Je ne veux pas non plus faire allusion à ces tentatives de généralisation qui remplissent les traités de psychologie sociale et dont l'idée générale est celle-ci : transporter et appliquer à un sujet, qu'on appelle la conscience sociale, les catégories et les formes connues de la psychologie individuelle. Et je ne veux pas non plus faire allusion à cet amas de dénominations semiorganiques et semi-psychologiques, grâce auquel on attribue à l'être social, comme l'a fait Schæffle, un cerveau, une épine dorsale, la sensibilité, le sentiment, la conscience, la volonté, etc. Mais je veux parler de choses plus modestes et plus prosaïques, c'est-à-dire de ces états d'esprit concrets et précis, qui nous font connaître, comme ils étaient en réalité, les plébéiens de Rome d'une époque déterminée, les artisans de Florence au moment où éclata le mouvement des *Ciompi,* ou ces paysans de France au sein desquels s'engendra, selon l'expression de Taine, l'*anarchie spontanée* de 1789, ces paysans qui, devenus ensuite des travailleurs libres et des petits propriétaires, ou aspirant à la propriété, se transformèrent rapidement de vainqueurs sur l'étranger en instruments automatiques de la réaction. Cette psychologie sociale, que personne ne peut réduire en canons abstraits, parce que, dans la plupart des cas, elle est uniquement descriptive, c'est ce que les historiens narrateurs, les orateurs, les artistes, les romanciers et les idéologues de toute sorte ont vu et jusqu'à aujourd'hui conçu comme l'objet exclusif de leurs études. A cette psychologie, qui est la conscience spécifiée des hommes dans des conditions sociales données, se réfèrent et en appellent les agitateurs, les orateurs, les propagandistes. Nous savons qu'elle est le fruit, le dérivé, l'effet de conditions sociales de fait déterminées ; — telle classe déterminée, dans telle situation déterminée, par les fonctions qu'elle remplit, par la sujétion dans laquelle elle est tenue, par l'empire qu'elle exerce ; — et ensuite ces classes, ces fonctions, cette sujétion et cet empire supposent telle ou telle forme déterminée de production et de distribution des moyens immédiats de la vie, c'est-à-dire une structure économique déterminée. Cette psychologie sociale, par sa nature toujours circonstantielle, n'est pas l'expression du processus abstrait et générique du soi-disant esprit humain. C'est toujours une formation spécifiée de conditions spéciales.

Nous tenons pour indiscutable ce principe, que ce ne sont pas les formes de la conscience qui déterminent la manière d'être de l'homme, mais que c'est la manière d'être qui détermine la conscience (Marx). Mais ces formes de la conscience, de même qu'elles sont déterminées par les conditions de la vie, font, elles aussi, partie de l'histoire. Celle-ci ne comprend pas seulement l'anatomie économique, mais tout cet ensemble qui revêt et recouvre cette anatomie, jusqu'aux reflets multicolores de l'imagination. En d'autres termes, il n'y a pas de fait de l'histoire qui ne rappelle, par son origine, les conditions de la structure économique sous-jacente, mais il n'y a pas de fait de l'histoire qui ne soit précédé, accompagné, suivi par des formes déterminées de conscience, que celle-ci soit superstitieuse ou expérimentée, ingénue ou réfléchie, impulsive ou maîtresse d'elle-même, fantastique ou raisonnante.

IV

Je disais, il n'y a qu'un instant, que notre doctrine objective, et dans un certain sens *naturalise* l'histoire, en allant de l'explication des données évidentes à première vue, des volontés agissant à dessein, et des idéations auxiliaires de l'action, aux causes et aux moteurs du vouloir et de l'action, pour trouver ensuite la coordination de ces causes et de ces moteurs dans les processus élémentaires de la production des moyens immédiats de la vie.

Or, ce terme de *naturaliser* a amené plus d'un esprit à confondre cet ordre de problèmes avec un autre ordre de problèmes, c'est-à-dire à étendre à l'histoire les lois et les façons de penser, qui ont paru déjà propres à l'étude et à l'explication du monde naturel en général, et du monde animal en particulier. Et parce que le Darwinisme est parvenu à emporter, grâce au principe du transformisme des espèces, la dernière citadelle de la fixité métaphysique des choses, et à voir dans les organismes comme les phases et les moments d'une *histoire naturelle* véritable et propre, on s'est imaginé que c'était une entreprise banale et simple que d'emprunter, pour expliquer le devenir et la vie humaine historiques, les concepts et les principes et les manières de voir auxquels est subordonnée la vie animale, qui, par suite des conditions immédiates de la lutte pour l'existence, se déroule dans les milieux topographiques non modifiés par l'action du travail. Le *Darwinisme politique et social* a envahi, comme une épidémie, depuis de longues années, l'esprit de plus d'un penseur, et plus encore des avocats et des déclamateurs de la sociologie, et il s'est réfléchi, comme une habitude à la mode et comme un courant phraséologique, même dans le langage quotidien des politiciens.

Il semble, à première vue, qu'il y a quelque chose d'immédiatement évident et d'instinctivement plausible dans cette façon de raisonner, qui, d'ailleurs, se distingue principalement par l'abus de l'analogie et par la hâte à conclure. L'homme est, sans aucun doute, un animal, et il est lié par des rapports de descendance et d'affinité à d'autres animaux. Il n'a pas de privilèges d'origine ou de structure élémentaire, et son organisme n'est qu'un cas particulier de la physiologie générale. Son premier terrain immédiat fut celui de la simple nature, non modifiée par le travail ; et de là dérivent les conditions impérieuses et inévitables de la lutte pour l'existence, avec les formes conséquentes d'accommodation. C'est de là que sont nées les races, au sens véritable et authentique du mot, c'est-à-dire en tant qu'elles sont des déterminations immédiates de noirs, de blancs, de jaunes, d'ulotriques, de leïotriques, etc., et non des formations secondaires historico-sociales, c'est-à-dire les peuples et les nations. De là sont nés les instincts primitifs de la sociabilité, et, dans la vie en promiscuité, les premiers rudiments de la sélection sexuelle.

Mais, si nous pouvons reconstruire, par l'imagination, l'homme *ferus primaevus* en combinant des conjectures, il ne nous est pas donné d'en avoir une intuition empirique, de même qu'il ne nous est pas donné de déterminer la genèse de cet *hiatus*, c'est-à dire de cette discontinuité grâce à laquelle la vie humaine s'est trouvée détachée de la vie des animaux, pour s'élever, par la suite, à un niveau toujours supérieur. Tous les hommes, qui vivent en ce moment sur la surface de la terre, et tous ceux qui, ayant vécu dans le passé, ont été l'objet de quelque observation digne de foi, se trouvent et se trouvaient assez éloignés déjà du moment où avait cessé la vie purement animale. Une certaine vie sociale avec des coutumes et des institutions, même s'il s'agit de la forme la plus élémentaire que nous connaissions, c'est-à-dire des tribus australiennes divisées en classes et pratiquant le mariage de tous les hommes d'une classe avec toutes les femmes d'une autre classe, sépare d'un grand intervalle la vie humaine de la vie animale. Si l'on considére la *gens materna*, dont le type classique, le type iroquois, a, grâce aux travaux de Morgan, révolutionné la préhistoire, en nous donnant en même temps la clef des origines de l'histoire proprement dite, nous avons une forme de société déjà très avancée par sa complexité de rapports. A ce degré de la vie sociale qui, d'après nos connaissances, nous apparaît comme très élémentaire, c'est-à-dire dans la société australienne, non seulement une langue très compliquée différencie les hommes de tous les autres animaux (et la langue est une condition et un instrument, une cause et un effet de la sociabilité), mais la spécification de la vie humaine, en dehors de la découverte du feu, se manifeste par l'usage de beaucoup d'autres moyens artificiels par lesquels on satisfait aux besoins de la vie. C'est un certain territoire acquis au parcours d'une tribu, — un certain art de la chasse, — l'emploi de certains instruments de défense et d'attaque, et la possession de certains ustensiles pour conserver les choses acquises, — et puis l'ornementation du corps, etc. : — c'est-à-dire qu'au fond cette vie repose sur un terrain artificiel, quoique très élémentaire, sur lequel les hommes essayent de se fixer et de s'adapter, sur un terrain qui est, après tout, la condition de tout progrès ultérieur. Selon que ce terrain artificiel est plus ou moins formé, les hommes qui l'ont produit et qui y vivent sont considérés comme plus ou moins sauvages ou barbares : cette première formation constitue ce que nous appelons d'ordinaire la *préhistoire*.

L'histoire, selon l'usage littéraire du mot, c'est-à-dire cette partie du processus humain dont les traditions se sont fixées dans la mémoire, commence à un moment où le terrain artificiel est depuis assez longtemps formé. Et par exemple : la canalisation de la Mésopotamie nous donne l'antique Babylonide présémitique ; — la dérivation du Nil pour la culture des terres, la très ancienne Égypte hamitique. Sur ce terrain artificiel qui apparaît à l'horizon extrême de l'histoire connue, n'ont pas vécu, comme ne vivent pas maintenant, des masses informes d'individus, mais des groupements organisés, dont l'organisation est fixée par une certaine distribution des tâches, c'est-à-dire du travail, et par des modes consécutifs de coordination et de subordination. Ces relations, ces liens, ces façons de vivre, n'ont pas été et ils ne sont pas le résultat de la fixation de coutumes sous l'action immédiate de la lutte animale pour l'existence. Bien plus, ils supposent la découverte de certains instruments, et par exemple, la domestication de certains animaux, le travail des métaux et même du fer, l'introduction de l'esclavage, etc., instruments et modes d'économie, qui ont d'abord différencié les communautés les unes des autres, et qui ont ensuite différencié les parties composantes elles-mêmes de ces communautés. En d'autres termes, les œuvres des hommes, en tant qu'ils vivent en groupe, réagissent sur les hommes eux-mêmes. Leurs découvertes et leurs inventions, en créant des façons de vivre supernaturelles, ont produit non seulement des habitudes et des coutumes (vêtement, cuisson de la nourriture, etc.), mais des rapports et des liens de coexistence, proportionnés et adaptés au mode de production et de reproduction des moyens de la vie immédiate.

Quand l'histoire traditionnelle commence, l'économie fonctionne déjà. Les hommes *travaillent*, pour vivre, sur un terrain qui a été en grande partie modifié par leur activité, et avec des instruments qui sont complètement leur œuvre. Et depuis ce moment, ils ont lutté entre eux pour conquérir les uns sur les autres une position supérieure dans l'usage de ces moyens artificiels ; c'est-à-dire ils ont lutté entre eux, en tant que serfs et maîtres, sujets et seigneurs, conquis et conquérants, exploités et exploiteurs, et là où ils ont progressé, et là où ils ont regressé, et là où ils se sont arrêtés dans une forme qu'ils n'ont pas été capables de dépasser, mais jamais ils ne sont retournés à la vie animale, par la perte complète du terrain artificiel.

La science historique a donc comme premier et principal objet la détermination et la recherche du terrain artificiel, de son origine, de sa composition, de ses altérations et de ses transformations. Dire que tout cela n'est qu'une partie et un prolongement de la nature, c'est dire une chose qui, par son caractère trop abstrait et trop générique, n'a plus aucune signification.

Le genre humain vit en fait seulement dans des conditions telluriques, et on ne peut pas le supposer transplanté ailleurs. Dans ces conditions, il a trouvé, depuis les toutes premières origines jusqu'à aujourd'hui, les moyens immédiats nécessaires au développement du travail, c'est-à-dire au progrès matériel comme à sa formation intérieure. Ces conditions naturelles furent et elles sont toujours indispensables à la culture sporadique des nomades, qui cultivent quelquefois la terre uniquement pour le pâturage des animaux, comme aux produits raffinés de l'horticulture intensive moderne. Ces conditions telluriques, de même qu'elles ont fourni les diverses sortes de pierres propres à la fabrication des premières armes, fournissent maintenant aussi, avec le charbon de terre, l'élément de la grande industrie ; de même qu'elles ont donné aux premières populations les joncs et les osiers à tresser, elles donnent maintenant tous les moyens d'où dérive la technique compliquée de l'électricité.

Ce ne sont pas, cependant, les moyens naturels eux-mêmes qui ont progressé ; bien plus, il n'y a que les hommes qui progressent, en découvrant petit à petit dans la nature les conditions qui permettent de produire dans des formes nouvelles et toujours plus complexes, grâce au travail accumulé dans l'expérience. Ce progrès ne consiste pas seulement dans les formes dont s'occupent les subjectivistes de la psychologie, c'est-à-dire les modifications intérieures, qui seraient un développement propre et direct de l'intellect, de la raison et de la pensée. Bien plus, ce progrès intérieur n'est qu'un produit secondaire et dérivé, en tant qu'il y a déjà un progrès réalisé dans le terrain artificiel, qui est la somme des rapports sociaux résultant des formes et des répartitions du travail. C'est donc une affirmation vide de sens que de dire que tout cela n'est qu'un simple prolongement de la nature, si on ne veut pas employer ce mot dans un sens si générique qu'il n'indique plus rien de précis et de distinct : c'est-à-dire qu'il n'indique plus ce qui ne se réalise pas par le fait de l'homme.

L'histoire est le fait de l'homme, en tant que l'homme peut créer et perfectionner ses instruments de travail, et qu'avec ces instruments il peut créer un milieu artificiel, dont les effets compliqués réagissent ensuite sur lui, et qui, par son état présent et par ses modifications successives, est l'occasion et la condition de son développement. Il n'y a donc pas de raisons pour ramener ce fait de l'homme, qu'est l'histoire, à la simple lutte pour l'existence. Si celle-ci modifie et perfectionne les organes des animaux, et si, dans des circonstances et dans des modes donnés, elle donne naissance à de nouveaux organes et les développe, elle ne produit pas cependant ce mouvement continu, perfectionné et traditionnel, qu'est le processus humain. Notre doctrine ne doit pas être confondue avec le Darwinisme, et elle n'a pas à évoquer à nouveau la conception d'une forme mythique, mystique ou métaphorique du *fatalisme*. S'il est vrai, en effet, que l'histoire repose avant tout sur le développement de la technique, c'est-à-dire, s'il est vrai que la découverte successive des instruments engendre les répartitions successives du travail, et avec celles-ci les inégalités dont l'ensemble plus ou moins stable forme l'organisme social, il est également vrai que la découverte de ces instruments est cause et effet en même temps de ces conditions et de ces formes de la vie intérieure que nous appelons, en les isolant par l'abstraction psychologique, l'imagination, l'intellect, la raison, la pensée, etc. En produisant successivement les différents milieux sociaux, c'est-à-dire les terrains artificiels successifs, l'homme s'est produit lui-même, et c'est en cela que consiste le noyau sérieux, la raison concrète, le fondement positif de ce qui, par des combinaisons fantastiques variées, et par une architecture logique variée, a suggéré aux idéologues la notion du progrès de l'esprit humain.

Néanmoins, cette expression de *naturaliser* l'histoire, qui, entendue dans un sens trop large et trop générique, peut être l'occasion des équivoques dont nous avons parlé, quand elle est au contraire employée avec la précaution voulue et d'une façon approximative, résume brièvement la critique de toutes les vues idéologiques, qui, dans l'interprétation de l'histoire, partent de cette hypothèse, que l'œuvre ou l'activité humaine ne font qu'un avec le libre arbitre, le libre choix et les desseins voulus.

Il était facile et commode aux théologiens de ramener le cours des choses humaines à un plan ou à un dessein préconçus, parce qu'ils passaient directement des faits d'expérience à un esprit supposé qui règlerait l'univers. Les juristes, qui eurent les premiers l'occasion de découvrir dans les institutions qui forment l'objet de leurs études, un certain fil conducteur de formes qui se succèdent avec une certaine évidence, transportèrent, comme ils transportent sans plus de souci, la raison raisonnante, qui est leur qualité propre, à l'explication de toute la vaste matière sociale, si compliquée. Les hommes politiques, qui prennent naturellement leur point de départ dans cette donnée d'expérience, que les directeurs de l'Etat, soit par l'acquiescement des masses sujettes, soit en profitant des antithèses d'intérêts des différents groupes sociaux, peuvent se poser des buts et les réaliser, volontairement et d'une façon délibérée, sont portés à voir dans la succession des choses humaines uniquement une variante de ces desseins, de ces projets et de ces intentions. Or, notre conception, en révolutionnant dans leurs fondements les hypothèses des théologiens, des juristes et des politiques, aboutit à cette affirmation : que l'œuvre et l'activité humaines en général ne sont pas toujours une seule et même chose, dans le cours de l'histoire, avec la volonté qui agit à dessein, avec les plans préconçus, et avec le libre choix des moyens ; c'est-à-dire, qu'ils ne sont pas une seule et même chose avec la raison raisonnante. Tout ce qui est arrivé dans l'histoire est l'œuvre de l'homme, mais ce ne fut et ce n'est que très rarement le résultat d'un choix critique ou d'une volonté raisonnante. Bien plus, ce fut et c'est par nécessité que, déterminée par des besoins et par des occasions externes, cette activité engendre une expérience et un développement des organes internes et externes. Parmi ces organes, il faut comprendre l'intelligence et la raison, résultat et conséquence, elles aussi, d'expériences répétées et accumulées. La formation intégrale de l'homme, dans le développement historique, n'est plus désormais une donnée hypothétique, ni une simple conjecture, c'est une vérité intuitive et palpable. Les conditions du processus qui engendre un progrès sont désormais réductibles en séries d'explications ; et, jusqu'à un certain point, nous avons sous les yeux le schéma de tous les développements historiques morphologiquement entendus. Cette doctrine est la négation nette et définitive de toute idéologie, parce qu'elle est la négation explicite de toute forme de rationalisme, en entendant sous ce mot ce concept, que les choses, dans leur existence et leur développement, répondent à une norme, à un idéal, à une mesure, à une fin, d'une façon implicite ou explicite. Tout le cours des choses humaines est une somme, une succession de séries de conditions que les hommes se sont faites et posées d'eux-mêmes par l'expérience accumulée dans leur vie sociale changeante, mais il ne représente ni la tendance à réaliser un but prédéterminé, ni la déviation d'un premier principe de perfection et de félicité. Le progrès lui-même n'implique que la notion de chose empirique et circonstanciée, qui se précise actuellement dans notre esprit, parce que, grâce au développement réalisé jusqu'ici, nous sommes en mesure d'évaluer le passé et de prévoir, ou d'entrevoir, dans un certain sens et dans une certaine mesure, l'avenir.

V

De cette façon une grave équivoque est dissipée, et les erreurs qu'elle entraîne écartées. Raisonnable et fondée est la tendance de ceux qui visent à subordonner tout l'ensemble des choses humaines, dans leur cours, à la rigoureuse conception du *déterminisme*. Il n'y a, au contraire, aucune raison pour confondre ce déterminisme dérivé, réflexe et complexe avec le déterminisme de la lutte immédiate pour l'existence, qui s'exerce et se développe sur un domaine non modifié par l'action continue du travail. Légitime et fondée, d'une façon absolue, est l'explication historique qui procède en allant des actes de choix, qui auraient réglé volontairement les différentes phases de la vie, aux moteurs et aux causes objectives de tout vouloir, découverts dans les conditions de milieu, de territoire, de moyens disponibles, et de circonstantialité de l'expérience. Mais il n'y a, au contraire, aucun fondement pour cette opinion qui tend à la négation de toute volonté, par suite d'une vue théorique qui voudrait substituer au *volontarisme* l'*automatisme* ; il n'y a là, en somme, qu'une pure et simple fatuité.

Partout où les moyens techniques sont développés jusqu'à un certain point, partout où le terrain artificiel a acquis une certaine consistance, et partout où les différenciations sociales et les antithèses qui en résultent ont créé le besoin, la possibilité et les conditions d'une organisation plus ou moins stable ou instable, là, toujours et nécessairement, apparaissent des desseins prémédités, des vues politiques, des plans de conduite, des systèmes de droit, et enfin des maximes et des principes généraux et abstraits. Dans le cercle de ces produits et de ces développements dérivés et complexes, du second degré, naissent aussi les sciences et les arts, et la philosophie, et l'érudition, et l'*histoire* comme genre littéraire de production. Ce cercle est celui que les rationalistes et les idéologues, ignorants des fondements réels, ont appelé et appellent, d'une façon exclusive, la *civilisation*. Et, en effet, il est arrivé et il arrive que quelques hommes, et surtout les savants de profession, laïques ou prêtres, ont trouvé et trouvent le moyen de vivre intellectuellement dans le cercle fermé des produits réflexes et secondaires de la civilisation, et qu'ils ont pu et qu'ils peuvent ensuite soumettre tout le reste à la vue subjective qu'ils ont élaborée dans ces conditions : c'est là l'origine et l'explication de toutes les idéologies. Notre doctrine a dépassé d'une façon définitive l'angle visuel de l'idéologie. Les desseins prémédités, les vues politiques, les sciences, les systèmes de droit, etc., au lieu d'être le moyen et l'instrument de l'explication de l'histoire, sont précisément ce qu'il faut expliquer, parce qu'ils dérivent de conditions et de situations déterminées. Mais cela ne veut pas dire que ce soient de pures apparences, des bulles de savon. Si ce sont là des choses devenues et dérivées, cela n'implique pas que ce ne sont pas des choses réelles ; et cela est si vrai qu'elles ont été, pendant des siècles, pour la conscience non scientifique, et pour la conscience scientifique encore en voie de formation, les seules qui existassent réellement.

Mais avec ceci tout n'est pas dit encore.

Notre doctrine, elle aussi, peut porter à la rêverie, et offrir une occasion et un thème pour une nouvelle idéologie à rebours. Elle est née dans le champ de bataille du communisme. Elle suppose l'apparition du prolétariat moderne sur la scène politique, et elle suppose cette orientation sur les origines de la société actuelle qui nous a permis de refaire d'une manière critique toute la genèse de la bourgeoisie. C'est une doctrine révolutionnaire à deux points de vue : et parce qu'elle a trouvé les raisons et les modes de développement de la révolution prolétarienne, qui est *in fieri*, et parce qu'elle se propose de trouver les causes et les conditions de développement de toutes les autres révolutions sociales, qui ont eu lieu dans le passé, dans les antagonismes de classe arrivés à un certain point critique par suite de la contradiction entre les formes de la production et le développement des forces productives. Il y a plus encore. A la lumière de cette doctrine, l'essentiel de l'histoire consiste précisément en ces moments critiques, et elle abandonne, au moins pour le moment, ce qui réunit ces différents moments aux soins érudits des narrateurs de profession. Comme doctrine révolutionnaire, elle est avant tout la conscience intellectuelle du mouvement prolétarien actuel, dans lequel, selon notre assertion, se prépare de longue main l'avènement du communisme : si bien que les adversaires déclarés du socialisme la repoussent comme une opinion qui, sous des apparences scientifiques, ne fait que reproduire l'*utopie*.

Aussi peut-il arriver, et cela s'est produit déjà, que l'imagination de personnes peu familières avec les difficultés de la recherche historique, et le zèle des fanatiques trouvent un stimulant et une occasion même dans le matérialisme historique pour construire une nouvelle idéologie, et en tirer une nouvelle philosophie de l'histoire systématique, c'est-à-dire schématique, ou tendancieuse et prédéterminée. Et il n'y a pas de précaution qui puisse suffire. Notre intelligence se contente rarement de la recherche purement critique, et elle est toujours portée à convertir en élément de pédanterie et en nouvelle scolastique toute découverte de la pensée. En un mot, même la conception matérialiste de l'histoire peut être convertie en forme d'argumentation à thèse, et servir à faire des modes nouvelles avec les préjugés anciens, comme l'était celui d'une histoire démontrée, démonstrative et déduite.

Pour que cela n'arrive pas, et spécialement pour que ne réapparaisse pas d'une façon indirecte et d'une façon dissimulée une forme quelconque de *finalité*, il faut se bien persuader de deux choses : que toutes les conditions historiques connues sont toutes circonstanciées, et que le progrès a été jusqu'ici circonscrit par des empêchements multiples, et que pour cela il a toujours été partiel et limité.

Une partie seulement, et jusqu'à des temps très récents, une petite partie du genre humain a parcouru en entier tous les stades du processus par l'effet duquel les nations les plus avancées sont arrivées à la société civile moderne,

avec les formes de technique avancée fondée sur
les découvertes de la science, et avec toutes les
conséquences politiques, intellectuelles, morales, etc., qui correspondent à ce développement.
A côté des Anglais, — pour prendre l'exemple
le plus frappant — qui, transportant avec eux
dans la Nouvelle-Hollande les moyens européens,
y ont créé un centre de production, qui déjà tient
une place notable dans la concurrence du marché mondial, vivent encore comme des fossiles
de la préhistoire les indigènes australiens, capables seulement de disparaître, mais incapables
de s'adapter à une civilisation qui ne fut pas
importée chez eux, mais à côté d'eux. Dans
l'Amérique, et spécialement dans l'Amérique du
Nord, la série des événements qui ont amené le
développement de la société moderne, a commencé avec l'importation venue d'Europe des
animaux et des instruments de l'agriculture,
dont l'emploi *ab antico* avait donné naissance
à la civilisation séculaire de la Méditerranée ;
mais ce mouvement est resté tout entier enfermé
dans le cercle des descendants, des conquérants
et des colons, tandis que les indigènes se perdent dans la masse par les voies naturelles du
mélange des races, ou dépérissent et disparaissent complètement. L'Asie antérieure et l'Égypte,
qui déjà dans les temps très anciens, comme premier berceau de toute notre civilisation, ont
donné naissance aux grandes formations semi-

politiques qui marquent les premières phases de l'histoire certaine et connue, nous apparaissent depuis des siècles comme les cristallisations de formes sociales incapables de se mouvoir d'elles-mêmes pour de nouvelles phases de développement. Il y a au-dessus d'elles la pression séculaire du campement barbare qu'est la domination turque. Dans cette masse raidie s'introduit par des voies dissimulées une administration moderne, et au nom des intérêts commerciaux s'insinuent les chemins de fer et le télégraphe, avant-postes courageux de la banque européenne conquérante. Toute cette masse raidie n'a pas d'espérance de reprendre vie, chaleur et mouvement, sinon par la ruine de la domination turque, à laquelle se substituent, dans les divers modes possibles de conquête directe ou indirecte, la domination et le protectorat de la bourgeoisie européenne. Qu'un processus de transformation des peuples arriérés, ou arrêtés dans leur marche, puisse se réaliser et se hâter sous des influences externes, l'Inde est là pour le prouver, qui, encore vivace de sa vie propre, rentre vigoureusement, sous l'action de l'Angleterre, dans la circulation de l'activité internationale, même avec ses produits intellectuels. Ce ne sont pas là les seuls contrastes dans la physionomie historique des contemporains. Et, tandis qu'au Japon, par un phénomène aigu et spontané d'imitation, se développe en moins de trente ans une certaine assimilation relative de la civilisation occidentale, qui remue déjà normalement les énergies propres du pays lui-même, le droit et l'imposition de la conquête russe entraînent dans le cercle de l'industrie moderne, et même dans la grande industrie, certaines parties notables du pays d'au delà la Caspienne comme un avant-poste de l'acquisition prochaine à la sphère du capitalisme de l'Asie centrale et de l'Asie supérieure. La masse gigantesque de la Chine nous est apparue jusqu'à il y a quelques années comme immobile dans l'organisation héréditaire de ses institutions, si lent y est tout mouvement, tandis que, pour des raisons ethniques et géographiques, presque toute l'Afrique restait impénétrable, et il semblait, jusqu'aux dernières tentatives de conquête et de colonisation, qu'elle ne devait offrir à l'action de la civilisation que son seul contour, comme si nous étions encore, non pas même aux temps des Portugais, mais à ceux des Grecs et des Carthaginois.

Ces différenciations des hommes, sur la route de l'histoire et de la préhistoire, nous semblent très explicables, quand on peut les ramener aux conditions naturelles et immédiates qui imposent des limites au développement du travail. C'est le cas de l'Amérique, qui, jusqu'à l'arrivée des Européens, n'avait qu'une seule céréale, le maïs, et un seul animal domesticable au travail, le lama : et nous pouvons nous réjouir de ce que les Européens, en y important avec eux et avec leurs instruments le bœuf, l'âne et le cheval, le froment, le coton, la canne à sucre, le café et enfin la vigne et l'oranger, y ont créé un nouveau monde de la glorieuse société qui produit les marchandises, qui, avec une rapidité extraordinaire de mouvement, a déjà parcouru les deux phases de la plus noire servitude et du plus démocratique salariat. Mais là où il y a eu un véritable arrêt, et même un regrès documenté, comme dans l'Asie antérieure, en Egypte, dans la presqu'île des Balcans et dans l'Afrique septentrionale, — et cet arrêt ne peut pas être attribué à la différenciation des conditions naturelles, — nous nous trouvons devant un problème qui attend sa solution de l'étude directe et explicite de la structure sociale, étudiée dans les modes internes de son développement, comme dans les entrecroisements et dans les complications des différents peuples, sur ce terrain qu'on appelle le plus ordinairement la scène des luttes historiques.

Cette même Europe civilisée, qui, par la continuité de la tradition, présente le schéma de processus le plus complet, si bien que sur ce modèle ont été conçus et jusqu'ici construits tous les systèmes de philosophie de l'histoire, cette Europe occidentale et centrale, qui a produit l'époque de la bourgeoisie, et a cherché et cherche à imposer cette forme de société à tout le monde par les différents modes de conquête directe ou indirecte, n'est pas tout entière uniforme dans le degré de son développement, et ses diverses agglomérations nationales, régionales et politiques apparaissent comme distribués sur une échelle très graduée. De ces différences dépendent les conditions de supériorité ou d'infériorité relative de pays à pays et les raisons plus ou moins avantageuses ou désavantageuses de l'échange économique ; et de là ont dépendu comme dépendent aujourd'hui encore et les frottements et les luttes, et les traités et les guerres, et tout ce que, avec plus ou moins de précision, ont su nous raconter les écrivains politiques depuis la Renaissance, et certes avec une évidence croissante de Louis XIV et de Colbert à nos jours.

Cette Europe elle-même est très bariolée. Voici la floraison la plus grande de la production industrielle et capitaliste, c'est-à-dire l'Angleterre, tandis que sur d'autres points, vigoureux ou rachitique, vit l'artisannerie, à Paris et à Naples, pour saisir le fait dans ses points extrêmes. Ici la terre est presque industrialisée, comme elle l'est en Angleterre ; et ailleurs, végète, dans de multiples formes traditionnelles, le paysan stupide, comme en Italie et en Autriche, et dans ce pays plus que chez nous. Tandis que dans tel pays la vie politique de l'Etat — comme cela convient à la conscience prosaïque d'une bourgeoisie qui connaît son fait, parce qu'elle s'est conquise la place qu'elle occupe — est menée dans les modes les plus sûrs et les plus manifestes d'une domination explicite de classe (c'est, on le comprend, de la France que je veux parler), ailleurs, et particulièrement en Allemagne, les vieilles habitudes féodales, l'hypocrisie protestante et la lâcheté d'une bourgeoisie qui exploite les circonstances économiques favorables sans y apporter ni esprit ni courage révolutionnaire, conservent à *l'entité Etat* les apparences menteuses d'une mission éthique à accomplir. — (A combien de sauces peu appétissantes vous avez servi cette éthique de l'État, *prussien* par-dessus le marché, lourds et pédantesques professeurs allemands !) — Ici et là, la production capitaliste moderne s'insinue dans les pays qui, à d'autres points de vue, n'entrent pas dans notre mouvement, et spécialement dans celui de la politique, comme c'est le cas de la malheureuse Pologne ; ou bien cette forme pénètre seulement indirectement, comme dans les pays slaves méridionaux. Mais voici le contraste le plus aigu, qui semble destiné à nous mettre sous les yeux, comme en résumé, toutes les phases, même les plus extrêmes, de notre histoire.

La Russie n'a pu s'acheminer, comme elle s'achemine maintenant, vers la grande industrie, si ce n'est en pompant de l'Europe occidentale, et spécialement du charmant *chauvinisme* français, cet argent qu'elle aurait en vain cherché à tirer d'elle-même, c'est-à-dire des conditions de sa masse territoriale obèse, sur laquelle végètent, dans de vieilles formes économiques, cinquante millions de paysans. La Russie, pour devenir une société économiquement moderne, ce qui mûrit les conditions d'une révolution politique correspondante et prépare les moyens qui rendront aisée l'agrégation d'une bonne partie de l'Asie au mouvement capitaliste, est amenée à détruire les derniers restes du communisme agraire (que ses origines soient primitives ou secondaires), qui s'étaient conservés chez elle jusqu'ici dans des formes si caractéristiques et sur une si grande échelle. La Russie doit s'embourgeoiser, et pour cela, elle doit, avant tout, convertir la terre en marchandise capable de produire des marchandises, et en même temps transformer en prolétaires et en miséreux les ex-communistes de la terre. Dans l'Europe occidentale et centrale, nous nous trouvons, au contraire, au point opposé de la série du développement qui commence à peine en Russie. Ici, chez nous, où la bourgeoisie, avec une fortune variée et en triomphant de difficultés si diverses, a parcouru déjà tant de stades de son développement, ce n'est pas le souvenir du communisme primitif ou secondaire, qui revit à peine par des combinaisons érudites dans les têtes des savants, mais la forme même de la production bourgeoise qui engendre chez les prolétaires la tendance au socialisme, qui se présente dans ses contours généraux comme un indice d'une phase nouvelle de l'histoire, et non comme la répétition de ce qui meurt fatalement dans les pays slaves, sous nos yeux.

Qui ne verrait pas dans ces illustrations, que je n'ai pas cherchées, mais qui sont venues à mon esprit presque au hasard et qui peuvent être indéfiniment prolongées dans un livre de géographie économico-politique du monde actuel, la preuve évidente du comment les conditions historiques sont toutes circonstanciées dans les formes de leur développement ? Non seulement les races et les peuples, les nations et les Etats, mais les parties des nations et les différentes régions des Etats, puis les ordres et les classes se trouvent comme sur autant d'échelons d'une très longue échelle, ou, bien plus, sur divers points d'une courbe à long développement compliqué. Le temps historique n'a pas marché d'un pas uniforme pour tous les hommes. La simple succession des générations n'a jamais été l'indice de la constance et de l'intensité du processus. Le temps, comme mesure abstraite de chronologie, et les générations qui se succèdent dans des périodes approximatives, ne donnent pas un critère ni ne fournissent pas une indication de loi ou de processus. Les développements ont été jusqu'ici variés, parce que variées furent les œuvres accomplies dans une même unité de temps. Entre ces formes variées de développement il y a affinité, bien plus, similitude de mouvements, c'est-à-dire analogie de type, c'est-à-dire homologie : si bien que les formes avancées peuvent, par le simple contact ou par la violence, accélérer le développement des formes arriérées. Mais l'important est de comprendre que le progrès, dont la notion est non seulement empirique, mais toujours circonstanciée et partant limitée, n'est pas suspendu sur le cours des choses humaines comme un destin ou un *fatum*, ni comme un commandement. Et à cause de cela notre doctrine ne peut pas servir à représenter toute l'histoire du genre humain dans une perspective unitaire, qui répète, *mutatis mutandis*, la *philosophie de l'histoire* à thèse ou finaliste, de saint Augustin à Hegel, ou mieux du prophète Daniel à Monsieur de Rougemont.

Notre doctrine ne prétend pas être la *vision*

intellectuelle d'un grand *plan* ou d'un *dessein*, mais elle est seulement une *méthode* de recherche et de conception. Ce n'est pas au hasard que Marx parlait de sa découverte comme d'un *fil conducteur*. Et c'est pour cette raison précisément qu'elle est analogue au Darwinisme, qui lui aussi est une méthode, et qui n'est pas et ne peut pas être une répétition moderne de la *Naturphilosophie* construite et constructive, à l'usage de Schelling et compagnie.

Le premier qui découvrit dans la notion du progrès l'indication de quelque chose de circonstancié et de relatif, ce fut le génial Saint-Simon, qui opposa sa manière de voir à la doctrine du xviiie siècle, en partie culminante chez Condorcet. A cette doctrine qu'on pourrait appeler unitaire, égalitaire, formelle, parce qu'elle considère le genre humain comme se développant sur une ligne de processus, Saint-Simon oppose le concept des facultés et des aptitudes qui se substituent et se compensent l'une l'autre, et, par là, il reste un idéologue.

Pour pénétrer les véritables raisons de la relativité du progrès, il fallait bien autre chose. Il fallait avant tout renoncer à ces préjugés qui sont implicites dans la croyance que les entraves à l'uniformité du devenir humain reposent exclusivement sur des causes naturelles et immédiates. Ces entraves naturelles, ou bien elles sont assez problématiques, comme c'est le cas des races, dont aucune n'a le privilège inné de l'histoire, ou elles sont, comme dans le cas des différences géographiques, insuffisantes pour expliquer le développement des conditions historico-sociales complètement différentes sur un même terrain topographique. Et comme le mouvement historique naît précisément quand les entraves naturelles ont déjà été, en bonne partie, vaincues ou notablement circonscrites, grâce à la création d'un terrain artificiel sur lequel il a été donné aux hommes de se développer ultérieurement, il est évident que les entraves consécutives à l'uniformité du progrès doivent être cherchées dans les conditions propres et intrinsèques de la structure sociale elle-même.

Cette structure a abouti jusqu'ici à des formes d'organisation politique, dont l'objet est d'essayer de tenir en équilibre les inégalités économiques : ce qui fait que cette organisation, comme je l'ai dit plus d'une fois, est continuellement instable. Depuis qu'il y a une histoire connue, elle est l'histoire de la société tendant à former l'État, ou l'ayant déjà construit complètement. Et l'État est cette lutte à l'intérieur et à l'extérieur, parce qu'il est avant tout l'organe et l'instrument d'une partie plus ou moins grande de la société contre tout le reste de la société elle-même, en tant que celle-ci repose sur la domination économique des hommes sur les hommes, d'une façon plus ou moins directe et explicite, selon que le degré différent de développement de la production, de ses moyens naturels et de ses instruments artificiels exige ou l'esclavage immédiat, ou la servitude de la glèbe, ou le *libre* salariat. Cette société des antithèses, qui forme un Etat, est toujours, bien que dans des formes et des modes variés, l'opposition de la ville et de la campagne, de l'artisan et du paysan, du prolétaire et du patron, du capitaliste et du travailleur, etc., à l'infini ; et elle aboutit toujours, avec des complications et une modalité variées, à une hiérarchie, que ce soit dans un cadre fixe de privilèges comme dans le Moyen Age, ou que, dans les formes dissimulées du droit supposé égal pour tous, cela se produise par l'action automatique de la concurrence économique, comme de nos jours.

A cette hiérarchie économique correspond selon des modes variés dans les différents pays, dans les différents temps, dans les différents lieux, ce que j'appellerai presque une hiérarchie des âmes, des intelligences, des esprits. C'est dire que la *culture*, qui, pour les idéalistes, constitue la somme du progrès, a été et qu'elle est, par nécessité de fait, très inégalement distribuée. La plus grande partie des hommes, par la nature des occupations qu'elle remplit, se trouve composée d'individus désintégrés, rompus en morceaux, rendus incapables d'un développement complet et normal. A l'*économie* des classes et à la hiérarchie des situations sociales correspond la *psychologie* des classes. La relativité du progrès est donc pour nous la conséquence inévitable des antithèses de classe. Ces antithèses constituent les entraves qui expliquent la possibilité du regrès relatif jusqu'à la dégénérescence et à la dissolution d'une société tout entière. Les machines, qui marquent le triomphe de la science, deviennent, par suite des conditions antithétiques du lien social, les instruments qui prolétarisent des millions et des millions d'artisans et de paysans libres. Les progrès de la technique, qui remplissent de commodités les villes, rendent plus misérable et plus abjecte la condition des paysans, et dans les cités mêmes plus humble la condition des humbles. Tous les progrès du savoir ont servi jusqu'ici à différencier le clan des savants, et à tenir toujours plus éloignées de la culture les masses, qui, attachées à l'incessant travail quotidien, alimentent ainsi toute la société.

Le progrès a été et il est, jusqu'à maintenant, partiel et unilatéral. Les minorités qui y participent appellent cela le progrès humain ; et les orgueilleux évolutionnistes appellent cela la nature humaine qui se développe. Tout ce progrès partiel, qui s'est jusqu'ici développé dans l'oppression des hommes sur les hommes, a son fondement dans les conditions d'opposition, par lesquelles les antithèses économiques ont engendré toutes les antithèses sociales ; de la liberté relative de quelques-uns est née la servitude du plus grand nombre, et le droit a été le protecteur de l'injustice. Le progrès, vu ainsi et apprécié dans sa claire notion, nous apparaît comme le résumé moral et intellectuel de toutes les misères humaines et de toutes les inégalités matérielles.

Pour y découvrir la relativité inévitable il fallait que le communisme, né d'abord comme un mouvement instinctif dans l'âme des opprimés, devînt une science et une politique. Il fallait ensuite que notre doctrine donnât la mesure de la valeur de toute l'histoire passée, en découvrant dans chaque forme d'organisation sociale d'origine et d'organisation antithétiques, comme elles le furent toutes jusqu'ici, l'incapacité innée à produire les conditions d'un progrès humain universel et uniforme, c'est-à-dire en découvrant les entraves qui font que le bienfait se change en maléfice.

VI

Il est une question à laquelle nous ne pouvons pas nous soustraire : qu'est-ce qui a donné naissance à la croyance aux *facteurs historiques* ?

C'est là une expression familière à beaucoup d'esprits, et que l'on retrouve fréquemment dans les écrits de beaucoup d'érudits, de savants et de philosophes, et de ces commentateurs qui, par leurs raisonnements ou leurs combinaisons, ajoutent un peu à la simple narration historique, et se servent de cette opinion comme d'une hypothèse pour s'orienter dans la masse immense des faits humains, qui, à première vue et après un premier examen, apparaissent si confus et irréductibles. Cette croyance, cette opinion courante est devenue pour les historiographes qui raisonnent, ou même rationnalistes, une semi-doctrine, qui a été récemment plusieurs fois alléguée, comme un argument décisif, contre la théorie unitaire de la conception matérialiste. Et même, cette croyance est si bien enracinée et cette opinion si répandue, qu'on ne peut comprendre l'histoire que comme la rencontre et l'incidence de divers facteurs, de sorte que beaucoup de ceux qui parlent du matérialisme social, qu'ils en soient partisans ou adversaires, croient se tirer d'embarras en affirmant que toute cette doctrine consiste en ceci, qu'elle attribue la prépondérance ou l'action décisive au *facteur économique*.

Il est très important de se rendre compte de la façon dont est née cette croyance, cette opinion, ou cette semi-doctrine, parce que la critique véritable et féconde consiste principalement à connaître et à comprendre ce qui a motivé ce que nous proclamons une erreur. Il ne suffit pas de repousser une opinion, en la qualifiant de fausse. L'erreur doctrinale est toujours née de quelque côté mal compris d'une expérience incomplète, ou de quelque imperfection subjective. Il ne suffit pas de repousser l'erreur : il faut la vaincre, et la dépasser, en l'expliquant.

Tout historien, au début de son œuvre, fait, pour ainsi dire, un acte d'abstraction. D'abord il pratique une sorte de coupure dans une série continue d'événements ; puis il ne tient pas compte de présuppositions et de précédents nombreux et variés ; bien plus, il déchire et il décompose un tissu embrouillé. Pour commencer il faut pourtant qu'il fixe un point, une ligne, un terme de son choix, et qu'il dise par exemple : je veux raconter les débuts de la guerre entre les Grecs et les Perses, rechercher comment Louis XVI fut amené à convoquer les États généraux. Le narrateur se trouve, en un mot, devant un *complexus* de faits arrivés et de faits sur le point de se produire, qui, dans leur ensemble, présentent une certaine configuration. C'est de l'attitude qu'il prend que dépendent la façon d'être et le style de toute narration, parce que, pour la composer, il faut prendre comme point de départ des choses déjà arrivées, pour voir ensuite comment elles ont continué à devenir.

Cependant, dans ce *complexus* il faut introduire une certaine part d'analyse, en le résolvant en groupes et en aspects de faits, ou en éléments concourants, qui apparaissent ensuite à un certain moment comme des catégories autonomes. C'est l'Etat dans une certaine forme et avec certains pouvoirs ; ce sont les lois, qui déterminent, par ce qu'elles commandent ou par ce qu'elles prohibent, certains rapports ; ce sont les mœurs et les coutumes, qui nous révèlent des tendances, des besoins, des façons de penser, de croire, d'imaginer ; dans l'ensemble, c'est une multitude d'hommes vivant ensemble et collaborant, avec une certaine répartition des tâches et des occupations ; on note ensuite les pensées, les idées, les inclinations, les passions, les désirs, les aspirations, qui naissent et se développent de ce mode varié de coexistence et de ses frottements. Qu'un changement se produise, et il se révèlera dans un des côtés ou des aspects du *complexus* empirique, ou dans tous ceux-ci dans un temps plus ou moins long : par exemple, l'Etat agrandit ses frontières, ou change ses limites internes envers la société, en augmentant ou en diminuant ses pouvoirs et ses attributions, ou en changeant le mode d'action de celles-ci ou de ceux-là ; ou bien le droit modifie ses dispositions, ou il s'exprime et s'affirme dans de nouveaux organes ; ou bien finalement, derrière le changement des habitudes extérieures et quotidiennes, on découvre un changement dans les sentiments, dans les pensées, et dans les inclinations des hommes diversement distribués dans les différentes classes sociales, qui se mêlent, s'altèrent, se déplacent, disparaissent ou se renouvellent. Pour comprendre tout cela dans ses formes et contours extérieurs suffisent les dons courants de l'intelligence normale, j'entends, de celle qui n'est pas aidée encore, ni corrigée ou complétée par la science proprement dite. Enfermer dans des confins précis un ensemble de tels changements, c'est l'objet véritable et propre de la narration, qui est d'autant plus nette, vivante et exacte, qu'elle prend la forme d'une monographie : c'est par exemple Thucydide dans la *Guerre du Péloponèse*.

La société déjà devenue d'une certaine façon, la société déjà arrivée à un certain degré de développement, la société déjà si compliquée qu'elle cache l'infrastructure économique qui supporte tout le reste, ne s'est pas révélée aux simples narrateurs, sinon dans ces faits visibles, dans ces résultats les plus apparents, dans ces symptômes les plus significatifs, que sont les formes politiques, les dispositions légales et les passions des partis. Le narrateur, et parce qu'il lui manque une doctrine théorique sur les sources véritables du mouvement historique, et par l'attitude même qu'il prend au sujet des choses qu'il réunit dans les apparences de leur devenir, ne peut pas les réduire à l'unité, sinon comme un résultat de la seule intuition immédiate, et, s'il est artiste, cette intuition se colore dans son esprit, et s'y transforme en action dramatique. Sa tâche est terminée s'il réussit à encadrer un certain nombre de faits et d'événements dans des limites et des confins sur lesquels le regard peut se mouvoir comme sur une claire perspective ; de la même manière, le géographe purement descriptif a accompli toute sa tâche, s'il renferme dans un dessein vif et net le concours des causes physiques qui déterminent l'aspect intuitif du golfe de Naples, par exemple, sans remonter à sa genèse.

C'est dans ce besoin de la configuration narrative qu'est l'occasion première, intuitive, palpable, et je dirais presque, esthétique et artistique, de toutes ces abstractions et de ces généralisations, qui, finalement, se résument dans la semi-doctrine des soi-disant facteurs.

Voici deux hommes insignes, les Gracques, qui voulurent mettre un terme au processus d'appropriation de l'*ager publicus*, et empêcher l'agglomération du *latifundium*, qui diminue ou fait disparaître complètement la classe des petits propriétaires, c'est-à-dire des hommes libres, qui sont le fondement et la condition de la vie démocratique de la *cité antique*. Quelles furent les causes de leur insuccès ? Leur but est clair : leur esprit, leur origine, leur caractère, leur héroïsme l'illustrent. Ils ont contre eux d'autres hommes, avec d'autres intérêts et avec d'autres desseins. La lutte n'apparaît d'abord à l'esprit que comme une lutte d'intentions et de passions, qui se déroule et se termine à l'aide des moyens que permettent les formes politiques de l'État et l'emploi ou l'abus des pouvoirs publics. Voici le milieu : la cité dominatrice de différentes manières sur d'autres cités ou sur des territoires ayant perdu tout caractère d'autonomie ; à l'intérieur de cette cité une assez grande différenciation de riches et de pauvres ; et, à côté de la troupe peu nombreuse des oppresseurs et des tout-puissants, la masse immense des prolétaires, qui sont en train de perdre ou qui ont déjà perdu la conscience et la force politique d'une plèbe de citoyens, la masse qui se laisse par suite tromper et corrompre, et qui bientôt sera pourrie, comme un accessoire servile des exploiteurs de haut bord. C'est là la matière du narrateur, qui ne peut se rendre compte du fait, sinon dans les conditions immédiates du fait lui-même. L'unité intuitive forme la scène sur laquelle les événements se déroulent, et pour que la narration ait du relief, un enchaînement et une perspective, il faut des points d'orientation et des moyens de réduction.

C'est en cela que consiste l'origine première de ces abstractions qui dépouillent petit à petit de leur qualité de simples côtés ou aspects d'un ensemble les parties diverses d'un *complexus* social donné, et c'est ensuite leur généralisation qui, petit à petit, conduit à la doctrine des facteurs.

Ceux-ci, en d'autres termes, je veux parler des facteurs, naissent dans l'esprit, comme une suite de l'abstraction et de la généralisation des aspects immédiats du mouvement apparent, et ils ont une valeur égale à celle de tous les autres concepts empiriques. Quel que soit le domaine du savoir où ils sont nés, ils persistent jusqu'à ce qu'ils soient réduits et éliminés par une nouvelle expérience, ou qu'ils soient absorbés par une conception plus générale, génétique, évolutive ou dialectique.

N'était-il pas nécessaire que, dans l'analyse empirique et dans l'étude immédiate des causes et des effets de certains phénomènes déterminés, par exemple, des phénomènes de la chaleur, l'esprit s'arrêtât d'abord à cette présomption et à cette persuasion qu'il pouvait et devait les attribuer à un sujet, qui, s'il ne fut jamais pour aucun physicien une véritable entité substantielle, fut certainement considéré comme une force déterminée et spécifique, la *chaleur*? Or voici qu'à un moment donné, à la suite de nouvelles expériences, cette chaleur se résout, dans des conditions données, en une certaine quantité de mouvement. Bien plus, la pensée est en train actuellement de résoudre tous ces *facteurs physiques* dans le flux d'une *énergétique* universelle, dans laquelle l'hypothèse des atomes, dans la mesure où elle est nécessaire, perd tout résidu de survivance métaphysique.

N'était-il pas inévitable, comme stade premier de la connaissance en ce qui concerne le problème de la vie, de dépenser un temps considérable dans l'étude séparée des organes et de les réduire en systèmes ? Sans cette anatomie, qui semble trop matérielle et trop grossière, aucun progrès dans les études n'eût été possible ; et pourtant, au-dessus de la genèse et de la coordination inconnues d'une telle multiplicité analytique, tournoyaient incertains et vagues les concepts génériques de vie, d'âme, etc. Dans ces créations mentales on vit pendant longtemps cette unité biologique, qui a finalement trouvé son objet dans le commencement certain de la cellule et dans son processus de multiplication immanent.

Plus difficile fut certainement le chemin que la pensée dut parcourir pour reconstruire la genèse de tous les faits de la vie psychique, depuis les sensations les plus élémentaires jusqu'aux produits dérivés les plus complexes.

Non seulement pour des raisons de difficultés théoriques, mais par suite de préjugés populaires, l'unité et la continuité des phénomènes psychiques apparut jusqu'à Herbart comme séparée et divisée en autant de facteurs, les facultés de l'âme.

L'interprétation des processus historico-sociaux a rencontré les mêmes difficultés ; elle aussi a dû s'arrêter d'abord dans la vue provisoire des facteurs. Et, cela étant, il nous est facile maintenant de retrouver l'origine première de cette opinion dans le besoin qu'ont les historiens narrateurs de trouver dans le fait qu'ils racontent avec plus ou moins de talent artistique, et dans des vues différentes d'enseignement, des points d'orientation immédiate, comme en peut offrir l'étude du mouvement apparent des choses humaines.

Mais dans ce mouvement apparent, il y a les éléments d'une vue plus exacte. Ces facteurs concourants, que l'abstraction conçoit et qu'elle isole ensuite, on ne les a jamais vus agissant chacun pour soi, parce que, bien plus, ils agissent d'une manière telle, qu'elle donne naissance au concept de l'action réciproque. De plus, ces facteurs sont eux aussi nés à un moment donné, et ils ont plus tard seulement acquis cette physionomie qu'ils ont dans la narration particulière. Cet État, on savait bien qu'il était né à un moment donné. Pour chaque règle de droit, ou bien on se souvenait, ou bien on conjecturait, qu'elle était entrée en vigueur dans telle ou telle circonstance. Pour beaucoup de coutumes, on se souvenait qu'elles avaient été introduites à un moment donné ; et la plus simple comparaison des faits, dans divers temps ou divers lieux, montrait comment la société dans son ensemble, et en tant que somme de classes différentes, avait pris et prenait continuellement des formes diverses.

L'action réciproque des différents facteurs, sans laquelle pas même la plus simple narration ne serait possible, comme les renseignements plus ou moins exacts sur les origines et les variations des facteurs eux-mêmes, sollicitaient la recherche et la pensée plus que ne le faisait la narration configurative de ces grands historiens qui sont de véritables artistes. Et, en effet, les problèmes qui naissent spontanément des données de l'histoire, combinés avec d'autres éléments théoriques, donnèrent naissance aux différentes disciplines dites pratiques, qui, d'une façon plus ou moins rapide et avec des succès divers, se sont développées depuis les anciens jusqu'à nos jours : de l'Éthique à la Philosophie du Droit, de la Politique à la Sociologie, du Droit à l'Économie.

Or, avec la naissance et la formation de tant

de disciplines, par l'inévitable division du travail, se sont multipliés hors de mesure les *points de vue*. Il est certain que pour l'analyse première et immédiate des aspects multiples du *complexus* social, il fallait un long travail d'abstraction partielle : ce qui a toujours pour inévitable conséquence des vues unilatérales. C'est ce qu'on a pu constater, d'une manière plus nette et plus évidente que pour tout autre domaine, pour le droit et pour ses diverses généralisations, y compris la Philosophie du Droit. Par suite de ces abstractions, qui sont inévitables dans l'analyse particulière et empirique, et par l'effet de la division du travail, les divers côtés et les manifestations diverses du *complexus* social furent, de temps en temps, fixés et immobilisés en concepts généraux et en catégories. Les œuvres, les effets, les émanations, les effusions de l'activité humaine, — droit, formes économiques, principes de conduite, etc., — furent comme traduits et transformés en lois, en impératifs et en principes, qui demeureraient placés au-dessus de l'homme lui-même. Et de temps en temps on a dû à nouveau découvrir cette vérité simple : que le seul fait permanent et sûr, c'est-à-dire la seule donnée, d'où part et à laquelle se réfère toute discipline pratique particulière, ce sont les hommes groupés dans une forme sociale déterminée au moyen de liens déterminés. Les différentes disciplines analytiques, qui illustrent les faits qui se développent dans l'histoire, ont fini par faire naître le besoin d'une science sociale commune et générale, qui rende possible l'unification des processus historiques. Et la doctrine matérialiste marque précisément le terme dernier, la cime de cette unification.

Mais ce n'a pas été, comme ce ne sera jamais du temps perdu que celui qui est dépensé dans l'analyse préliminaire et latérale des faits complexes. Nous devons à la division méthodique du travail l'érudition précise, c'est-à-dire la masse des connaissances passées au crible, systématisées, sans lesquelles l'histoire sociale planerait toujours dans un domaine purement abstrait, dans les questions de forme et de terminologie. L'étude séparée des facteurs historico-sociaux a servi, comme sert toute autre étude empirique qui ne dépasse pas le mouvement apparent des choses, à perfectionner les instruments d'observation et à permettre de retrouver dans les faits eux-mêmes, que l'on a abstraits artificiellement, les pierres d'attente qui les lient au *complexus* social. Les différentes disciplines qui sont considérées comme isolées et indépendantes dans l'hypothèse des facteurs concourant à la formation historique, et par suite du degré de développement qu'elles ont atteint, des matériaux qu'elles ont recueillis, et par les méthodes qu'elles ont élaborées, sont devenues aujourd'hui pour nous tout à fait indispensables, lorsqu'on veut reconstruire une partie quelconque des temps passés Qu'en serait-il de notre science historique sans l'unilatéralité de la Philologie, qui est l'instrument fondamental de toute recherche, et où aurait-on jamais trouvé le fil d'une histoire des institutions juridiques, qui renvoit ensuite d'elle-même à tant d'autres faits et à tant d'autres combinaisons, sans la foi obstinée des romanistes dans l'excellence universelle du Droit Romain, qui a engendré, avec le droit généralisé et avec la Philosophie du Droit, tant de problèmes qui servent de point de départ à la Sociologie ?

C'est ainsi, après tout, que les facteurs historiques, dont tant de monde parle et dont il est parlé dans tant d'ouvrages, indiquent quelque chose qui est beaucoup moins que la vérité, mais beaucoup plus que la simple erreur, dans le sens grossier de bévue, d'illusion. Ils sont le produit nécessaire d'une connaissance qui est en voie de développement et de formation. Ils naissent du besoin de s'orienter dans le spectacle confus que les choses humaines présentent à qui veut les raconter ; et ils servent ensuite, pour ainsi dire, de titre, de catégorie, d'indice à cette division inévitable du travail, par l'extension de laquelle a été jusqu'à maintenant théoriquement élaborée la matière historico-sociale. Dans ce domaine des connaissances, de même que dans celui des sciences naturelles, l'unité de principe réel et l'unité de traitement formel ne se trouvent jamais de prime abord, mais seulement après un long chemin embarrassé : de sorte que, de ce point de vue encore, l'analogie affirmée par Engels entre la découverte du matérialisme historique et celle de la *conservation de l'énergie* nous semble excellente.

L'orientation provisoire, d'après le système commode de ce qu'on appelle les facteurs, peut, dans des circonstances données, nous être utile à nous aussi qui professons un principe tout à fait unitaire de l'interprétation historique, si nous ne voulons pas simplement rester dans le domaine de la théorie, mais si nous voulons illustrer, par une recherche personnelle, une période déterminée de l'histoire. Comme, dans ce cas, il nous faut procéder à la recherche directe et de détail, il faut tout d'abord que nous suivions les groupes de faits qui semblent ou prééminents, ou indépendants, ou détachés, dans les aspects de l'expérience immédiate. Il ne faudrait pas s'imaginer, en effet, que le principe unitaire de si grande évidence auquel nous sommes arrivés dans la conception générale de l'histoire puisse, comme un talisman, valoir toujours et à première vue, comme un moyen infaillible pour résoudre en éléments simples l'appareil immense et l'engrenage compliqué de la société. La structure économique sous-jacente, qui détermine tout le reste, n'est pas un simple mécanisme d'où émergent, comme des effets automatiques et machinaux immédiats, les institutions, les lois, les coutumes, les pensées, les sentiments, les idéologies. De cette infra-structure à tout le reste, le processus de dérivation et de médiation est très compliqué, souvent subtil et tortueux, pas toujours déchiffrable.

L'organisation sociale est, comme nous le savons déjà, continuellement instable, bien que cela ne semble évident à tout le monde que lorsque l'instabilité entre dans cette période aiguë que l'on appelle une révolution. Cette instabilité, avec les luttes continuelles dans le sein de cette même société organisée, exclut la possibilité pour les hommes de s'accommoder d'un acquiescement qui pourrait faire que les hommes recommencent à vivre d'une vie animale. Ce sont les antagonismes qui sont la cause principale du progrès (Marx). Mais il est également vrai, cependant, que dans cette organisation instable, dans laquelle nous est donnée la forme inévitable de la domination et de la sujétion, l'intelligence s'est toujours développée, non seulement inégalement, mais assez imparfaitement, incongrûment et partiellement. Il y eut et il y a encore dans la société comme une hiérarchie de l'intelligence, et des sentiments et des idéations. Supposer que les hommes, toujours et dans tous les cas, ont eu une conscience à peu près claire de leur propre situation, et de ce qu'il était le plus rationnel de faire, c'est supposer l'invraisemblable, bien plus l'inexistant.

Formes de droit, actions politiques et tentatives d'organisation sociale, furent, comme elles le sont encore, tantôt heureuses, tantôt erronées, c'est-à-dire disproportionnées et impropres. L'histoire est pleine d'erreurs ; ce qui signifie que si tout fut nécessaire, étant donnée l'intelligence relative de ceux qui avaient à résoudre une difficulté ou à trouver une solution à un problème donné, etc., si tout y a une raison suffisante, tout n'y fut pas raisonnable, dans le sens que les optimistes donnent à ce mot. A la longue, les causes déterminantes de toutes les mutations, c'est-à-dire les conditions économiques modifiées, ont fini et finissent par faire trouver, quelquefois par des voies assez tortueuses, les formes de droit conformes, les ordres politiques adaptés et les modes plus ou moins parfaits de l'accommodation sociale. Mais il ne faut pas croire que la sagesse instinctive de l'animal raisonnable se soit manifestée, ou se manifeste, *sic et simpliciter,* dans l'intelligence pleine et claire de toutes les situations, et qu'il ne nous reste à faire très simplement que le chemin déductif de la situation économique à tout le reste. L'ignorance — qui, à son tour, peut être expliquée — est une raison d'importance de la manière dont l'histoire s'est faite ; et, à l'ignorance, il faut ajouter la bestialité, qui n'est jamais complètement vaincue, et toutes les passions et toutes les injustices, et les diverses formes de corruption, qui furent et sont le produit nécessaire d'une société organisée de telle sorte, que la domination de l'homme sur l'homme y est inévitable, et que de cette domination le mensonge, l'hypocrisie, l'outrecuidance et la lâcheté furent et sont inséparables. Nous pouvons, sans être *utopistes*, mais seulement parce que nous sommes *communistes critiques*, prévoir, comme nous prévoyons en effet, l'avènement d'une société qui, se développant de la société présente et de ses contrastes mêmes par les lois immanentes du devenir historique, aboutira à une association sans antagonismes de classe : ce qui aurait pour conséquence que la production réglée éliminerait de la vie le hasard, qui se révèle jusqu'ici dans l'histoire comme une cause multiforme d'accidents et d'incidences. Mais c'est là l'avenir, et ce n'est ni le présent, ni le passé. Si nous nous proposons, au contraire, de pénétrer dans les événements historiques qui se sont développés jusqu'à nos jours, en prenant, comme nous le faisons, pour fil conducteur les variations des formes de la structure économique sous-jacente jusqu'à la donnée plus simple des variations de l'instrument, nous devons avoir une pleine conscience de la difficulté du problème que nous nous proposons : parce qu'il ne s'agit pas ici d'ouvrir les yeux et de regarder, mais d'un très grand effort de la pensée, qui se propose de triompher du spectacle multiforme de l'expérience immédiate pour en réduire les éléments dans une série génétique. C'est pour cela que je disais que, dans les recherches particulières, il nous faut, nous aussi, partir de ces groupes de faits en apparence isolés et de cet ensemble bariolé, de l'étude empirique en un mot, d'où est née la croyance aux facteurs, devenue ensuite une semi-doctrine.

Il ne sert de rien de vouloir contrebalancer ces difficultés de fait par l'hypothèse métaphorique, souvent équivoque, et après tout d'une valeur purement analogique, du soi-disant *organisme social*. Il fallait aussi que l'esprit passât même par cette hypothèse, devenue en si peu de temps de la pure et simple phraséologie. Elle couve, en effet, la compréhension du mouvement historique comme naissant des lois immanentes de la société elle-même, et exclut par là l'arbitraire, le transcendant et l'irrationnel. Mais la métaphore n'a pas plus de portée ; et la recherche particulière, critique et circonstanciée des faits historiques est la seule source de ce savoir concret et positif qui est nécessaire au développement complet du matérialisme économique.

VII

Les idées ne tombent pas du ciel, et rien ne nous vient en songe.

Le changement dans les manières de penser, qu'a produit récemment la doctrine historique dont nous faisons ici l'examen et le commentaire, s'est opéré d'abord avec lenteur et puis avec une rapidité croissante, précisément dans cette période du devenir humain, dans laquelle se sont réalisées les grandes révolutions politico-économiques, c'est-à-dire, dans cette époque que, considérée dans ses formes politiques, l'on appelle libérale, mais qui, considérée dans son fond, par suite de la domination du capital sur la masse prolétarienne, est l'époque de la production anarchique. Le changement dans les idées, jusqu'à la création de nouvelles méthodes de conception, a reflété petit à petit l'expérience d'une nouvelle vie. Celle-ci, dans les révolutions des deux derniers siècles, s'était peu à peu dépouillée des enveloppes mythiques, mystiques et religieuses, à mesure qu'elle acquérait la conscience pratique et précise de ses conditions immédiates et directes. La pensée, elle aussi, qui résume et théorise cette vie, s'est dépouillée peu à peu des hypothèses théologiques et métaphysiques pour se renfermer finalement dans cette exigence prosaïque : dans l'interprétation de l'histoire il faut se restreindre à la coordination objective des conditions déterminantes et des effets déterminés. La conception matérialiste marque le point culminant de cette nouvelle tendance dans la recherche des lois historico-sociales, en tant qu'elle n'est pas un cas particulier d'une sociologie générique ou d'une philosophie générique de l'Etat, du droit et de l'histoire, mais la solution de tous les doutes et de toutes les incertitudes qui accompagnent les autres formes de philosopher sur les choses humaines, et le commencement de l'interprétation intégrale de celles-ci.

C'est donc une chose facile, surtout de la façon dont l'ont fait quelques criticaillons vulgaires, que de trouver des précurseurs à Marx et à Engels, qui, les premiers, ont précisé cette doctrine dans ses points fondamentaux. Et quand était-il donc venu à l'esprit de quelqu'un de leurs disciples, fussent-ils même de la plus stricte observance, de faire passer ces deux penseurs pour des faiseurs de miracles ? Bien plus, si l'on veut aller à la recherche des prémisses de la création doctrinale de Marx et d'Engels, il ne suffira pas de s'arrêter à ceux qu'on appelle les précurseurs du socialisme, à Saint-Simon par exemple et à ceux qui l'ont précédé, ni aux philosophes et particulièrement à Hegel, ni aux économistes qui avaient exposé l'anatomie de la société qui produit les marchandises : il faut remonter jusqu'à la formation même de la société moderne, et puis finalement déclarer triomphalement que la théorie est un plagiat des choses qu'elle explique.

C'est que, en vérité, les précurseurs véritables de la nouvelle doctrine furent les faits de l'histoire moderne, devenue si transparente et si révélatrice d'elle-même depuis que s'est opérée en Angleterre la grande révolution industrielle de la fin du siècle passé, et qu'en France a eu lieu le grand bouleversement social que l'on sait. Ces choses, *mutatis mutandis*, se sont ensuite reproduites, en combinaisons variées et dans des formes plus douces, dans tout le monde civilisé. Et qu'est autre chose la pensée, au fond, sinon le complément conscient et systématique de l'expérience, et qu'est celle-ci, sinon le reflet et l'élaboration mentale des choses et des processus qui naissent et se déroulent ou en dehors de notre volonté, ou par l'œuvre de notre activité ; et qu'est-ce le génie autre chose que la forme individualisée, conséquente et aiguë de la pensée, qui naît, par la suggestion de l'expérience, chez beaucoup d'hommes de la même époque, mais qui reste chez le plus grand nombre d'entre eux fragmentaire, incomplète, incertaine, oscillante et partielle ?

Les idées ne tombent pas du ciel ; et bien plus, comme tous les autres produits de l'activité humaine, elles se forment dans des circonstances données, dans la maturité précise des temps, par l'action de besoins déterminés, grâce aux tentatives répétées pour donner à ceux-ci satisfaction, et par la découverte de tels ou tels autres moyens de preuve, qui sont comme les instruments de leur production et de leur élaboration. Même les idées supposent un terrain de conditions sociales ; elles ont leur technique : la pensée est, elle aussi, une forme du travail. Dépouiller celle-là et celui-ci, ou les idées et la pensée, des conditions et du milieu de leur naissance et de leur développement, c'est en défigurer la nature et la signification.

Montrer comment la conception matérialiste de l'histoire est née précisément dans des conditions données, non pas comme une opinion personnelle et discutable de deux écrivains, mais comme une nouvelle conquête de la pensée par la suggestion inévitable d'un nouveau monde qui est en train de naître, c'est-à-dire la révolution prolétarienne, ce fut là l'objet de mon premier Essai (1). Cela revient à dire qu'une nouvelle situation historique a trouvé son complément dans son instrument mental approprié.

S'imaginer maintenant que cette production

(1) *En mémoire du Manifeste du parti communiste.*

intellectuelle pouvait se réaliser en tout temps et en tout lieu, ce serait prendre pour règle de ses propres recherches l'absurde. Transporter les idées arbitrairement du terrain et des conditions historiques dans lesquelles elles sont nées sur un autre terrain quelconque, c'est comme si l'on prenait pour base du raisonnement l'irrationnel. Et pourquoi ne devrait-on pas imaginer également que la *cité antique*, dans laquelle sont nés l'art et la science grecs et le droit romain, tout en restant une cité antique démocratique, avec l'esclavage, acquière en même temps et développe toutes les conditions de la technique moderne ? Pourquoi ne pas croire que la corporation d'artisans du moyen âge, tout en restant ce qu'elle était dans son cadre fixe, s'achemine à la conquête du marché du monde sans les conditions de la concurrence illimitée, qui ont précisément commencé par la ronger et par la nier ? Pourquoi ne pas imaginer un fief, qui, tout en restant fief, devienne un atelier produisant exclusivement des marchandises ? Pourquoi Michel de Lando n'aurait-il pas dû écrire le *Manifeste des Communistes* ? Pourquoi ne penserait-on pas aussi que les découvertes de la science moderne pouvaient sortir du cerveau des hommes de n'importe quel autre temps et lieu, c'est-à-dire avant que des conditions déterminées eussent fait naître des besoins déterminés, et qu'on ait dû pourvoir à leur satisfaction par une expérience réitérée et accumulée ?

Notre doctrine suppose le développement ample, conscient et continu de la technique moderne, et avec elle la société qui produit les marchandises dans les antagonismes de la concurrence, la société qui suppose comme condition initiale et comme moyen indispensable pour se perpétuer l'accumulation capitaliste dans la forme de la propriété privée, la société qui produit et reproduit continuellement les prolétaires, et qui, pour se perpétuer, a besoin de révolutionner sans trêve ses instruments, y compris l'État et ses engrenages juridiques. Cette société qui, par les lois mêmes de son mouvement, a mis à nu sa propre anatomie, produit par contre-coup la conception matérialiste. De même qu'elle a produit par le socialisme sa négation positive, de même elle a engendré dans la nouvelle doctrine historique sa négation idéale. Si l'histoire est le produit, non pas arbitraire, mais nécessaire et normal des hommes en tant qu'ils se développent, et ils se développent en tant qu'ils expérimentent socialement, et ils expérimentent en tant qu'ils perfectionnent le travail, en accumulent et en conservent les produits et les résultats, la phase de développement dans laquelle nous vivons ne peut pas être la phase dernière et définitive, et les contrastes qui lui sont intimement liés et inhérents sont les forces productives de conditions nouvelles. Et voici comment la période des grandes révolutions économiques et politiques de ces deux derniers siècles a mûri dans les esprits ces deux concepts : l'immanence et la constance du processus dans les faits historiques, et la doctrine matérialiste, qui est au fond la *théorie objective des révolutions sociales*

Il n'est pas douteux, que, remonter à travers les siècles et refaire par la pensée le développement des idées sociales dans la mesure où nous en trouvons des documents chez les écrivains, est une chose toujours très instructive, et qui sert surtout à augmenter en nous la connaissance critique de nos concepts comme de nos manières de penser. Un semblable retour de l'esprit sur ses prémisses historiques, quand il ne nous égare point dans l'empirisme d'une érudition sans fin, et ne nous amène pas à établir à la hâte de vaines analogies, sert sans aucun doute à donner de la souplesse et une force persuasive aux formes de notre activité scientifique. Dans l'ensemble de nos sciences nous retrouvons, en fait et par continuité approximative de tradition, l'excellence de tout ce qui a été trouvé, conçu et prouvé, non seulement dans les temps modernes mais jusque dans la Grèce ancienne, avec laquelle commence précisément d'une façon définitive pour le genre humain le développement ordonné de la pensée consciente, réfléchie et méthodique. Il nous serait impossible de faire un seul pas dans la recherche scientifique sans nous servir des moyens depuis longtemps trouvés et éprouvés, et pour en citer quelques-uns des plus généraux, sans la logique et les mathématiques. Penser autrement ce serait prétendre que chaque génération doit recommencer tout le travail fait depuis l'enfance de l'humanité.

Mais il ne fut donné ni aux auteurs anciens, dans le cercle restreint de leurs républiques urbaines, ni aux écrivains de la Renaissance, toujours incertains entre un retour imaginaire à l'antiquité et le besoin de saisir intellectuellement le monde nouveau qui était en gestation, d'arriver à l'analyse précise des éléments derniers d'où résulte la société, que le génie incomparable d'Aristote ne vit et ne comprit pas en dehors des limites dans lesquelles se passe la vie de l'*homme citoyen*.

La recherche de la structure sociale, considérée dans ses modes d'origine et de processus, devint vive et pénétrante et prit des aspects multiformes au xviie et au xviiie siècle, quand se forma l'Économie, et que, sous les noms différents de Droit de Nature, d'essai sur l'Esprit des Lois ou de Contrat social, on essaya de résoudre en causes, en facteurs, en données logiques et psychologiques le spectacle multiforme et souvent obscur d'une vie dans laquelle se préparait la plus grande révolution que l'on connaisse. Ces doctrines, quels qu'aient été l'intention subjective et l'esprit des auteurs — comme c'est le cas antithétique du conservateur Hobbes et du prolétaire Rousseau — furent toutes révolutionnaires dans leur substance et dans leurs effets. Au fond de toutes on retrouve toujours, comme stimulant et comme motif, les besoins matériels et moraux de l'âge nouveau qui, par suite des conditions historiques, étaient ceux de la bourgeoisie : — aussi fallait-il combattre, au nom de la liberté, la tradition, l'Eglise, les privilèges, les classes fermées, c'est-à-dire les ordres et les états, et par suite l'Etat qui en était ou paraissait en être l'auteur, et puis les privilèges du commerce, des arts, du travail et de la science. Et l'on étudia l'homme d'une manière abstraite, c'est-à-dire, les individus pris en particulier, émancipés et délivrés par abstraction logique de leurs liens historiques et de toute nécessité sociale ; dans l'esprit de beaucoup le concept de la société se réduisit en atomes, et même il sembla naturel au plus grand nombre de croire que la société n'est que la somme des individus. Les catégories abstraites de la psychologie individuelle suffirent à l'explication de tous les faits humains; et c'est ainsi que, dans tous ces systèmes, on ne parle que de crainte, d'amour-propre, d'égoïsme, d'obéissance volontaire, de tendance au bonheur, de bonté originaire de l'homme, de liberté du contrat, et de la conscience morale, et de l'instinct ou du sens moral, et de tant d'autres semblables choses abstraites et génériques, comme si elles suffisaient à expliquer l'histoire, et à en créer de toutes pièces une nouvelle.

Par le fait que toute la société entrait dans une crise bruyante, l'horreur de l'antique, de ce qui était suranné, de ce qui était traditionnel, de ce qui était organisé depuis des siècles, et le pressentiment d'une rénovation de toute l'existence humaine, engendrèrent finalement un obscurcissement total dans les idées de nécessité historique et de nécessité sociale, c'est-à-dire dans ces idées qui, à peine indiquées par les philosophes anciens, et si développées dans notre siècle, n'eurent dans cette période de rationalisme révolutionnaire que de rares représentants, comme Vico, Montesquieu et, en partie, Quesnay Dans cette situation historique, qui fit naître une littérature agile, destructrice et très populaire, se trouve la raison de ce que Louis Blanc, avec une certaine emphase, a appelé l'*individualisme*. Depuis, certains ont cru voir dans ce mot l'expression d'un fait permanent de la nature humaine, qui surtout pouvait servir d'argument décisif contre le socialisme.

Singulier spectacle, et singulier contraste ! Le capital, quelle que fût sa formation, tendait à vaincre toutes les autres formes antérieures de production, en en brisant les liens et les entraves, à devenir le maître direct ou indirect de la société, comme, en fait, il l'est devenu dans la plus grande partie du monde ; de cela, il est résulté que, en dehors de toutes les formes de la misère moderne et de la hiérarchie nouvelle dans lesquelles nous vivons, se réalisait l'antithèse la plus aiguë de toute l'histoire, c'est-à-dire l'anarchie actuelle de la production dans l'ensemble de la société et le despotisme de fer dans le mode de production de chaque usine et de chaque fabrique ! Et les penseurs, les philosophes et les économistes et les vulgarisateurs des idées du xviiie siècle ne voyaient que liberté et égalité ! Tous raisonnaient de la même manière ; tous partaient des mêmes prémisses, qu'ils arrivassent à conclure qu'on devait obtenir la liberté d'un gouvernement de pure administration, ou qu'ils fussent démocrates ou mêmes communistes. Le règne prochain de la liberté était devant les yeux de tous comme un événement certain, pourvu que l'on supprimât les liens et les entraves que l'ignorance forcée et le despotisme de l'Eglise et de l'Etat avaient imposés à l'homme, bon par nature. Ces entraves ne paraissaient pas être des conditions et des bornes dans lesquelles les hommes s'étaient trouvés par les lois de leur développement, et par l'effet du mouvement antagoniste et partant incertain et tortueux de l'histoire, mais de simples obstacles dont devait nous délivrer l'usage régulier de la raison. Dans cet idéalisme, qui atteignit son point culminant chez quelques héros de la Grande Révolution, germe une foi sans bornes dans le progrès certain de tout le genre humain. Pour la première fois, le concept d'*humanité* apparut dans toute son extension et sans mélange d'idées ou d'hypothèses religieuses. Les plus résolus de ces idéalistes furent les matérialistes extrêmes, parce que, niant toute fiction religieuse, ils assignaient cette terre comme un domaine certain au besoin de bonheur, pourvu que la raison ouvrît la voie.

Jamais les *idées* ne furent maltraitées d'une façon aussi inhumaine par les *prosaïques choses*, qu'entre la fin du siècle passé et le commencement de celui-ci. La leçon des faits fut très dure, les plus tristes désillusions naquirent, et il s'ensuivit un bouleversement radical dans les esprits. Les faits, en un mot, se trouvèrent être contraires à toutes les prévisions ; et si cela produisit d'abord un profond abattement chez les désillusionnés, cela fit naître cependant le désir et le besoin de nouvelles recherches. On sait que Saint-Simon et Fourier, chez lesquels se fait, précisément au commencement du siècle, dans les formes exclusives des idées de génie prématurées, la réaction contre les résultats immédiats de la grande révolution politico-économique, se sont élevés résolument, le premier contre les juristes et le second contre les économistes.

En effet, une fois supprimées les entraves à la liberté, qui avaient été propres à d'autres temps, de nouvelles entraves plus graves et plus douloureuses les avaient remplacées ; et, comme le bonheur égal pour tous ne s'était pas réalisé, la société demeurait dans sa forme politique, comme elle l'était auparavant, une organisation des inégalités. Il faut donc que la société soit quelque chose d'autonome, de naturel, un automoteur complexe de rapports et de conditions, qui défie les bonnes intentions subjectives de chacun des membres qui la composent, et qui passe outre aux illusions et aux desseins des idéalistes. Elle suit donc une marche propre d'où nous pouvons abstraire des lois de processus et de développement, mais qui ne souffre pas qu'on lui en impose. Par cette transformation dans les esprits, le xixe siècle s'annonça avec la vocation d'être le siècle de la science historique et de la sociologie.

Le principe du développement a, en effet, envahi depuis tous les domaines de la pensée. On a découvert, dans ce siècle, la grammaire historique, et on a trouvé la clef pour explorer la genèse des mythes. On a retrouvé les traces embryogénétiques de la préhistoire, et on a, pour la première fois, mis en série de processus les formes politiques et juridiques. Le xixᵉ siècle s'est annoncé comme le siècle de la sociologie dans la personne de Saint-Simon, chez qui, comme cela a lieu pour les autodidactes et les précurseurs de génie, on trouve confondus ensemble les germes de tant de tendances contradictoires. A cet égard la conception matérialiste est un résultat ; mais c'est un résultat qui est le complément de tout un processus de formation ; et comme résultat et comme complément elle est aussi la simplification de toute la science historique et de toute la sociologie, parce qu'elle nous reporte des dérivés et des conditions complexes aux fonctions élémentaires. Et cela s'est produit par la suggestion directe d'une expérience nouvelle et mouvementée.

Les lois de l'économie, telles qu'elles sont d'elles-mêmes et telles qu'elles se réalisent d'elles-mêmes, avaient triomphé de toutes les illusions et avaient apparu comme directrices de la vie sociale. La grande révolution industrielle qui s'était produite, faisait comprendre que les classes sociales, si elles ne sont pas un fait de la nature, ne sont pas non plus une conséquence du hasard et de la volonté libre ; elles naissent historiquement et socialement dans une forme déterminée de production. Et qui, en vérité, n'avait pas vu naître, sous ses yeux, les nouveaux prolétaires sur la ruine économique de tant de classes de petits propriétaires, de petits paysans et d'artisans ; et qui n'était pas en mesure de découvrir la méthode de cette nouvelle création d'un état social nouveau, auquel tant d'hommes étaient réduits et dans lequel ils devaient nécessairement vivre ? Qui n'était pas en mesure de découvrir que l'argent, devenu capital, avait réussi, en quelques années, à devenir le maître par l'attraction qu'il exerce sur le travail des hommes libres, chez lesquels la nécessité de se vendre librement comme salariés avait été préparée de longue date par tant d'ingénieux procédés juridiques et par l'expropriation violente ou indirecte ? Qui n'avait pas vu les nouvelles villes naître autour des fabriques, et se ceindre à leur périmètre de cette misère désolante, qui n'est plus l'effet de la malchance individuelle, mais la condition et la source de la richesse ? Et dans cette misère d'un nouveau style nombreux étaient les femmes et les enfants, sortant pour la première fois d'une existence ignorée pour prendre place sur la scène de l'histoire comme une illustration sinistre de la société des égaux. Et qui ne sentait pas — même si cela n'avait pas été énoncé dans la soi-disant doctrine du *révérend* Malthus — que le nombre des convives que ce mode d'organisation économique peut contenir, s'il est parfois insuffisant pour celui qui, par suite de l'aléa favorable de la production, a besoin de bras, est souvent aussi surabondant et partant ne trouve pas d'occupation et devient effrayant ? Il devenait évident, aussi, que la rapide et violente transformation économique qui s'était faite bruyamment en Angleterre, avait réussi là, parce que ce pays avait pu se créer, à l'égard du reste de l'Europe, un monopole jusqu'ici inconnu, et que pour soutenir ce monopole une politique sans scrupule avait été rendue nécessaire, et cela permettait à tous, une bonne fois, de traduire en prose le mythe idéologique de l'Etat, qui devait être le tuteur et le précepteur du peuple.

Cette vision immédiate de ces conséquences de la nouvelle vie fut l'origine du pessimisme, plus ou moins romantique, des *laudatores temporis acti*, de De Maistre à Carlyle. La satire du libéralisme envahit les esprits et la littérature au commencement de ce siècle. Alors commence cette critique de la société, qui est le début de toute la sociologie. Il fallait avant tout vaincre l'idéologie, qui s'était accumulée et exprimée dans tant de doctrines du Droit de Nature ou du Contrat Social. Il fallait se remettre en contact avec les faits que les événements rapides d'un processus si intensif imposaient à l'attention dans des formes si nouvelles et si effrayantes.

Voici Owen, incomparable à tous les points de vue, mais surtout pour la clairvoyance dont il fit preuve dans la détermination des causes de la nouvelle misère, s'il fut un naïf dans la recherche des manières de la vaincre. Il fallait arriver à la critique objective de l'Economie, qui apparut, pour la première fois, dans des formes unilatérales et réactionnaires, chez Sismondi. Dans cette période où mûrissaient les conditions d'une nouvelle science historique, naissent en grand nombre des formes diverses du socialisme utopique, unilatéral ou complètement extravagant, qui n'arrivent jamais jusqu'aux prolétaires, ou parce que ceux-ci n'avaient aucune conscience politique, ou, s'ils en avaient une, elle se manifestait par soubresauts, comme dans les conspirations et les émeutes françaises de 1830 à 48, ou ils se tenaient sur le terrain pratique des réformes immédiates, comme c'est le cas pour les Chartistes. Et cependant, tout ce socialisme, quelque utopique, fantasque et idéologique qu'il fût, était une critique immédiate et souvent géniale de l'Économie, une critique unilatérale, en somme, à laquelle il fallait le complément scientifique d'une conception historique générale.

Toutes ces formes de critique partielle, unilatérale et incomplète eurent leur aboutissant dans le socialisme scientifique. Celui-ci n'est plus la critique subjective appliquée aux choses, mais la découverte de l'*autocritique* qui est dans les choses elles-mêmes. La critique véritable de la société c'est la société elle-même, qui, par les conditions antithétiques des contrastes sur lesquels elle repose, engendre d'elle-même en elle-même la contradiction, et triomphe ensuite de celle-ci par son passage dans une nouvelle forme. Le résolvant des antithèses actuelles c'est le prolétariat, que les prolétaires eux-mêmes le sachent ou ne le sachent pas. De même que leur misère est devenue la condition de la société présente, de même dans leur misère est la raison d'être de la nouvelle révolution prolétarienne. C'est dans ce passage de la critique de la pensée subjective, qui examine les choses du dehors et s'imagine pouvoir les corriger elle-même, à l'intelligence de l'autocritique que la société exerce sur elle-même dans l'immanence de son propre processus, c'est en cela seulement que consiste la *dialectique de l'histoire*, que Marx et Engels, dans la mesure où ils étaient matérialistes, tirèrent de l'idéalisme de Hegel. Et en fin de compte peu importe si les littérateurs, qui ne connaissent aucune autre signification de la dialectique sinon celle d'une sophistique artificieuse, ni les doctes et les érudits, qui ne sont jamais aptes à dépasser la connaissance des faits particuliers, ne peuvent se rendre compte de ces formes cachées et compliquées de la pensée.

Mais la grande transformation économique,

qui a fourni les matériaux dont est composée la société moderne, dans laquelle l'empire du capitalisme est arrivé au terme de son complet développement, n'aurait pas été d'un enseignement aussi rapide et aussi suggestif, si elle n'avait pas été lumineusement illustrée par le mouvement, vertigineux et fécond en catastrophes, de la Révolution française. Elle mit en pleine évidence, comme dans une représentation tragique, toutes les forces antagonistes de la société moderne, parce que celle-ci s'y est développée à travers les ruines, et qu'elle traversa, en un court laps de temps et d'une marche précipitée, les phases de sa naissance et de son établissement.

La révolution fut une conséquence des entraves que la bourgeoisie dut vaincre par la violence, dès qu'il apparut avec évidence que le passage des vieilles formes de production aux formes nouvelles — ou de la propriété, si nous empruntons la langue des juristes — ne pouvait se réaliser par les voies plus calmes des réformes successives et graduelles. Elle amena par suite le soulèvement, le frottement et le mélange de toutes les vieilles classes de l'Ancien Régime, et la formation vertigineuse en même temps de classes nouvelles, dans la très rapide mais très intensive période de dix années, qui, comparées à l'histoire ordinaire des autres temps et des autres pays, nous semblent des siècles. Cette superposition rapide d'événements séculaires mit à jour les moments et les aspects les plus caractéristiques de la société nouvelle ou moderne, et cela avec d'autant plus d'évidence que la bourgeoisie aguerrie s'était déjà créée à elle-même des moyens et des organes intellectuels qui lui avaient donné avec la théorie de son œuvre propre la conscience réflexe de son mouvement.

La violente expropriation d'une grande partie de la vieille propriété, c'est-à-dire de la propriété immobilisée dans les fiefs, dans les domaines royaux et princiers et dans la mainmorte, avec les droits réels et personnels qui en dérivaient, mit à la disposition de l'Etat, devenu par la nécessité des choses un gouvernement d'exception, terrible et omnipotent, une masse extraordinaire de moyens économiques ; et l'on eut, d'un côté, la singulière politique des assignats qui finirent par s'annuler eux-mêmes, et, d'un autre côté, la formation des nouveaux propriétaires qui durent leur *fortune* aux chances de l'agiotage, à l'intrigue et à la spéculation. Et qui aurait encore osé ensuite jurer sur l'antique autel sacro-saint de la propriété, lorsque son titre récent et authentique reposait d'une manière si évidente sur la connaissance des contingences heureuses ? S'il était jamais passé par la tête de tant d'ennuyeux philosophes, en commençant par les Sophistes, cette idée que le droit est une création de l'homme, utile et commode, cette proposition hérétique pouvait sembler désormais une vérité simple et intuitive même au dernier des gueux des faubourgs de Paris. Les prolétaires n'avaient-ils pas donné l'impulsion, avec tout le menu peuple, à la révolution en général par les mouvements anticipés d'avril 1789, et ne se trouvèrent ils pas ensuite comme chassés de nouveau de la scène de l'histoire après l'insuccès de la révolte de Prairial 1795 ? N'avaient-ils pas porté sur leurs épaules tous les défenseurs ardents de la liberté et de l'égalité ; n'avaient-ils pas tenu dans leurs mains la Commune de Paris, qui fut, pendant un temps, l'organe impulsif de l'Assemblée et de toute la France ; et n'avaient-ils pas finalement l'amère désillusion de s'être créé, de leurs propres mains, de nouveaux maîtres ? La conscience foudroyante de cette désillusion constitue le moteur psychologique, rapide et immédiat, de la conspiration de Babeuf, qui, pour cela même, est un grand fait de l'histoire, et porte en elle tous les éléments de la tragédie objective.

La terre, que le fief et la mainmorte avaient comme liée à un corps, à une famille, à un titre, délivrée de ses liens, était devenue une marchandise, pour servir de base et d'instrument à la production des marchandises ; et elle était devenue tout d'un coup une marchandise si flexible, si docile, qu'elle s'était mise à circuler sous la forme de simples morceaux de papier. Et autour de ces symboles, tellement multipliés sur les choses qu'ils devaient représenter, qu'ils finirent par ne valoir plus rien, l'*affairisme* sortit géant, comme il naquit de tous côtés, sur les épaules de la misère des plus misérables, et par toutes les anfractuosités de la politique ; il fut effronté surtout dans sa façon de tirer partie de la guerre et de ses succès glorieux. Même les rapides progrès d'une technique accélérée par l'urgence des circonstances donnèrent matière et occasion à la prospérité des *affaires*.

Les lois de l'économie bourgeoise, qui sont celles de la production individuelle dans le domaine antagoniste de la concurrence, se révoltèrent furieuses, par la violence et par la ruse, contre l'effort idéaliste d'un gouvernement révolutionnaire, qui, fort de la certitude de sauver la patrie, et fort plus encore de l'illusion de fonder, pour l'éternité, la liberté des égaux, crut qu'il était possible de supprimer l'agiotage par la guillotine, d'éliminer l'affairisme en fermant la bourse et d'assurer au menu peuple l'existence en fixant le *maximum* des prix pour les objets de première nécessité. Les marchandises, et les prix, et les affaires, revendiquèrent avec violence leur liberté propre contre ceux qui voulaient leur prêcher et leur imposer la morale.

Thermidor, quelles qu'aient été les intentions personnelles des Thermidoriens, vils, peureux ou illusionnés, fut, dans ses causes cachées comme dans ses effets apparents, le triomphe des *affaires* sur l'idéalisme démocratique. La constitution de 1793, qui marque la limite extrême à laquelle peut atteindre l'idéal démocratique, n'a jamais été pratiquée. La pression grave des circonstances, la menace de l'étranger, les différentes formes de rébellion à l'intérieur, depuis les Girondins jusqu'à la Vendée, rendirent nécessaire un gouvernement d'exception : ce fut la *Terreur*, née de la *peur*. A mesure que les périls cessaient, cessa le besoin de la terreur ; mais la démocratie se brisa contre les affaires qui donnaient naissance à la propriété des nouveaux propriétaires. La constitution de l'an III consacra le principe du modérantisme libéral, d'où procède tout le constitutionnalisme du continent européen : mais elle fut, avant tout, la route qui permit d'arriver à la garantie de la propriété. Changer les propriétaires en sauvant la propriété, c'est là la devise, le mot d'ordre, l'enseigne qui défia, pendant des années, depuis le 10 août 1792, les émeutes violentes comme les desseins hardis de ceux qui essayèrent de fonder la société sur la vertu, sur l'égalité, sur l'abnégation spartiates. Le Directoire fut le sentier au travers duquel la révolution arriva à se nier elle-même comme effort idéaliste ; et, avec le Directoire, qui fut la corruption avouée et professée, cette devise devint une réalité : les propriétaires sont changés, mais la propriété est sauve ! Et enfin, on avait besoin, pour élever sur tant de ruines un édifice stable, de la force véritable ; et celle-ci se trouva dans cet aventurier étrange, d'un génie incomparable, auquel la fortune avait romainement souri, et il était le seul qui possédât la vertu de mettre fin à cette fable *gigantesque*, parce qu'il n'y avait en lui ni ombre, ni trace de scrupules moraux.

Tout se vit dans cette fureur des événements. Les citoyens armés pour la défense de la patrie, victorieux au dehors des frontières de l'Europe environnante, dans laquelle ils portèrent avec la conquête la révolution, se transforment en soldatesque pour opprimer la liberté de leur patrie. Les paysans qui, dans un moment de suggestion impérieuse, produisirent dans les terres féodales l'anarchie de 1789, devenus soldats, ou petits propriétaires, ou petits fermiers, et après être restés un moment les sentinelles avancées de la révolution, retombèrent dans le calme silencieux et lourd de leur vie traditionnelle, qui, sans hasards et sans mouvements, sert de base sûre au soi-disant ordre social. Les petits bourgeois des villes, et les anciens membres des corporations, deviennent rapidement, sur le terrain de la lutte économique, les prestateurs libres du travail manuel. La liberté du commerce exigeait que chaque produit devînt librement commerçable, et triomphait ainsi de la dernière entrave, en obtenant que le travail devînt lui aussi une marchandise libre.

Tout changea à ce moment. L'Etat, que pendant des siècles tant de millions d'illusionnés avaient considéré comme une institution sacrée ou un mandat divin, laissant la tête de son souverain tomber sous l'action froide d'un instrument technique, perdit son caractère sacré. L'Etat, lui aussi, devenait un appareil technique, qui substituait la bureaucratie à la hiérarchie. Et comme les titres anciens n'assuraient plus à leurs possesseurs le privilège d'occuper les diverses fonctions, ce nouvel Etat pouvait devenir la proie de tous ceux qui voulaient s'en emparer ; il se trouvait, en un mot, mis à l'encan, pourvu que les heureux ambitieux fussent les solides garants de la propriété des nouveaux et des anciens propriétaires. Le nouvel Etat, qui eut besoin du 18 Brumaire pour devenir une bureaucratie ordonnée, appuyée sur le militarisme victorieux, cet Etat qui complétait la révolution dans l'acte qui la niait, ne pouvait se passer de son texte ; et elle l'eut dans le *Code civil*, qui est le livre d'or de la société qui produit et vend les marchandises. Ce n'est pas en vain que la jurisprudence généralisée avait conservé et commenté pendant des siècles, dans la forme d'une discipline scientifique, ce Droit Romain, qui fut, qui est et qui sera la forme typique et classique du droit de toute société marchande, jusqu'à ce que le communisme fasse disparaître la possibilité de vendre et d'acheter.

La bourgeoisie qui, par le concours de tant de circonstances singulières, fit la révolution avec le concours de tant d'autres classes et demi-classes disparues depuis presque toutes de la scène politique après un court laps de temps, apparut, dans les moments des chocs les plus violents, comme poussée par des motifs et inspirée par une idéologie, qui n'avaient absolument aucune relation avec les effets qui survécurent et se perpétuèrent positivement. Cela fait que dans la chaleur des luttes le changement vertigineux de l'infrastructure économique apparaît comme dissimulé par les idéals, et obscurci par l'entre-croisement de tant d'intentions et de desseins, d'où naissent tant d'actes de cruauté et d'héroïsmes inouïs, des courants d'illusion et de dures preuves de désenchantement. Jamais une foi aussi puissante dans l'idéal du progrès n'avait jailli des poitrines humaines. Délivrer le genre humain de la superstition, et même de la religion, faire de chaque individu un citoyen, ou de tout homme privé un homme public ; ce sont là les commencements : — et puis sur la ligne de ce programme résumer, dans la courte action de quelques années, une évolution qui apparaît aux plus idéalistes d'aujourd'hui comme l'œuvre de plusieurs siècles à venir : — c'est l'idéalisme d'alors ! Et pourquoi la pédagogie de la guillotine devait-elle leur répugner ?

Cette poésie, certainement grandiose sinon joyeuse, laissa derrière elle une prose assez dure. Et ce fut la prose des propriétaires qui devaient la propriété à la *chance*, et ce fut celle de la haute finance et des fournisseurs enrichis, des maréchaux, des préfets, des journalistes, des littérateurs mercenaires ; ce fut la prose de la cour de l'homme étrange auquel les qualités du génie militaire greffées sur une âme de brigand avaient, sans aucun doute, conféré le droit de traiter d'*idéologue* quiconque n'admirait pas le fait nu et cru, qui peut n'être dans la vie, comme il l'était pour lui, que la simple brutalité du succès.

La Grande Révolution hâta le cours de l'histoire dans une grande partie de l'Europe. C'est à elle que se rattache, sur le continent, tout ce que nous appelons le libéralisme et la démocratie moderne, sauf les cas de fausse imitation de l'Angleterre, et jusqu'à l'établissement de l'unité italienne, qui fut et qui restera peut-être le dernier acte de la bourgeoisie révolutionnaire. Cette révolution fut l'exemple le plus vif et le plus instructif de la façon dont une société se transforme, et du comment les nouvelles conditions économiques se développent, et en se développant coordonnent en groupes et en classes les membres de la société. Ce fut la preuve palpable de la façon dont on trouve le droit, quand il est nécessaire à l'expression et à la défense de rapports déterminés, et comment se crée l'Etat, et comment on en dispose les moyens, les forces et les organes. On vit comment les idées germent du terrain des nécessités sociales, et comment les caractères, les tendances, les sentiments, les volontés, c'est-à-dire, en un mot, les forces morales, se produisent et se développent dans des conditions circonstanciées. En un mot, les données de la science sociale furent, pour ainsi dire, préparées par la société elle-même ; et il ne faut pas s'étonner si la révolution, qui fut précédée idéologiquement par la forme la plus aiguë du doctrinarisme rationaliste que l'on connaisse, finit enfin par laisser derrière elle le besoin intellectuel d'une science historique et sociologique *antidoctrinaire*, comme l'est celle que l'on a essayé de construire dans notre siècle.

Et ici, par ce que j'ai dit et par ce qu'on sait généralement, il est inutile de rappeler à nouveau, comment Owen forme un même groupe avec Saint-Simon et Fourier, et de redire par quelles voies a pris naissance le socialisme scientifique. L'important est dans ces deux points : que le matérialisme historique ne pouvait naître sinon de la conscience théorique du socialisme; et qu'il peut désormais expliquer sa propre origine avec ses propres principes, ce qui est la plus grande preuve de sa maturité.

Ainsi j'ai justifié la phrase du début de ce chapitre : les idées ne descendent pas du ciel.

VIII

Le chemin parcouru jusqu'ici nous a permis de nous rendre un compte exact de la valeur précise et relative de la soi-disant doctrine des facteurs ; nous savons aussi comment on arrive à éliminer objectivement ces concepts provisoires, qui furent et qui sont une simple expression d'une pensée non arrivée pleinement à maturité.

Et cependant, il est nécessaire que nous parlions encore de cette doctrine, pour expliquer mieux et plus en détail pour quelles raisons *deux* des soi-disant *facteurs*, l'*Etat* et le *droit*, ont été et sont encore considérés comme le principal ou l'exclusif *sujet de l'histoire*.

L'historiographie, en effet, a placé pendant

des siècles dans ces formes de la vie sociale l'essentiel du développement ; bien plus, elle n'a vu ce développement que dans les modifications de ces formes. L'histoire a été traitée pendant des siècles comme une discipline relative au mouvement juridico-politique, et même au mouvement politique principalement. La substitution de la *société* à la politique est chose récente, et beaucoup plus récente encore est la réduction de la société aux éléments du matérialisme historique. En d'autres termes, la *sociologie* est d'invention assez récente, et le lecteur, je l'espère, aura compris de lui-même que j'emploie ce terme, *brevitatis causa*, pour indiquer d'une manière générale la *science des fonctions et des variations sociales*, et que je ne m'en tiens pas au sens spécifique que lui ont donné les *Positivistes*.

C'est une chose d'ailleurs ressassée que de dire que, jusqu'au commencement de ce siècle, les renseignements sur les usages, les coutumes, les croyances, etc., ou même sur les *conditions naturelles*, qui servent de sous-sol et de circuit aux formes sociales, n'étaient mentionnés dans les histoires politiques que comme des objets de simple curiosité, ou comme des accessoires et des compléments de la narration.

Tout cela ne peut pas être un simple accident et ne l'est pas en effet. Il y a donc un double intérêt à nous rendre compte de l'apparition tardive de l'*histoire sociale*, et parce que notre doctrine justifie encore une fois, par ce moyen, sa raison d'être, et parce que nous éliminons ainsi, d'une manière définitive, les soi-disant facteurs.

Si l'on fait abstraction de quelques moments critiques dans lesquels les classes sociales, par une incapacité extrême à se tenir par adaptation dans une condition d'équilibre relatif, entrent dans une crise d'anarchie plus ou moins prolongée, et exception faite de ces catastrophes dans lesquelles tout un monde disparaît, comme à la chute de l'Empire Romain d'Occident, ou à la dissolution du Khalifat, depuis qu'on a une histoire écrite, l'Etat apparaît non seulement comme le faîte de la société, mais aussi comme son soutien. Le premier pas que la pensée naïve ait fait dans cet ordre de considérations est dans cet énoncé : ce qui gouverne est aussi ce qui *crée*.
Si l'on excepte en outre quelques courtes périodes de démocratie exercée avec la vive conscience de la souveraineté populaire, comme ce fut le cas de quelques *cités* grecques, et particulièrement d'Athènes et de quelques *communes* italiennes, et spécialement de Florence (celles-là, cependant, se composaient d'hommes libres propriétaires d'esclaves, celles-ci, de citoyens privilégiés qui exploitaient les étrangers et les paysans), la société organisée en Etat fut toujours

composée d'une majorité à la merci d'une minorité. Et ainsi la majorité des hommes est apparue dans l'histoire comme une masse soutenue, gouvernée, guidée, exploitée et maltraitée, ou, du moins, comme une conglomération bariolée d'intérêts, que *quelques-uns* devaient gouverner en maintenant en équilibre les divergences, par pression ou par compensation.

De là la nécessité d'un art du gouvernement, et comme avant toute chose c'est ce qui frappe ceux qui étudient la vie collective, il était naturel que la *politique* apparût comme l'*auteur* de l'ordre social et comme le signe de la continuité dans la succession des formes historiques. Qui dit politique, dit activité qui, jusqu'à un certain point, se déploie dans un sens voulu, jusqu'au moment tout au moins où les calculs viennent se heurter contre des résistances inconnues ou inattendues. En prenant, comme le suggérait une expérience imparfaite, pour auteur de la société l'Etat, et pour auteur de l'ordre social la politique, il en découlait que les historiens narrateurs ou raisonneurs étaient portés à placer l'essentiel de l'histoire dans la succession des formes, des institutions et des idées politiques.

D'où l'État tirait-il son origine, où se trouvait la base de sa permanence, cela n'importait pas, comme cela n'importe pas au raisonnement courant. Les problèmes d'ordre génétique naissent, comme on le sait, assez tard. L'État est et il trouve sa raison d'être dans sa nécessité actuelle ; cela est si vrai que l'imagination n'a pas pu s'adapter à l'idée qu'il n'avait pas toujours été, et qu'elle en a prolongé l'existence conjecturale jusqu'aux premières origines du genre humain. Ce furent des dieux ou des demi-dieux et des héros qui l'instituèrent dans la mythologie du moins, de même que dans la théologie médiévale le Pape est la source première, et partant divine et perpétuelle de toute autorité. Même de notre temps, des voyageurs inexpérimentés et des missionnaires imbéciles trouvent l'État là même où il n'y a, comme chez les sauvages et les barbares, que la *gens*, ou la tribu des *gentes*, ou l'alliance des *gentes*.

Deux choses ont été nécessaires pour que ces préjugés du raisonnement fussent vaincus. En premier lieu, il a fallu reconnaître que les fonctions de l'Etat naissent, augmentent, diminuent, s'altèrent et se succèdent avec les variations de certaines conditions sociales. En second lieu, il a fallu qu'on arrivât à comprendre que l'Etat existe et se maintient en tant qu'il est organisé pour la défense de certains intérêts déterminés, d'une partie de la société contre tout le restant de la société elle-même, qui doit être faite de telle sorte, dans son ensemble, que la résistance des sujets, des maltraités, des exploités, ou se perde dans de multiples frottements, ou trouve un tempérament dans les avantages partiels, bien que misérables, des opprimés eux-mêmes. La politique, cet art si miraculeux et si admiré, se ramène ainsi à une formule très simple : appliquer une force ou un système de forces à un ensemble de résistances.

Le premier pas, et le plus difficile, est fait quand on a réduit l'État aux conditions sociales d'où il tire son origine. Mais ces conditions sociales elles-mêmes ont été ensuite précisées par la théorie des classes, dont la genèse est dans la manière des différentes occupations, étant donnée la distribution du travail, c'est-à-dire, étant donnés les rapports qui coordonnent et lient les hommes dans une forme de production déterminée.

Dès lors le concept de l'État a cessé de représenter la cause directe du mouvement historique comme auteur présumé de la société, parce qu'on a vu que dans chacune de ses formes et de ses variations il n'est pas autre chose que l'organisation positive et forcée d'une domination de classe déterminée, ou d'une accomodation déterminée de classes différentes. Et puis, par une conséquence ultérieure de ces prémisses on est arrivé enfin à reconnaître que la politique, comme art d'agir dans un sens voulu, est une partie assez petite du mouvement général de l'histoire, et qu'elle n'est qu'une faible partie de la formation et du développement de l'État lui-même, dans lequel beaucoup de choses, c'est-à-dire beaucoup de relations, naissent et se développent par accommodation nécessaire, par consentement tacite, par violence subie ou tolérée. Le règne de l'inconscient, si l'on entend par là ce qui n'est pas voulu par libre choix et à dessein, mais ce qui se détermine et se fait par la succession des habitudes, des coutumes, des accommodations, etc., est devenu très considérable dans le domaine des connaissances qui forment l'objet des sciences historiques, et la politique, qui avait été prise comme une explication, est devenue elle-même une chose à expliquer.

Nous savons maintenant, d'une façon certaine, pour quelles raisons l'histoire devait se présenter d'abord sous une forme purement politique.

Mais il ne faudrait pas croire pour cela que l'État soit une simple excroissance, un pur accessoire du corps social, ou de la libre association, comme l'ont imaginé tant d'utopistes et tant d'ultra-libéraux anarchisants. Si la société a abouti, jusqu'ici, à l'État, c'est parce qu'elle a eu besoin de ce complément de force et d'autorité, parce qu'elle se compose d'êtres inégaux par suite des différenciations économiques.

L'État est quelque chose de très réel, un système de forces qui maintiennent l'équilibre et l'imposent par la violence et la répression. Et pour exister comme système de forces il a dû devenir et constituer une puissance économique, que celle-ci repose sur la razzia, la rapine, l'imposition de guerre, ou qu'elle consiste dans la propriété directe du domaine, ou qu'elle se forme petit à petit grâce à la méthode moderne des impôts publics, qui revêt les apparences constitutionnelles d'une autotaxation. C'est dans cette puissance économique, si considérable dans les temps modernes, que réside le fondement de sa capacité à agir. Il résulte de là que, par suite d'une nouvelle division du travail les fonctions de l'Etat donnent naissance à des ordres et à des états spéciaux, c'est-à-dire à des classes très particulières, sans exclure la classe des parasites.

L'Etat, qui est et qui doit être une puissance économique afin que dans la défense des classes dirigeantes il soit fourni de moyens pour réprimer, pour gouverner, pour administrer, pour faire la guerre, crée d'une manière directe ou indirecte un ensemble d'intérêts nouveaux et particuliers, qui réagissent nécessairement sur la société. De sorte que l'Etat, par le fait qu'il est né et qu'il se maintient comme garant des antithèses sociales, qui sont une conséquence des différenciations économiques, crée autour de lui un cercle de personnes intéressées directement à son existence.

De là découlent deux conséquences. Comme la société n'est pas un tout homogène, mais un corps d'articulations particularisées, bien plus un *complexus* multiforme d'intérêts antithétiques, il arrive que parfois les directeurs de l'Etat cherchent à s'isoler et, par cet isolement, ils s'opposent à la société tout entière. Et puis, en second lieu, il arrive que des organes et des fonctions créées tout d'abord pour l'avantage de tous, finissent par ne plus servir que des intérêts de groupes et permettent les abus de pouvoir des coteries et des *camorre*. De là les aristocraties et les hiérarchies nées de l'usage des pouvoirs publics, de là les dynasties ; à la lumière de la simple logique, ces formations paraissent complètement irrationnelles.

Depuis qu'il existe une histoire certaine, l'Etat a agrandi ou diminué ses pouvoirs, mais il n'a jamais disparu, parce qu'il y a toujours eu depuis dans la société des hommes inégaux par suite de la différenciation économique, des raisons pour maintenir et pour défendre par la force ou par la conquête l'esclavage, les monopoles, ou la prédominance d'une forme de production, avec la domination de l'homme sur l'homme. L'Etat est devenu comme le champ d'une guerre civile incessante, qui se développe toujours, même si elle ne se présente pas sous la forme bruyante des Marius et des Sylla, des journées de juin et de la guerre de Sécession. A l'intérieur de l'Etat, la corruption de l'homme par l'homme a toujours fleuri, parce que, s'il n'y a pas de forme de domination qui ne rencontre des résistances, il n'y a pas de résistances qui, par suite des besoins pressants de la vie, ne puissent dégénérer en accommodation résignée.

Pour ces raisons, les événements historiques, vus à la surface de la monotone narration ordinaire, apparaissent comme la répétition assez peu variée du même type, comme une espèce de ritournelle ou de configuration de kaléidoscope. Il ne faut pas s'étonner si le conceptualiste Herbart et le pessimiste caustique Schopenhauer arrivèrent à cette conclusion, qu'il n'y a pas d'histoire en tant que processus véritable ; ce qui se traduit ainsi en langage vulgaire : l'histoire est une ennuyeuse chanson.

L'histoire politique une fois réduite à sa quintessence, l'Etat demeure éclairci dans toute sa prose. Dès lors, il n'y a plus trace ni de divinisation théologique, ni de transsubstantiation métaphysique, tant en vogue auprès de certains philosophes allemands : — pour lesquels, l'Etat c'est l'*Idée*, l'Etat *Idée* qui se réalise dans l'histoire, l'Etat c'est la réalisation pleine de la personnalité, et autres bêtises pareilles. L'Etat est une organisation réelle de défense pour garantir et perpétuer un mode d'association, dont le fondement est une forme de production économique, ou un accord et une transaction entre diverses formes. En résumé, l'Etat suppose ou un système de propriété, ou l'accord entre plusieurs systèmes de propriété. Là est le fondement de tout son art, dont l'exercice demande que l'Etat lui-même devienne une puissance économique, et qu'il dispose aussi de moyens et de procédés pour faire passer la propriété des mains des uns dans les mains des autres. Quand, par l'effet d'un changement aigu et violent des formes de la production, il faut recourir à un déclassement insolite et extraordinaire des rapports de la propriété (par exemple, l'abolition de la main-morte et des fiefs, l'abolition des monopoles commerciaux), alors la vieille forme politique est insuffisante, et la révolution est nécessaire pour créer le nouvel organe qui opère la transformation économique.

Si l'on fait abstraction des temps très anciens, qui nous sont inconnus, toute l'histoire s'est développée dans les contacts et les antagonismes des diverses tribus et communautés, et ensuite des diverses nations et des divers Etats : c'est dire que les raisons des antithèses internes dans le cercle de chaque société se sont toujours de plus en plus compliquées avec les frottements avec l'extérieur. Ces deux raisons de contraste se conditionnent réciproquement, mais dans des modes toujours variés. Souvent, c'est le malaise interne qui pousse une communauté ou un Etat à entrer dans des collisions externes ; d'autres fois, ce sont ces collisions externes qui altèrent les rapports internes.

Le moteur principal des différents rapports entre les diverses communautés a été, depuis les origines, comme il l'est jusqu'à aujourd'hui, le *commerce* dans le sens large du mot, c'est-à-dire l'échange, soit qu'il s'agisse de céder, comme dans les tribus pauvres, uniquement le superflu en échange d'autres choses, soit qu'il s'agisse, comme aujourd'hui, de la grande production en masse, qui est faite dans le but exclusif de vendre pour tirer d'une somme d'argent une somme d'argent plus forte. Cette masse énorme d'événements extérieurs et intérieurs, qui s'accumulent et s'amoncellent les uns sur les autres dans l'histoire, trouble tellement les historiographes qui se contentent d'exposer et de résumer, qu'ils se perdent dans d'infinies tentatives de groupements chronologiques et de vues d'ensemble. Celui qui suit au contraire le développement interne des différents types sociaux dans leur structure économique, et qui considère les événements politiques comme des résultats particuliers des forces agissant dans la société, finit par triompher de la confusion née de la multiplicité et de l'incertitude de l'impression empirique, et au lieu d'une série chronologique, ou synchronique, ou d'une vue d'ensemble, il peut atteindre à la série concrète d'un processus réel.

Devant ces conditions réalistes tombent toutes les idéologies fondées sur la mission éthique de l'Etat, ou sur toute autre conception analogue. L'Etat est, pour ainsi dire, mis à sa place, et il demeure comme encadré dans les contours du devenir social, en tant que forme résultant d'autres conditions, et à son tour par suite de son existence, réagissant naturellement sur le reste.

Ici se pose une autre question.

Cette forme sera-t-elle jamais dépassée ? — ou peut-il y avoir une société sans Etat ? — ou peut-il y avoir une société sans classes ? — et, s'il faut mieux s'expliquer, y aura-t-il jamais une forme de production communiste, avec une répartition du travail et des tâches telle qu'il ne puisse y avoir place au développement des inégalités, cette source de la domination de l'homme sur l'homme ?

C'est dans la réponse affirmative à cette question que consiste le *socialisme scientifique*, en tant qu'il affirme l'avènement de la production communiste, non pas comme un postulat, ni comme le but d'un libre choix, mais comme le résultat du processus immanent de l'histoire.

Comme on le sait, la prémisse de cette prévision est dans les conditions mêmes de la production capitaliste actuelle. Celle-ci socialise continuellement le mode de production, soumet toujours davantage le travail vivant et réglementé aux conditions objectives de la technique ; il concentre de jour en jour toujours plus la propriété des moyens de production dans les mains de quelques-uns qui, comme actionnaires ou spéculateurs, se trouvent toujours plus éloignés du travail immédiat, dont la direction passe à l'intelligence et à la science. Avec l'augmentation de la conscience de cette situation chez les prolétaires, auxquels l'enseignement de la solidarité vient des conditions mêmes de leur enrégimentement, et avec la décroissance de la capacité des détenteurs du capital à conserver la direction privée du travail productif, un moment viendra où, d'une façon ou d'une autre, avec l'élimination de toute forme de *rente*, d'*intérêt* et de *profit* privés, la production passera à l'association collective, c'est-à-dire sera communiste. Ainsi disparaîtront toutes les inégalités qui engendrent les classes économiques, ou qui sont engendrées par elles, et la disparition des classes fera disparaître la possibilité de l'Etat, comme domination de l'homme sur l'homme. Le gouvernement technique et pédagogique de l'intelligence formera l'unique organisation de la société.

De cette façon, le socialisme scientifique, d'une façon idéale du moins, a triomphé de l'Etat ; et ce triomphe lui a donné une connaissance complète et de son mode d'origine, et des raisons de sa disparition naturelle. Il l'a compris précisément parce qu'il ne s'élève pas contre lui d'une façon unilatérale et subjective, comme le firent, plus d'une fois, à d'autres époques, les cyniques, les stoïciens, les épicuriens de toute sorte, les sectaires religieux, les cénobites visionnaires, les utopistes et finalement, de nos jours, les anarchistes de tout genre. Bien plus, au lieu de s'élever contre lui, le socialisme scientifique s'est proposé de montrer comment l'Etat se soulève continuellement de lui-même contre lui-même, en créant dans les moyens dont il ne peut se passer, par exemple, un système colossal d'impôts, le militarisme, le suffrage universel, le développement de l'instruction, etc., les conditions de sa propre ruine. La société qui l'a produit le réabsorbera : c'est-à-dire que de même que la société, en tant que forme de production, éliminera les antithèses de capital et de travail, de même avec la disparition des prolétaires et des conditions qui rendent possible le prolétariat, disparaîtra toute dépendance de l'homme à l'égard de l'homme sous quelque forme de hiérarchie que ce soit.

Les termes dans lesquels évoluent la genèse et le développement de l'Etat, de son point initial d'apparition dans une communauté déterminée où commence la différenciation économique, jusqu'au moment où sa disparition commence à se dessiner, nous le rendent désormais intelligible.

L'Etat a été réduit à n'être qu'un complément nécessaire de certaines formes économiques déterminées, et ainsi se trouve éliminée pour toujours la théorie qui voulait y voir un facteur autonome de l'histoire.

Il est désormais relativement facile de se rendre compte de la façon dont le *droit* a été élevé au rang de facteur décisif de la société, et partant de l'histoire, directement ou indirectement.

Avant tout, il faut rappeler de quelle façon s'est formée cette conception philosophique du droit généralisé, qui est la base principale de la théorie qui soutient que l'histoire est dominée par le progrès législatif autonome.

Avec la dissolution précoce de la société féodale dans quelques parties de l'Italie centrale et septentrionale, et avec la naissance des Communes, qui furent des Républiques de producteurs groupés en corporations et de corporations de marchands, le droit romain fut remis en honneur. Celui-ci refleurit dans les Universités. Il entra en lutte avec les droits barbares et aussi en partie avec le droit canonique : — il était donc évidemment une forme de la pensée qui répondait mieux aux besoins de la bourgeoisie, qui commençait à se développer.

En fait, devant le particularisme des droits, qui étaient, ou des coutumes de peuples barbares, ou des privilèges de corps, ou des concessions papales ou impériales, ce droit apparaissait comme l'universalité de la *raison écrite*. N'était-il pas arrivé à considérer la personnalité humaine dans ses rapports les plus abstraits et les plus généraux, puisqu'un Titius quelconque est capable de s'obliger et d'obliger, de vendre et d'acheter, de faire une cession, une donation, etc. ? Le droit romain, bien qu'élaboré dans sa rédaction dernière sur l'ordre des empereurs par des juristes serviles, apparaissait donc, au déclin des institutions médiévales, comme une force révolutionnaire, et comme tel il constituait un grand progrès. Ce droit si universel, qu'il donnait les moyens de renverser les droits barbares, était certainement un droit qui correspondait mieux à la nature humaine considérée sous ses rapports génériques ; et par son opposition aux droits particuliers et aux privilèges il apparaissait comme un droit naturel.

On sait, d'ailleurs, comment est née cette idéologie du droit naturel. Elle a acquis son plus grand éclat au xviie et au xviiie siècle ; mais elle a été de longue main préparée par la jurisprudence qui prenait pour base le droit romain, soit qu'elle l'adoptât, soit qu'elle le remaniât ou le corrigeât.

A la formation de l'idéologie du droit naturel concourut un autre élément, la philosophie grecque des époques postérieures. Les Grecs qui furent les inventeurs de ces arts déterminés de la pensée que sont les sciences, ne tirèrent jamais, comme on le sait, de leurs lois locales multiples une discipline qui corresponde à ce que nous appelons la science du droit. Au contraire, par le rapide progrès de la recherche abstraite dans le cercle des démocraties, ils arrivèrent très tôt aux discussions logiques, réthoriciennes, pédagogiques sur la nature du droit, de l'Etat, de la loi, de la pénalité : et dans leur philosophie on trouve les formes rudimentaires de toutes les discussions postérieures. Mais ce n'est que plus tard, c'est-à-dire aux temps de l'Hellénisme, quand les limites de la vie grecque se furent assez élargies pour se confondre avec celles du monde civilisé que, dans le milieu cosmopolite qui portait avec lui le besoin de chercher dans chaque homme l'homme, naquit le rationalisme du droit, ou le droit naturel, dans la forme que lui donna la philosophie stoïque. Le rationalisme grec qui avait fourni déjà quelque élément formel à la codification logique du droit romain, réapparut au XVIIe siècle dans la doctrine du droit naturel.

L'idéologie, dont la critique s'est servi comme d'une arme et d'un instrument pour donner une forme juridique à l'organisation économique de la société moderne, a eu, par conséquent, des sources variées.

En fait, cependant, cette idéologie juridique reflète, dans la lutte pour le droit et contre le droit, la période révolutionnaire de l'esprit bourgeois. Et bien qu'elle prenne d'abord son point de départ doctrinal dans le retour aux traditions de la philosophie antique, et dans la généralisation de la jurisprudence romaine, dans tout le reste et dans tout son développement, elle est complètement nouvelle et moderne. Le droit romain, bien qu'il ait été généralisé par l'école et par l'élaboration moderne, demeure toujours en lui-même un recueil d'espèces qui n'ont pas été déduites selon un système préconçu, ni préordonné par l'esprit systématique du législateur. D'autre part, le rationalisme des Stoïciens, de leurs contemporains et de leurs disciples, fut œuvre de pure contemplation, et il ne produisit pas autour de lui un mouvement révolutionnaire. L'idéologie du droit naturel, qui prit en dernier lieu le nom de philosophie du droit, fut, au contraire, systématique, partit toujours de formules générales ; elle fut batailleuse et polémiste, et, bien plus, elle fut aux prises avec l'orthodoxie, avec l'intolérance, avec les privilèges, avec les corps constitués ; elle combattit, en somme, pour les libertés qui constituent aujourd'hui les conditions formelles de la société moderne.

C'est avec cette idéologie, qui était une méthode de lutte, qu'est née pour la première fois, dans une forme typique et décisive, cette idée qu'il y a un droit qui ne fait qu'un avec la raison. Les droits contre lesquels on combattait apparaissaient comme des déviations, des regrès, des erreurs.

De cette foi dans le droit rationnel naquit la croyance aveugle dans la puissance du législateur, qui est devenue du fanatisme dans les moments critiques de la Révolution Française.

De là la persuasion, que la société tout entière doit être soumise à un seul droit, égal pour tous, systématique, logique, conséquent. De là la conviction, qu'un droit qui garantit à tous l'égalité juridique, c'est-à-dire la faculté de contracter, garantit aussi à tous la liberté.

Le triomphe du véritable droit assure le triomphe de la raison, et la société qui est régie par un droit égal pour tous, c'est la société parfaite !

Il est inutile de dire ce qu'il y avait d'illusions au fond de ces tendances. Nous savons déjà à quoi devait aboutir cette libération universelle de l'homme. Mais ce qui importe ici le plus c'est que ces persuasions partaient d'un concept du droit, qui considérait celui-ci comme détaché des causes sociales qui le produisent. De sorte que la raison, à laquelle ces idéologues en appelaient, se réduisait à débarrasser le travail, l'association, le trafic, le commerce, les formes politiques et la conscience de toutes les limites et de tous les obstacles qui empêchaient la libre concurrence. J'ai déjà montré dans un autre chapitre comment la grande révolution du XVIIIe siècle peut nous servir d'expérience. Et s'il y a aujourd'hui encore des gens qui s'obstinent à parler d'un droit rationnel qui domine l'histoire, d'un droit, en somme, qui serait un *facteur* au lieu d'être un simple *fait* de l'évolution historique, cela veut dire qu'ils vivent hors de notre temps, et qu'ils n'ont pas compris que la codification libérale et égalitaire a déjà marqué en fait la fin et le terme de toute cette école du droit naturel.

Par diverses voies on est arrivé dans ce siècle à réduire le droit, considéré jusque-là comme une chose rationnelle, à une chose de fait, partant à une chose correspondant à des conditions sociales déterminées.

Tout d'abord l'intérêt historique a gagné en étendue et en profondeur, et il a amené les esprits à reconnaître que, pour comprendre les origines du droit, il ne suffisait ni de s'arrêter aux données purement rationnelles, ni à l'unique étude du droit romain. Les droits barbares, les usages et les coutumes des peuples et des sociétés si méprisés par les rationalistes, ont été remis en honneur théoriquement. C'était la seule voie pour arriver, par l'étude des formes les plus anciennes, à comprendre comment les formes les plus récentes avaient pu successivement être produites.

Le droit romain codifié est une forme très moderne ; cette personnalité, qu'il suppose comme sujet universel, est une élaboration d'une époque très avancée, dans laquelle le cosmopolitisme des rapports sociaux était dominé par une constitution burocratico-militaire. Dans ce milieu, où la raison écrite s'était constituée, il n'y avait plus aucune trace de spontanéité, ni de vie populaire, il n'y avait plus de démocratie. Ce même droit, avant d'arriver à cette cristallisation, était né et s'était développé ; et si on l'étudie dans ses origines et dans ses développements, spécialement si l'on fait emploi dans cette étude de la méthode comparative, on reconnaît que, sur un très grand nombre de points, il est analogue aux institutions des sociétés et des peuples inférieurs. Il devenait donc évident que la véritable science du droit ne peut être que l'histoire génétique du droit lui-même.

Mais, tandis que le continent européen avait

créé dans la codification du droit civil le type et le livre de la raison pratique bourgeoise, n'y avait il pas en Angleterre une autre forme autogénétique du droit, qui était née et s'était développée, d'une manière purement pratique, des conditions mêmes de la société qui l'a produite, sans système, et sans que l'action du rationalisme méthodique y ait eu aucune part ?

Le droit, qui existe en fait et qui est appliqué, est donc une chose beaucoup plus simple et beaucoup plus modeste que ne l'avaient imaginé les enthousiastes qui célébrèrent la raison écrite, l'empire de la raison. Pour leur défense, il ne faut pas oublier qu'ils furent les précurseurs idéaux d'une grande révolution. A l'idéologie il fallait substituer l'histoire des institutions juridiques. La philosophie du droit finit avec Hegel ; et si l'on nous objecte les livres publiés depuis, je dirai que les œuvres publiées par les professeurs ne sont pas toujours l'indice du progrès de la pensée. La philosophie du droit est ainsi devenue l'étude philosophique de l'histoire du droit. Et il n'est pas nécessaire de répéter ici encore une fois comment la philosophie historique aboutit au matérialisme économique et dans quel sens le communisme critique est le renversement de Hegel.

Cette révolution, qui semble une révolution

dans les idées seules, n'est que le reflet intellectuel des révolutions qui se sont produites dans la vie pratique.

Dans notre siècle, légiférer est devenu une maladie ; et la raison dominante dans l'idéologie juridique a été détrônée par les parlements. Dans ceux-ci les antithèses des intérêts de classe ont pris la forme de partis ; et les partis luttent pour ou contre des droits déterminés, et tout le droit apparaît comme un simple fait, ou comme une chose qu'il est utile ou qu'il n'est pas utile de faire.

Le prolétariat s'est levé ; et, partout où la lutte ouvrière s'est précisée, les codes bourgeois ont été convaincus de mensonge. La raison écrite s'est montrée impuissante à sauver les salaires des oscillations du marché, à garantir les femmes et les enfants contre les horaires vexatoires des fabriques, et à trouver un expédient pour résoudre le problème du chômage forcé. La limitation partielle des heures de travail, à elle seule, a été le sujet et l'occasion d'une lutte gigantesque. Petite bourgeoisie et haute bourgeoisie, agrariens et industriels, avocats des pauvres et défenseurs de la richesse accumulée, monarchistes et démocrates, socialistes et réactionnaires, se sont acharnés à tirer profit de l'action des pouvoirs publics et à exploiter les contingences de la politique et de l'intrigue parlementaire pour trouver la garantie et la défense de certains intérêts déterminés dans l'interprétation du droit existant, ou dans la création d'un nouveau droit. Cette législation nouvelle a été plusieurs fois remaniée, et l'on a pu constater les oscillations les plus étranges ; on est allé de l'humanitarisme qui défend les pauvres et même les animaux à la promulgation de la loi martiale. On a dépouillé le droit de son masque, et il n'a plus été qu'une chose profane.

Le sentiment de l'expérience nous est venu et nous a donné une formule aussi précise que modeste : toute règle de droit a été et elle est la défense coutumière, autoritaire, ou judiciaire, d'un intérêt déterminé ; la réduction du droit à l'économie se fait alors presque immédiatement.

Si la conception matérialiste est venue finalement fournir à ces tendances une vue explicite et systématique, c'est parce que son orientation a été déterminée par l'angle visuel du prolétariat. Celui-ci est le produit nécessaire et la condition indispensable d'une société dans laquelle toutes les personnes sont, au point de vue abstrait, égales en droit, mais où les conditions matérielles du développement et de la liberté de chacun sont inégales. Les prolétaires sont les forces grâce auxquelles les moyens de production accumulés se reproduisent et se reconstituent dans une nouvelle richesse : mais eux-mêmes ne vivent qu'en s'enrégimentant sous l'autorité du capital ; et du jour au lendemain ils deviennent des sans-travail, des pauvres et des émigrants. Ils sont l'armée du travail social, mais leurs chefs sont leurs maîtres. Ils sont la négation du juste dans le royaume du droit, c'est-à-dire qu'ils sont l'irrationnel dans le prétendu domaine de la raison.

L'histoire n'a donc pas été un processus pour arriver à l'empire de la raison dans le droit ; elle n'a pas été autre chose jusqu'ici que la série des changements dans les formes de la sujétion et de la servitude. L'histoire est donc toute dans la lutte des intérêts, et le droit n'est que l'expression autoritaire des intérêts qui ont triomphé.

Ces formules ne nous permettent certes pas d'expliquer par la vue immédiate des divers intérêts qui sont à sa base chaque droit en particulier apparu dans l'histoire. Les choses historiques sont très compliquées ; mais ces formules générales suffisent à indiquer le style et la méthode de la recherche qui s'est substituée à l'idéologie juridique.

IX

Il me faut ici donner quelques formules.
Etant données les conditions de développe-

ment du travail et des instruments qui lui sont appropriés, la structure économique de la société, c'est-à-dire la forme de la production des moyens immédiats de la vie, détermine sur un terrain artificiel, *en premier lieu et directement*, tout le reste de l'activité pratique des associés, et la variation de cette activité dans le processus que nous appelons histoire, c'est-à-dire : — la formation, les frottements, les luttes et les érosions des classes ; — les rapports régulatifs correspondants du droit et de la morale ; — et les raisons et les modes de subordination et de sujétion des hommes envers les hommes, et l'exercice correspondant de la domination et de l'autorité, en somme, ce qui donne naissance à l'Etat et ce qui le constitue. Elle détermine *en second lieu* la tendance, et en grande partie, *d'une façon indirecte*, les objets de l'imagination et de la pensée dans la production de l'art, de la religion et de la science.

Les produits du *premier* et du *second degré*, par suite des intérêts qu'ils créent, des habitudes qu'ils engendrent, des personnes qu'ils groupent, et dont ils spécifient l'esprit et les inclinations, tendent à se fixer et à s'isoler comme des êtres en soi (autonomes) ; et de là vient cette vue empirique, selon laquelle différents facteurs indépendants, ayant une efficacité propre et un rythme propre de mouvement, concourraient à former le processus historique et les configurations sociales qui en résultent successivement. Ce sont les classes sociales, en tant qu'elles consistent en différenciations d'intérêts, qui se déroulent en modes déterminés et en formes d'opposition (— d'où résultent le frottement, le mouvement, le processus et le progrès —), qui ont été les facteurs — s'il fallait jamais employer cette expression — véritables, propres et positifs de l'histoire, depuis la disparition du communisme primitif jusqu'à aujourd'hui.

Les variations de la structure sous-jacente (économique) de la société, qui, à première vue, se manifestent intuitivement dans les agitations des passions, se développent consciemment dans les luttes contre le droit et pour le droit, et se réalisent dans l'ébranlement et dans la ruine d'une organisation politique déterminée, n'ont, en réalité, leur expression adéquate que dans l'altération des relations qui existent entre les diverses classes sociales. Et ces relations changent avec le changement des rapports qui existaient auparavant entre la productivité du travail et les conditions (juridico-politiques) de coordination de ceux qui coopèrent à la production.

Et, finalement, ces rapports entre la productivité du travail et la coordination de ceux qui y coopèrent s'altèrent avec le changement des instruments — dans le sens large du mot — nécessaires à la production. Le processus et le progrès de la technique, de même qu'ils sont l'indice, sont aussi la condition de tous les autres processus et de tout progrès.

La société est pour nous un fait, que nous ne pouvons résoudre, sinon par cette analyse qui réduit les formes complexes aux formes plus simples, les formes modernes aux formes plus anciennes : mais c'est là rester toujours, cependant, dans une société qui existe. L'histoire n'est que l'histoire de la société — c'est-à-dire, l'histoire des variations de la coopération humaine, depuis la horde primitive jusqu'à l'Etat moderne, depuis la lutte immédiate contre la nature, au moyen de quelques instruments très élémentaires, jusqu'à la structure économique actuelle, qui se réduit à ces deux pôles : le travail accumulé (capital), et le travail vivant (les prolétaires). Résoudre le *complexus* social en de simples individus, et le recomposer ensuite par des actes de pensée, libres et voulus ; construire, en somme, la société avec des raisonnements, c'est méconnaître la nature objective et l'immanence du processus historique.

Les révolutions, au sens le plus large du mot, et dans le sens spécifique de destruction d'une organisation politique, marquent les dates véritables et propres des époques historiques. Vues de loin, dans leurs éléments, dans leur préparation et dans leurs effets à longue échéance, elles peuvent nous apparaître comme les moments d'une évolution constante, à variations *minima* ; mais considérées en elles-mêmes, elles sont des catastrophes définies et précises, et ce n'est qu'en tant que catastrophes qu'elles sont des événements historiques.

X

La morale, l'art, la religion, la science, ne sont donc que des produits des conditions économiques ? — des exposants des catégories de ces conditions mêmes ? — des effluves, des ornements, des irradiations et des mirages des intérêts matériels ?

Des affirmations de cette sorte, énoncées avec cette *nudité* et cette *crudité*, vont depuis quelque temps déjà de bouche en bouche, et elles sont une aide commode aux adversaires du matérialisme qui s'en servent comme d'un épouvantail. Les paresseux, dont le nombre est grand même parmi les intellectuels, s'accommodent volontiers de cette acceptation grossière de pareilles déclarations. Quelle fête et quelle joie pour tous les nonchalants ; posséder, une bonne fois, résumé dans un petit nombre de propositions, tout le savoir, et pouvoir avec une seule et unique clef pénétrer tous les secrets de la vie ! Tous les problèmes de l'éthique, de l'esthétique, de la philologie, de la critique historique et de la philosophie réduits à un unique problème, et se débarasser ainsi de toutes les difficultés ! De cette façon les niais pourraient réduire toute l'histoire à l'arithmétique commerciale ; et finalement une nouvelle interprétation authentique de Dante pourrait nous donner la *Divina Commedia* illustrée avec les factures des pièces de drap que les rusés marchands florentins vendaient pour leur plus grand profit !

La vérité est que les énoncés, qui impliquent des problèmes, se convertissent très facilement en vulgaires paradoxes dans la tête de ceux qui ne sont pas accoutumés à triompher des difficultés de la pensée par l'emploi méthodique des moyens appropriés. Je parlerai ici, en termes généraux de ces problèmes, mais comme par aphorismes : et véritablement je ne me propose pas d'écrire une encyclopédie dans ce court Essai.

Et tout d'abord, la *morale*.

Je n'entends point les *systèmes* et les *catéchismes*, religieux ou philosophiques. Les uns et les autres ont été et sont au-dessus du cours ordinaire et profane des choses humaines dans la plupart des cas, comme les *utopies* sont au-dessus des choses. Je ne parle pas non plus de ces analyses formelles des rapports éthiques, que l'on a raffinées depuis les Sophistes jusqu'à Herbart. C'est là de la science et non de la vie. Et c'est de la *science formelle*, comme la logique, la géométrie et la grammaire. Celui qui a, le dernier et avec tant de profondeur, défini ces rapports éthiques, Herbart, savait bien que les *idées*, c'est-à-dire les points de vue formels du jugement moral, sont en soi impuissants. Aussi, a-t-il mis dans les circonstances de la vie et dans la formation pédagogique du caractère la réalité de l'éthique. On aurait pu le prendre pour Owen, si ce n'avait été un rétrograde.

Je parle de cette morale qui existe prosaïquement et d'une façon empirique et courante, dans les inclinations, dans les habitudes, les coutumes, les conseils, les jugements et les appréciations du commun des mortels. Je parle de cette morale qui, comme suggestion, comme impulsion, et comme frein, arrive à des degrés différents de développement, et avec plus ou moins d'évidence, mais par fragments, chez tous les hommes ; par le fait même de l'association, et parce qu'ils occupent chacun une position déterminée dans l'association, ils réfléchissent naturellement et nécessairement sur leurs œuvres propres et sur les œuvres d'autrui, et ils conçoivent des attentes et des appréciations, et les tout premiers éléments des maximes générales.

C'est là le *factum ;* et ce qui importe le plus

c'est que ce *factum* se présente à nous varié et multiple dans les diverses conditions de la vie, et variable à travers l'histoire. Ce *factum* est le donné de la recherche. Les faits ne sont ni vrais ni faux, comme le savait déjà Aristote. Les systèmes, au contraire, théologiques ou rationalistes, peuvent être vrais ou faux, parce qu'ils se proposent de comprendre, d'expliquer et de compléter le fait, en ramenant ce fait à un autre fait, ou en l'intégrant avec un autre.

Quelques points de théorie préjudicielle sont dès aujourd'hui fixés, en ce qui concerne l'interprétation de ce *factum*.

Le vouloir ne se veut pas lui-même de lui-même, comme l'avaient cru les inventeurs du *libre arbitre*, ce produit de l'impuissance d'une analyse psychologique non encore arrivée à maturité. Les volitions, en tant que faits de conscience, sont des expressions particulières du mécanisme psychique ; elles sont un résultat, d'abord des besoins, et puis, de tout ce qui les précède jusqu'à la très élémentaire motilité organique.

La morale ne se pose ni ne s'engendre elle-même. Il n'y a pas comme fondement universel des rapports éthiques, variés et variables, cette entité spirituelle qu'on a appelée la *conscience morale*, une et unique pour tous les hommes. Cette entité abstraite a été éliminée par la critique comme toutes les autres entités semblables, c'est-à-dire comme toutes les facultés de l'âme. Quelle belle explication du fait, en vérité, que de supposer la généralisation du fait lui-même comme moyen d'explication. On raisonnait ainsi : les sensations, les perceptions, les intuitions, à un certain moment, se trouvent imaginées, c'est-à-dire déformées, donc l'*imagination* les a transformées. C'est à ce genre d'invention qu'appartient la *conscience morale*, qui fut acceptée comme un postulat des évaluations éthiques toujours conditionnées. La conscience morale, qui existe réellement, est un fait empirique ; c'est un indice ou un résumé de la formation éthique relative de chaque individu. S'il peut y avoir là matière à science, celle-ci ne peut pas expliquer les relations éthiques au moyen de la conscience, mais elle doit précisément comprendre comment cette conscience se forme.

Si les vouloirs dérivent, et si la morale résulte des conditions de la vie, l'éthique, dans son ensemble, n'est qu'une formation ; son problème est tout pédagogique.

Il y a une pédagogie que j'appellerai individualiste et subjective, qui, étant données les conditions génériques de la perfectibilité humaine, construit des règles abstraites au moyen desquelles les hommes, qui sont encore dans la période de formation, seraient amenés à être forts, courageux, véridiques, justes, bienveillants, et ainsi de suite pour toute l'étendue des vertus cardinales ou secondaires. Mais la pédagogie subjective peut-elle construire d'elle-même le terrain social sur lequel toutes ces belles choses devront se réaliser ? Si elle le construit, elle n'a élaboré qu'une utopie.

Et en vérité, le genre humain, dans le cours rigide de son devenir, n'eut jamais le temps ni l'occasion d'aller à l'école de Platon ou d'Owen, de Pestalozzi ou de Herbart. Il a fait comme il a été forcé de faire. Considérés d'une manière abstraite, les hommes peuvent tous être éduqués et sont tous perfectibles ; en fait, ils se sont perfectionnés et élevés toujours autant et dans la mesure où ils le pouvaient, étant données les conditions de vie dans lesquelles ils devaient se développer. C'est ici, précisément, que le mot milieu n'est pas une métaphore, et que l'emploi du mot accommodation n'est pas métaphorique. La morale réelle se présente toujours à nous comme quelque chose de conditionné et de limité, que l'imagination a cherché à dépasser, en construisant des utopies, et en créant un pédagogue surnaturel, ou une rédemption miraculeuse.

Pourquoi l'esclave aurait-il dû avoir les manières de voir et les passions et les sentiments du maître qu'il redoutait ? Comment le paysan se débarrasserait-il de ses invincibles superstitions, auxquelles le condamne la dépendance immédiate de la nature et la dépendance médiate d'un mécanisme social qui lui est inconnu, et la foi aveugle dans le prêtre, qui tient lieu pour lui du magicien et du sorcier ? De quelle façon le prolétaire moderne des grandes cités industrielles, exposé d'une manière continue aux alternatives de la misère et de la sujétion, pourrait-il acquérir la façon de vivre, ordonnée et monotone, qui fut le propre des membres des corporations de métiers, dont l'existence semblait encadrée dans un plan providentiel ? De quels éléments intuitifs d'expérience ce marchand de cochons de Chicago, qui fournit à l'Europe tant de produits à bon marché, pourrait-il tirer les conditions de sérénité et d'élévation intellectuelle, qui donnaient à l'Athénien les qualités de l'homme *beau et bon* et au *civis romanus* la dignité de l'héroïsme ? Quelle puissance de dociles persuasions chrétiennes arrachera de l'âme des prolétaires modernes les raisons naturelles de haine contre leurs oppresseurs déterminés ou indéterminés ? S'ils veulent que la justice soit et se fasse, il leur faut en appeler à la violence ; et pour que l'amour du prochain, comme loi universelle, leur paraisse possible, ils doivent imaginer une vie très différente de la vie présente, qui fait de la haine une nécessité. Dans cette société des différenciations, la haine, l'orgueil, l'hypocrisie, le mensonge, la lâcheté, l'injustice, et tout le catéchisme des vices cardinaux et leurs accessoires, font un triste pendant à la morale égale pour tous, dont elles constituent la satire.

L'éthique se réduit donc pour nous à l'étude historique des conditions subjectives et objectives du comment la morale se développe ou rencontre des obstacles à son développement. En cela seulement, c'est-à-dire dans ces limites, nous pouvons reconnaître quelque valeur à cette affirmation que la morale correspond aux situations sociales, et, en *dernière analyse*, aux conditions économiques. Un crétin seulement a pu croire que la morale individuelle de chacun est proportionnelle à sa situation économique individuelle. Cela est non seulement empiriquement faux, mais intrinsèquement irrationnel. Etant donnée l'élasticité naturelle du mécanisme psychique, et aussi ce fait que personne ne vit tellement enfermé dans sa propre classe qu'il ne subisse l'influence des autres classes, du milieu commun et des traditions qui s'entrecroisent, il n'est jamais possible de réduire le développement de chaque individu au type abstrait et générique de la classe ou de l'état social. Il s'agit là de phénomènes de masse, de ces phénomènes qui forment, ou devraient former, l'objet de la *statistique morale* : discipline restée jusqu'ici incomplète, parce qu'elle a pris pour objet de ses combinaisons des groupes qu'elle crée elle-même par l'addition des nombres de cas (par exemple les adultères, les vols, les homicides), et non les groupes qui, comme classes, conditions ou situations, existent réellement, c'est-à-dire socialement.

Recommander aux hommes la morale, en supposant ou en ignorant ses conditions, ce fut jusqu'ici l'objet et le genre de l'argumentation de tous les catéchistes. Reconnaître que ces conditions sont données par le milieu social environnant, c'est là ce que les communistes opposent à l'utopie et à l'hypocrisie des prédicateurs de la morale. Et en tant qu'ils voient dans la morale, non pas un privilège de prédestinés, ni un don de la nature, mais un résultat de l'expérience et de l'éducation, ils admettent la perfectibilité humaine par des raisons et des arguments qui sont, à mon avis, plus moraux et plus idéaux que ceux qui ont été donnés par les idéologues.

En d'autres termes, l'homme se développe, ou se produit lui-même, non comme une entité génériquement pourvue de certains attributs, qui se répètent ou se développent selon un rythme rationnel, mais il se produit et se développe lui-même à la fois comme cause et effet, comme auteur et conséquence de conditions déterminées, dans lesquelles s'engendrent aussi des courants déterminés d'idées, d'opinions, de croyances, d'imaginations, d'attentes, de maximes. De là naissent les idéologies de toute sorte, comme aussi la généralisation de la morale en catéchismes, en canons et en systèmes. Il ne faut pas s'étonner si ces idéologies, une fois nées, sont ensuite cultivées à part par voie d'abstraction, et qu'à la fin elles apparaissent comme détachées du terrain vivant sur lequel elles ont pris naissance, et comme si elles se tenaient au-dessus des hommes comme des impératifs et des modèles. Les prêtres et les doctrinaires de toute sorte se sont livrés pendant des siècles à ce travail d'abstraction, et se sont efforcés de maintenir les illusions qui en résultent. Maintenant qu'on a trouvé les sources positives de toutes les idéologies dans le mécanisme de la vie elle-même, il s'agit d'expliquer réalistiquement leur mode de génération. Et comme cela est vrai de toutes les idéologies, cela est vrai aussi, en particulier, de celles qui consistent à projeter au dehors de leurs limites naturelles et directes les évaluations éthiques, pour en faire des anticipations de commandements divins ou des présuppositions de suggestions universelles de la conscience.

C'est là l'objet des problèmes historiques spéciaux. On ne trouve pas toujours le lien qui lie certaines idéations éthiques à des conditions pratiques déterminées. La psychologie sociale concrète des temps passés nous demeure souvent impénétrable. Souvent les choses les plus communes restent pour nous inintelligibles, par exemple les animaux considérés comme immondes, ou l'origine de la répugnance au mariage entre personnes à de lointains degrés de parenté. Une marche prudente nous amène à conclure que les motifs de beaucoup de détails resteront toujours cachés. Ignorance, superstition, illusions singulières, symbolismes, voilà, avec beaucoup d'autres, les causes de cet inconscient qui se trouve souvent dans les coutumes, qui constitue pour nous maintenant l'inconnu et le non connaissable.

La cause principale de toutes les difficultés est précisément dans l'apparition tardive de ce que nous appelons la raison, de sorte que les traces des motifs les plus proches des idéations ont été perdues, ou sont demeurées enveloppées dans les idéations elles-mêmes.

Sur la science nous pouvons être beaucoup plus bref.

Pendant longtemps on en a fait l'histoire d'une façon naïve. Etant donné et admis que les différentes sciences ont leur *compendium* dans les manuels et dans les encyclopédies, il semblait qu'il suffisait de retrouver chronologiquement l'apparition des différentes formules, en résolvant l'ensemble du résumé systématique dans les éléments qui ont successivement servi à le composer. La présupposition générale était tout aussi simple : au fond de cette chronologie il y a la raison qui se développe et progresse.

Cette méthode, si on peut l'appeler ainsi, avait en soi un certain inconvénient : elle permettait tout au plus de comprendre comment un état de la science étant donné, un autre état de la science pouvait en dériver par raisonnement, mais elle ne permettait pas d'entrevoir par quelles conditions de fait les hommes furent poussés à découvrir pour la première fois la science, c'est-à-dire à réduire dans une forme déterminée et nouvelle l'expérience méditée. Il s'agissait, en somme, de trouver pourquoi il y a une histoire effective de la science, l'origine du besoin scientifique, ce qui lie d'une façon génétique ce besoin aux autres besoins dans la continuité du processus social.

Les grands progrès de la technique moderne, qui constitue véritablement la substance intellectuelle de l'époque bourgeoise, ont fait, entre autres miracles, aussi celui-ci, de nous révéler pour la première fois l'origine pratique de la *tentative scientifique*. (Inoubliable Académie florentine, qui prit son nom de la *tentative*, quand l'Italie était au crépuscule de sa grandeur passée, et que la société moderne était à l'aurore de la grande industrie). Et désormais nous sommes en mesure de retrouver le fil conducteur de ce que, par abstraction, on appelle l'esprit scientifique : et personne ne s'étonne plus, que tout, dans les découvertes scientifiques, se soit fait comme dans les temps très primitifs, quand la grossière géométrie élémentaire des Égyptiens tira son origine du besoin de mesurer les champs exposés aux inondations annuelles du Nil, et que la périodicité de ces inondations suggéra, en Égypte et dans la Babylonie, la découverte des rudiments des mouvements astronomiques.

Il est certainement vrai que la science une fois créée et mûrie en partie, comme déjà cela arriva dans la période hellénistique, le travail d'abstraction, de déduction et de combinaison se continue parmi les savants d'une façon telle, qu'il oblitère visiblement la conscience des causes sociales de la production première de la science elle-même. Mais si nous regardons à grands traits les époques du développement de la science, et si nous confrontons les périodes que les idéologues qualifieraient de progrès et de regrès de l'intelligence, nous apercevons clairement la raison sociale des impulsions, tantôt croissantes, tantôt décroissantes, de l'activité scientifique. Quel besoin avait la société féodale de l'Europe occidentale de ces sciences antiques, que les Byzantins conservaient au moins matériellement, tandis que les Arabes, agriculteurs libres, artisans industrieux, ou commerçants habiles étaient portés à les accroître un peu? Qu'est-ce que la Renaissance, sinon le rattachement du mouvement initial de la bourgeoisie à la tradition du savoir antique, redevenu utilisable ? Qu'est-ce que tout le mouvement accéléré du savoir scientifique, depuis le dix-septième siècle, sinon la série des actes accomplis par l'intelligence affinée par l'expérience pour assurer au travail humain, dans les formes d'une technique raffinée, la domination sur les conditions et les forces naturelles ? De là, la guerre à l'obscurantisme, à la superstition, à l'église, à la religion ; de là, le naturalisme, l'athéisme, le matérialisme ; de là, l'instauration du domaine de la raison. L'époque bourgeoise, c'est l'*époque des esprits déployés* (Vico). Il est bon de rappeler que ce gouvernement du Directoire, qui fut le prototype et le *compendium* de toute la corruption libérale, fut le premier qui introduisit dans l'Université et à l'Académie d'une façon formelle et solennellement la science de la libre recherche, avec Lamark ! Cette science, que l'époque bourgeoise a, par ses conditions mêmes, stimulée et fait grandir d'une façon géante, est le seul héritage des siècles passés, que le communisme accepte et adopte sans réserve.

Il ne serait pas utile de nous arrêter ici à discuter la soi-disant antithèse de la science et de la *philosophie*. Si l'on fait exception de ces façons de philosopher qui se confondent avec la mystique et la théologie, *philosophie* ne veut jamais dire science ou doctrine séparée des choses propres et particulières, mais elle est simplement un degré, une forme, un stade de la pensée par rapport aux choses qui entrent dans le domaine de l'expérience. La philosophie est donc, ou une anticipation générique des problèmes que la science doit encore élaborer spécifiquement, ou un résumé et une élaboration conceptuelle des résultats auxquels les sciences sont déjà arrivées. Quant à ceux qui, pour ne pas paraître des rétrogrades, parlent maintenant de *philosophie scientifique* comme d'une chose à part, si on ne veut point s'arrêter à ce qu'il y a d'humoristique dans cette expression, il faut dire que ce sont simplement des fats.

J'ai dit plus haut, dans l'énoncé des formules, que la structure économique détermine en *second lieu* la direction, et *en bonne partie* et *indirectement* les objets de l'imagination et de la pensée dans la production de l'*art*, de la *religion* et de la *science*. S'exprimer autrement ou aller au delà, ce serait se mettre volontairement sur le chemin de l'absurde.

Avant tout, par cette formule on combat l'opinion fantastique, que l'*art*, la *religion*, et la *science* sont des développements subjectifs et des développements historiques d'un prétendu esprit artistique, religieux ou scientifique, qui irait se manifestant successivement par un rythme propre d'évolution, favorisé ou retardé par ci par là par les conditions matérielles. Par cette formule on veut affirmer, de plus, la connexion nécessaire, par laquelle tout fait de l'*art*, de la *religion* est l'exposant sentimental, fantastique et partant dérivé de conditions sociales déterminées. Si je dis en *second lieu*, c'est pour distinguer ces produits des faits d'ordre juridico-politique, qui sont une objectivation véritable et propre des rapports économiques. Et si je dis *en bonne partie et indirectement des objets* de ces activités, c'est pour indiquer deux choses : que dans la production artistique ou religieuse la médiation des conditions aux produits est très compliquée. et puis que les hommes, tout en vivant en société, ne cessent pas par cela seul de vivre même dans la nature, et de recevoir de celle-ci occasion et matière pour leur curiosité et leur imagination.

Après tout, tout cela se réduit à une formule plus générale : l'homme ne fait pas plusieurs histoires en même temps, mais toutes ces prétendues histoires différentes (art, religion, etc.) en font une seule. Et on ne peut se rendre compte de cela d'une façon claire que dans les moments caractéristiques et significatifs de la production de nouvelles choses, c'est-à-dire dans les périodes que j'appellerai révolutionnaires. Plus tard, l'acceptation des choses produites et la répétition traditionnelle d'un type déterminé oblitèrent le sens des origines.

Que l'on s'essaye à détacher l'idéologie des *fables*, qui sont au fond des poèmes homériques, de ce moment de l'évolution historique où pointe l'aurore de la civilisation aryenne dans le bassin de la Méditerranée, c'est-à-dire de cette phase de la barbarie supérieure, dans laquelle naît, en Grèce et ailleurs, l'*epos*. Que d'autres imaginent la naissance et le développement du christianisme ailleurs que dans le cosmopolitisme romain, et autrement que par l'œuvre de ces prolétaires, de ces esclaves, de ces malheureux, de ces désespérés, qui avaient besoin de la rédemption de l'apocalypse et de la promesse du royaume de Dieu. Trouve qui veut le moyen de supposer qu'au beau milieu de la Renaissance commence à apparaître le romantisme, qui apparaît à peine dans le décadent Torquato Tasso ; ou qu'on attribue à Richardson ou à Diderot les romans de Balzac chez lequel apparaît, comme contemporain de la première génération du socialisme et de la sociologie, la *psychologie des classes*. Là-bas, plus loin, plus loin, aux origines premières des idéations mythiques, il est évident que Zeus ne prit pas les caractères de père des hommes et des dieux, sinon quand la *patria potestas* était déjà établie, et commençait cette série de processus qui aboutissent à l'Etat. Zeus cessa ainsi d'être ce qu'il était d'abord, c'est-à-dire le simple *divus* (c'est-à-dire brillant), ou le tonnant. Et voici qu'à un point opposé de l'évolution historique, un grand nombre de penseurs du siècle passé réduisent à un unique *dieu abstrait*, qui est un simple régent du monde, toute l'image bariolée de l'inconnu et du transcendental, qui s'était développé dans un si grand luxe de créations mythologiques, chrétiennes ou payennes. L'homme se sentait davantage chez lui dans la nature, grâce à l'expérience, et il se sentait plus apte à pénétrer l'engrenage de la société, dont il possédait en partie la science. Le miraculeux s'atténuait dans son esprit, au point que le matérialisme et le criticisme ont pu ensuite éliminer ce pauvre résidu de transcendance, sans entreprendre la guerre contre les dieux.

Il y a, certes, une histoire des idées ; mais celle-ci ne consiste pas dans le cercle vicieux des idées qui s'expliquent elles mêmes Il s'agit de remonter des choses à l'idée. C'est là un problème : bien plus, il y a là une multitude de problèmes, tant sont variées, multiples, multiformes et emmêlées les projections que les hommes ont faites d'eux-mêmes et de leurs conditions économico-sociales et partant de leurs espérances et de leurs craintes, de leurs espoirs et de leurs déceptions, dans les idéations artistiques et religieuses. La méthode est trouvée, mais l'application particulière n'est pas facile. Il faut surtout se garder de la tentation scolastique de déduire les produits de l'activité historique qui se déploient dans l'art et dans la religion. Il faut espérer que les philosophes à la Krug, qui déduisaient dialectiquement la plume avec laquelle ils écrivaient, sont demeurés pour toujours ensevelis dans les notes de la logique de Hegel.

Il me faut ici préciser quelques difficultés.

Pour essayer de réduire des produits secondaires (par exemple l'art et la religion) aux conditions sociales qu'ils idéalisent, il faut se faire une longue habitude de la psychologie sociale spécifiée dans laquelle la transformation s'est réalisée. C'est en cela que consiste la raison d'être de cet ensemble de relations, que l'on désigne, dans une autre forme de langage, sous le nom de *monde* égyptien, *conscience* grecque, *esprit* de la Renaissance, *idées dominantes*, *psychologie des peuples*, de la société ou des classes. Lorsque ces rapports se sont constitués, et que les hommes se sont accoutumés à certaines idéations et à certains modes de croyance ou d'imagination, les idéologies transmises par la tradition tendent à se cristalliser. Aussi apparaissent-elles comme une force qui résiste aux nouvelles formations ; et, comme cette résistance se manifeste par la parole, par l'écrit, par l'intolérance, par la polémique, par la persécution, de même la lutte entre les nouvelles et les vieilles conditions sociales prend la forme d'une lutte entre, contre et pour les idées.

En second lieu, à travers les siècles de l'histoire proprement dite, et comme une suite de l'hérédité de la préhistoire sauvage et des conditions de sujétion et partant d'infériorité dans lesquelles la plupart des hommes furent et sont tenus, il s'est produit un acquiescement à ce qui est traditionnel, et les anciennes tendances se perpétuent comme des survivances obstinées.

En troisième lieu, comme je l'ai dit, les hommes, tout en vivant socialement, ne cessent pas de vivre aussi dans la nature. Ils ne sont pas, sans doute, liés à la nature comme les animaux, parce qu'ils vivent sur un terrain artificiel. Chacun comprend, d'ailleurs, qu'une maison n'est pas une grotte, que l'agriculture n'est pas le pâturage naturel, et que la pharmacie n'est pas l'exorcisme. Mais la nature est toujours le sous-sol immédiat du terrain artificiel, et elle est le milieu qui nous contient. La technique a mis entre nous, les animaux sociaux, et la nature, des intermédiaires qui modifient, écartent ou éloignent les influences naturelles ; mais elle n'a pas pour cela détruit leur efficacité, et nous en ressentons continuellement les effets. Et de même que nous naissons garçon ou fille, que nous mourons presque toujours malgré nous, et que nous sommes dominés par l'instinct de la génération, de même, nous portons aussi dans notre tempérament des conditions spécifiques que l'éducation dans le sens large du mot, ou l'accommodation sociale peuvent modifier, il est vrai, dans certaines limites, mais qu'elles ne peuvent jamais supprimer. Ces conditions de tempérament, répétées à d'infinis exemplaires, à travers les siècles, constituent ce qu'on appelle la race. Pour toutes ces raisons, notre dépendance de la nature, bien qu'elle ait diminué depuis les temps préhistoriques, se continue dans notre vie sociale, de même que l'aliment que le spectacle de la nature donne à la curiosité et à l'imagination se continue aussi dans notre vie sociale. Or, ces effets de la nature et les sentiments immédiats ou médiats qui en résultent, bien qu'ils n'aient été aperçus, depuis qu'il y a une histoire, qu'à travers l'angle visuel qui nous est donné par les conditions de la société, ne manquent jamais de se refléter dans les produits de l'art et de la religion, et cela ajoute aux difficultés d'interprétation réaliste et complète de l'une et de l'autre.

XI

En nous servant de cette doctrine, comme d'un nouveau principe de recherche, comme d'un moyen précis d'orientation, et comme d'un angle visuel déterminé, pourra-t-on vraiment, finalement, arriver à une nouvelle histoire narrative ?

On ne peut pas ne pas faire une réponse affirmative, en général, à cette demande générique. Parce que, en effet, si l'on suppose que le communiste critique, le sociologue du matérialisme économique, ou, comme on l'appelle vulgairement, le *marxiste*, a la préparation critique nécessaire, l'habitude du travail historique, et aussi les dons que nécessite une narration ordonnée et vivante, il n'y a pas de raison pour affirmer qu'il ne peut écrire l'histoire, comme l'ont écrite jusqu'ici les partisans de toutes les autres écoles politiques.

Nous avons l'exemple de Marx, et c'est là un argument de fait qui n'admet pas de réplique. Lui, qui fut le premier et le principal auteur des concepts décisifs de cette doctrine, la réduisit bientôt en instrument d'orientation politique, en sa qualité d'incomparable publiciste, pendant la période révolutionnaire de 1848-1850. Et puis il l'appliqua, avec la plus grande précision, dans cet essai intitulé *le 18 Brumaire de Louis Bonaparte*, dont on peut dire aujourd'hui, à si grande distance et après tant de publications, si l'on néglige quelques détails infimes et quelques prévisions fausses, qu'il ne serait pas possible d'y faire ni corrections, ni compléments importants. Je ne répéterai pas, n'écrivant pas une bibliographie, la liste des différents écrits de Marx ou d'Engels, — dont nous avons tant d'essais depuis *la Guerre des paysans* (1850) jusqu'à son écrit posthume *Sur les origines de l'Unité actuelle de l'Allemagne* —, qui sont une application de la doctrine, ni ceux de leurs continuateurs et des vulgarisateurs du socialisme scientifique. Même dans la presse socialiste on peut lire, de temps à autre, de précieux essais d'explication des événements politiques actuels, dans lesquels on trouve, précisément à cause du matérialisme historique, une clairvoyance et une perspicacité que l'on chercherait en vain chez les écrivains et les polémistes qui n'ont pas encore déchiré les voiles fantastiques et les enveloppes idéologiques de l'histoire.

Ce n'est pas ici le lieu de prendre la défense d'une thèse abstraite, comme le ferait un avocat. Il est évident, pourtant, que comme dans toutes les histoires, qui ont été écrites jusqu'à aujourd'hui, il y a toujours au fond, sinon dans les intentions explicites des écrivains, certainement dans leur esprit, une tendance, un principe, une vue générale de la vie ; de même cette doctrine, qui a permis définitivement d'étudier d'une manière objective la structure sociale, doit finalement diriger avec précision la recherche historique, et elle doit aboutir à une narration pleine, transparente et intégrale.

Les aides ne manquent pas.

L'*Economie*, qui, comme tout le monde le voit aujourd'hui, est née et s'est développée comme la science de la production bourgeoise, après s'être enorgueillie de l'illusion de représenter les lois absolues de toutes les formes de la production, par suite de la dure leçon des choses, est entrée depuis, comme tout le monde le sait, dans une période d'autocritique. De même que cette autocritique a donné naissance, d'un côté, au communisme critique, de même, d'un autre côté, elle a donné naissance, par l'œuvre des plus tièdes, des plus sages et des plus prudents de la tradition universitaire à *l'école historique des phénomènes économiques*. Grâce à cette école, et par l'effet de l'application des méthodes descriptives et comparatives, nous sommes désormais en possession d'un très vaste ensemble de connaissances sur les différentes formes historiques de l'*économie*, depuis les faits les plus complexes et les mieux spécifiés par des différences essentielles de types jusqu'au domaine particulier d'un cloître ou d'une corporation d'artisans du moyen âge. C'est ce qui est arrivé aussi avec la *Statistique* qui, par la combinaison indéfinie des sources, réussit maintenant à faire la lumière, avec une approximation suffisante, sur le mouvement de la population dans les siècles passés.

Ces études, certes, ne se font pas dans l'intérêt de notre doctrine, et même le plus souvent elles sont faites dans un esprit hostile au socialisme ; c'est ce que ne remarquent pas d'ailleurs ces sots lecteurs de papier imprimé, qui confondent si souvent l'*histoire économique*, l'*économie historique* et le *matérialisme historique*. Mais ces études, en dehors des matériaux qu'elles recueillent, sont remarquables en tant qu'elles documentent le progrès qu'est en train de faire l'*histoire interne*, qui, petit à petit, se substitue à l'*histoire externe*, dont se sont occupé, pendant des siècles, les littérateurs et les artistes.

Une bonne partie de ces matériaux recueillis doit toujours être soumise à de nouvelles corrections, comme cela arrive du reste dans tout le domaine des connaissances empiriques, qui oscillent continuellement entre ce que l'on tient pour certain et ce qui est simplement probable, et ce qui doit être plus tard intégré ou éliminé. Les déductions et les combinaisons des historiens de l'économie, ou de ceux qui racontent l'histoire en général en se servant du fil conducteur des phénomènes économiques, ne sont pas toujours si plausibles et si concluantes, que l'on n'éprouve pas le besoin de dire : il faut ici tout remettre sur le chantier. Mais ce qui est indubitable c'est le fait que, présentement, toute l'historiographie tend à devenir une science, ou mieux, une discipline sociale ; et quand ce mouvement, maintenant incertain et multiforme,

15

sera accompli, les efforts des érudits et des chercheurs aboutiront inévitablement à l'acceptation du matérialisme économique. Par cette incidence d'efforts et de travaux scientifiques, qui partent de points si opposés, la conception matérialiste de toute l'histoire finira par pénétrer les esprits comme une conquête définitive de la pensée ; ce qui enlèvera, enfin, aux partisans et aux adversaires la tentation de parler *pro* et *contra*, comme on le fait pour des thèses de parti.

En dehors des aides directes énumérées ci-dessus, notre doctrine en a beaucoup d'indirectes, de même qu'elle peut utilement se servir des résultats de beaucoup de disciplines, dans lesquelles, par suite de la simplicité plus grande des rapports, on a pu plus facilement faire application de la méthode génétique. Le cas typique est fourni par la glottologie, et d'une façon plus spéciale par celle qui a pour objet les langues aryennes.

L'application du matérialisme historique est, certes, jusqu'ici, très éloignée de cette évidence et de cette perspicacité de processus d'analyse et de reconstruction. Ce serait, par suite, une tentative vaine que d'essayer, en ce moment, d'écrire un résumé de l'histoire universelle, qui se proposerait de développer toutes les formes variées de la production, pour en inférer ensuite tout le reste de l'activité humaine, d'une façon particulière et circonstanciée. Dans l'état actuel des études, celui qui essayerait de donner ce *compendium* d'une nouvelle *Kulturgeschichte* ne ferait que traduire en phraséologie économique les points d'orientation générale, qui, dans d'autres livres, par exemple chez Hellwald, le sont en phraséologie darwinienne.

Il y a loin de l'acceptation d'un principe à son application complète et particularisée à toute une vaste province de faits, ou à un grand enchaînement de phénomènes.

Aussi l'application de notre doctrine doit-elle s'en tenir, pour le moment, à l'exposition et à l'étude de parties déterminées de l'histoire. Les formations modernes sont claires entre toutes. Les développements économiques de la bourgeoisie, la connaissance manifeste des différents obstacles qu'elle a eu à vaincre dans les différents pays, et, par conséquent, le développement des différentes révolutions, en entendant ce mot dans le sens le plus large, concourent à nous en rendre l'intelligence facile. A nos yeux, la préhistoire de la bourgeoisie, au moment du déclin du moyen âge, est tout aussi claire, et il ne serait pas difficile de trouver, par exemple dans le développement de la ville de Florence, une série documentée de développements, dans lesquels le mouvement économique et statistique trouve un correspondant parfait dans les rapports politiques et une illustration suffisante dans le développement contemporain de l'intelligence déjà réduite en prose et dépouillée, en grande partie, des illusions idéologiques. Il ne serait pas non plus impossible de réduire, maintenant, sous l'angle visuel déterminé du matérialisme toute l'histoire romaine ancienne. Mais il n'y a pas pour celle-ci, et particulièrement pour la période primitive, de sources directes ; elles sont, par contre, abondantes en Grèce, depuis la tradition populaire, l'*epos*, et les inscriptions juridiques authentiques, jusqu'aux études pragmatiques des rapports historicaux-sociaux. A Rome, d'autre part, les luttes pour les droits politiques portent en elles presque toujours les raisons économiques sur lesquelles elles reposent ; aussi le dépérissement de classes déterminées, la formation de classes nouvelles, le mouvement de la conquête, le changement des lois et des formes de l'appareil politique, nous apparaissent-ils avec une clarté parfaite. Cette histoire romaine est dure et prosaïque ; elle ne se revêt jamais de ces compléments idéologiques qui furent propres à la vie grecque. La prose rigide de la conquête, de la colonisation méditée, des institutions, et des formes du droit conquises et imaginées pour résoudre des frottements et des contrastes déterminés, fait de l'histoire romaine une chaîne d'événements qui se suivent avec une évidence particulièrement crue.

Le véritable problème consiste, en effet, non pas à substituer la sociologie à l'histoire, comme si celle-ci avait été une apparence qui cache derrière elle une réalité secrète, mais à comprendre intégralement l'histoire dans toutes ses manifestations intuitives, et de la comprendre grâce à la sociologie économique. Il ne s'agit pas de séparer l'accident de la substance, l'apparence de la réalité, le phénomène du noyau intrinsèque, ou selon toute autre formule qu'emploieraient les partisans de n'importe quel scolasticisme, mais d'expliquer l'enchaînement et le *complexus*, précisément en tant qu'il est enchaînement et *complexus*. Il ne s'agit pas de découvrir et de déterminer le terrain social seulement, pour ensuite faire apparaître au dessus de lui les hommes comme autant de marionnettes, dont les fils sont tenus et mis en mouvement, non plus par la providence, mais par les catégories économiques. Ces catégories sont elles-mêmes devenues et deviennent, comme tout le reste ; — parce que les hommes changent quant à la capacité et à l'art de vaincre, de subjuguer, de transformer et d'utiliser les conditions naturelles ; — parce que les hommes changent d'esprit et d'attitude par la réaction de leurs instruments sur eux-mêmes ; — parce que les hommes changent dans leurs rapports respectifs de coassociés, et partant d'individus dépendant à des degrés divers les uns des autres. Il s'agit, en somme, de l'histoire, et non de son squelette. Il s'agit de la narration et non de l'abstraction, il s'agit d'exposer et de traiter l'ensemble, et non pas de le résoudre et de l'analyser seulement ; il s'agit, en un mot, maintenant comme toujours, d'un *art*.

Il peut arriver que le sociologue, qui suit les principes du matérialisme économique, se propose de s'en tenir uniquement à l'analyse, par exemple, de ce qu'étaient les classes au moment où la Révolution Française éclata, pour passer ensuite aux classes qui résultent de la Révolution et lui survivent. Dans ce cas, les titres et les indications et les classifications de la matière à analyser sont précis : ce sont, par exemple, la ville et la campagne, l'artisan et l'ouvrier, les nobles et les serfs, la terre qui se délivre des charges féodales et les petits propriétaires qui se forment, le commerce qui s'émancipe de tant de restrictions, l'argent qui s'accumule, l'industrie qui prospère, etc. Il n'y a rien à objecter au choix de cette méthode, qui, parce qu'elle suit la trace embryogénétique, est indispensable à la préparation de la recherche historique selon la direction de la nouvelle doctrine (1).

Mais nous savons que l'embryogénie ne suffit pas à nous faire connaître la vie animale, qui

---

(1) Je fais allusion à l'excellent travail de K. Kautsky : *Die Klassengegensätze von 1789*.

n'est pas un schème, mais qui se compose d'êtres vivants qui luttent, et qui, pour lutter, déploient des forces, des instincts et des passions. Et il en est de même, *mutatis mutandis,* aussi des hommes, en tant qu'ils vivent historiquement.

Ces hommes déterminés, mis en mouvement par certaines passions, pressés par certaines circonstances, avec tels desseins, telles intentions, qui agissent dans telle attente, avec telle illusion propre, ou par telle tromperie d'autrui, qui, martyrs d'eux-mêmes ou des autres, entrent en âpres collisions et se suppriment réciproquement : — c'est là l'histoire réelle de la Révolution Française. Parce que, s'il est vrai que toute histoire n'est que le déploiement de conditions économiques déterminées, il est également vrai qu'elle ne se développe que dans des formes déterminées d'activité humaine, — que celle-ci soit passionnée ou réfléchie, heureuse ou sans succès, aveuglément instinctive ou délibérement héroïque.

Comprendre l'entrecroisement et le *complexus* dans ses connexions intérieures et dans ses manifestations extérieures ; descendre de la superficie au fond, et puis revenir du fond à la superficie ; résoudre les passions et les intentions dans leurs moteurs, des plus proches aux plus éloignés, et puis ramener les données des passions, des intentions et de leurs causes aux éléments les plus éloignés d'une situation économique déterminée : c'est là l'art difficile que doit réaliser la conception matérialiste.

Et comme il ne faut pas imiter ce maître qui du rivage enseignait la natation par la définition de la nage, je prie le lecteur d'attendre les exemples que je donnerai dans d'autres essais, dans une véritable narration historique, en refaisant dans un livre ce que, déjà depuis quelque temps, je fais dans mon enseignement.

De cette façon quelques questions secondaires et dérivées demeurent éclaircies.

Quelle est, par exemple, la signification de la biographie des grands hommes ?

On a donné dans ces derniers temps des réponses qui, dans un sens ou dans l'autre, ont un caractère extrême. D'un côté, il y a les sociologues à outrance, de l'autre les individualistes qui, à la manière de Carlyle, mettent au premier rang de l'histoire les *héros*. Selon les uns il suffit de montrer quelles furent les raisons, par exemple, du Césarisme, et César importe peu. Selon les autres il n'y a pas de raisons objectives de classes et d'intérêts sociaux qui suffisent à rien expliquer : ce sont les grands esprits qui donnent l'impulsion à tout le mouvement historique, et l'histoire a, pour ainsi dire, ses seigneurs et ses monarques. Les empiristes de la narration se tirent d'embarras d'une façon très simple, en mettant ensemble au hasard hommes et choses, les nécessités de fait et les influences subjectives.

Le matérialisme historique dépasse les vues antithétiques des sociologues et des individualistes, et en même temps il élimine l'éclectisme des narrateurs empiriques.

D'abord le *factum*.

Que ce César déterminé, que fut Napoléon, soit né telle année, ait suivi telle carrière, et se soit trouvé prêt le 18 brumaire ; tout cela est complètement accidentel par rapport au cours général des choses qui poussait la nouvelle classe, maîtresse du terrain, à sauver de la révolution ce qui lui paraissait nécessaire de sauver, et cela nécessitait la création d'un gouvernement bureaucratico-militaire. Il fallait cependant trouver l'homme, ou les hommes. Mais que ce qui est arrivé en réalité arrivât de la façon que nous connaissons, cela a dépendu de ce fait, que ce fut Napoléon qui a mené l'entreprise, et non un pauvre Monck ou un ridicule Boulanger. Et dès ce moment l'accident cesse d'être accident, précisément parce que c'est cette personne déterminée qui donne l'empreinte et la physionomie aux événements, pour la façon et pour la manière dont ils se sont déroulés.

Le fait même que toute l'histoire repose sur les antithèses, sur les contrastes, sur les luttes, sur les guerres, explique l'influence décisive de certains hommes dans des occasions déterminées. Ces hommes ne sont ni un accident négligeable du mécanisme social, ni des créateurs miraculeux de ce que la société, sans eux, n'aurait fait en aucune façon. C'est l'entrecroisement même des conditions antithétiques, qui fait que des individus déterminés, généreux, héroïques, heureux, malfaisants, sont appelés dans les moments critiques à dire le mot décisif. Tandis que les intérêts particuliers des différents groupes sociaux sont dans un tel état de tension, que toutes les parties en lutte se paralisent réciproquement, il faut, pour faire mouvoir l'engrenage politique, la conscience individuelle d'un individu déterminé.

Les antithèses sociales, qui font de toute communauté humaine une organisation instable, donnent à l'histoire, spécialement quand elle est vue et examinée rapidement et à grands traits, le caractère du drame. Ce drame se répète dans tous les rapports de communauté à communauté, de nation à nation, d'État à État, parce que les inégalités internes, concourant avec les différenciations externes, ont produit et produisent tout le mouvement des guerres, des conquêtes, des traités, des colonisations, etc. Dans ce drame sont apparus toujours comme des *condottieri* de la société les hommes que l'on qualifie d'éminents, de grands, et l'empirisme a conclu de leur présence qu'ils étaient les principaux auteurs de l'histoire. Ramener l'explication de leur apparition aux causes générales et aux conditions communes de la structure sociale, c'est une chose qui s'harmonise parfaitement avec les données de notre doctrine ; mais essayer de les éliminer, comme le feraient volontiers certains objectivistes exagérés du sociologisme, c'est de la pure fatuité.

Et pour conclure, le partisan du matérialisme historique, qui se met à exposer ou à raconter, ne le peut faire par des schèmes.

L'histoire est toujours déterminée, configurée, infiniment accidentée et variée. Elle est un certain groupement, elle a une certaine perspective.

Il ne suffit pas d'avoir éliminé préventivement l'hypothèse des facteurs, parce que celui qui raconte se trouve continuellement devant des choses qui semblent disparates, indépendantes, et autonomes. Rendre l'ensemble comme ensemble, et y découvrir les rapports continus d'événements qui se touchent, c'est là la difficulté.

La somme des événements étroitement consécutifs et serrés c'est toute l'histoire ; ce qui équivaut à dire que c'est tout ce que nous savons de notre être, en tant que nous sommes des êtres *sociaux* et non simplement des êtres *naturels*.

XII

Dans l'ensemble successif, et dans la nécessité continue de tous les événements historiques, il n'y a donc, demandent quelques-uns, aucun sens, aucune signification ? Cette question, qu'elle vienne du camp des idéalistes, ou qu'elle nous vienne de la bouche des critiques les plus circonspects, certainement, et dans tous les cas, s'impose à notre attention, et elle exige une réponse adéquate.

En effet, si on s'arrête aux prémisses, intuitives ou intellectuelles, d'où dérive la conception du *progrès* comme idée qui renferme et embrasse la totalité du processus humain, on voit que ces présomptions reposent toutes sur le besoin mental, qui est en nous, d'attribuer à la série, ou aux séries d'événements, un certain sens et une certaine signification. Le concept de progrès, pour qui l'examine avec soin dans sa nature spécifique, implique toujours des jugements d'évaluation, et, partant, il n'est personne qui puisse le confondre avec la notion crue et nue du simple développement, qui ne renferme pas cet incrément de valeur qui fait que nous disons d'une chose qu'elle progresse.

J'ai déjà dit, et, il me semble, assez longuement, comment le progrès n'est pas suspendu comme un impératif ou comme un ordre au-dessus de la succession naturelle et immédiate des générations humaines. Cela est aussi intuitif qu'est intuitive la coexistence actuelle de peuples, de nations et d'Etats, qui se trouvent, dans le même temps, à un stade différent de développement ; autant qu'est incontestable la condition actuelle de supériorité et d'infériorité relatives et respectives de peuple à peuple ; et autant, enfin, qu'est certain le regrès partiel et relatif qui s'est produit plusieurs fois dans l'histoire, et dont l'Italie a pu servir d'exemple pendant des siècles. Bien plus, s'il est une preuve convaincante du comment le progrès ne doit pas être entendu dans le sens d'une loi immédiate, et pour me servir d'une expression forte d'une loi physique et fatale, c'est précisément ce fait que le développement social, par les mêmes raisons de processus qui lui sont immanentes, aboutit souvent au regrès. Il est évident, d'autre part, que la faculté de progresser, comme la possibilité de regresser, ne constituent pas, tout d'abord, ni un privilège immédiat, ni un défaut inné de race ; elles ne sont pas non plus des conséquences directes des conditions géographiques. Et, en effet, les centres primitifs de la civilisation furent multiples, ces centres se sont déplacés dans le cours des siècles, et enfin les moyens, les découvertes, les résultats et les impulsions d'une civilisation déterminée, déjà développée, sont, dans certaines limites, communicables à tous les hommes indéfiniment. En un mot, progrès et regrès sont inhérents aux conditions et au rythme du développement social.

Or, donc, la foi dans l'universalité du progrès, qui apparut avec tant de violence au dix-huitième siècle, repose sur ce premier fait positif, que les hommes, quand ils ne trouvent pas des entraves dans les conditions externes, ou n'en trouvent pas dans celles qui dérivent de leur œuvre propre dans le milieu social, sont tous capables de progresser.

De plus, au fond de cette unité supposée ou imaginée de l'histoire, par suite de laquelle le processus des diverses sociétés formerait une seule série de progrès, il y a un autre fait, qui a offert motif et occasion à tant d'idéologies fantastiques. Si tous les peuples n'ont pas progressé également, bien plus si quelques-uns se sont arrêtés et ont suivi une route regressive, si le processus du développement social n'a pas toujours, en tout lieu et dans tous les temps, le même rythme et la même intensité, il est cependant certain que, avec le passage de l'action décisive d'un peuple à un autre peuple dans le cours de l'histoire, les produits utiles, déjà acquis par ceux qui étaient en décadence, ont été transmis à ceux qui devenaient et s'élevaient. Cela n'est pas aussi vrai des produits du sentiment et de l'imagination, qui cependant se conservent et se perpétuent eux-mêmes dans la tradition littéraire, que des résultats de la pensée, et surtout de la découverte et de la production des moyens techniques, qui, une fois trouvés, se communiquent directement et se transmettent.

Faut-il rappeler que l'écriture ne fut plus jamais perdue, bien que les peuples qui l'ont inventée aient disparu de la continuité historique ? Faut-il rappeler que nous avons toujours dans nos poches, gravé sur nos montres, le cadran babylonien, et que nous nous servons de l'algèbre, qui a été introduite par ces Arabes dont l'activité historique s'est depuis dispersée comme le sable du désert ? Il est inutile de multiplier les exemples, parce qu'il suffit de penser à la technologie, et à l'histoire des découvertes dans le sens large du mot, pour laquelle la transmission presque continue des moyens instrumentaux du travail et de la production est évidente.

Et, après tout, les résumés provisoires qu'on appelle les histoires universelles, bien qu'ils révèlent toujours, dans leur but comme dans leur exécution, quelque chose de forcé et d'artificiel, n'auraient jamais été tentés si les événements humains n'offraient pas à l'empirisme des narrateurs un certain fil, serait-il même subtil, de continuité.

Voici, par exemple, l'Italie du xvie siècle, qui est évidemment en décadence ; mais tandis qu'elle décline, elle transmet au reste de l'Europe ses armes intellectuelles. Celles-ci ne passent pas seules à la civilisation qui continue, mais même le marché mondial s'établit sur le fondement de ces découvertes géographiques et de ces découvertes de l'art naval, qui furent l'œuvre des marchands, des voyageurs et des marins italiens. Ce ne sont pas seulement les méthodes de l'art de la guerre et les raffinements de l'astuce politique qui passèrent hors de l'Italie (ce dont s'occupent seulement d'ordinaire les lettrés), mais même l'art de faire de l'argent qui avait acquis toute l'évidence d'une discipline commerciale élaborée, et, les uns après les autres, les rudiments de la science, sur lesquels est fondée la technique moderne, et d'abord toute l'irrigation méthodique des champs et les lois générales de l'hydraulique. Tout cela est si précisément vrai, qu'un amateur de thèses conjecturales pourrait arriver à se poser cette question : que serait-il advenu de l'Italie, dans cette moderne époque bourgeoise, si, exécutant le projet du Sénat vénitien (1504) de faire quelque chose qui aurait ressemblé dans ses effets au percement de l'isthme de Suez, la marine italienne s'était trouvée en lutte directe avec les

Portugais dans l'Océan Indien, au moment même où le transport de l'action historique de la Méditerranée à l'Océan préparait notre décadence ? Mais assez de fantaisie !

Une certaine continuité historique, dans le sens empirique et circonstancié de la transmission et de l'augmentation successive des moyens de la civilisation, est donc un fait incontestable. Et bien que ce fait exclue toute idée de dessein préconçu, de finalité intentionnelle ou cachée, d'harmonie préétablie, et toutes les autres bizarreries sur lesquelles on a tant *spéculé*, il n'exclut pas pour cela l'*idée du progrès,* dont nous pouvons nous servir comme d'une *évaluation* du cours du devenir humain. Il est indubitable que le progrès n'embrasse pas *matériellement* la succession des générations, et que sa notion n'implique rien de catégorique, attendu que les sociétés ont été aussi en regrès : mais cela ne fait pas que cette idée ne puisse servir de fil conducteur et de *mesure* pour donner une signification au processus historique. A ces critiques prudentes, dans l'usage des concepts spécifiques comme dans le mode de leur application, ces pauvres évolutionnistes à outrance n'entendent rien, eux qui sont savants sans la grammaire et sans le savoir-vivre de la science, c'est-à-dire sans la logique.

Comme je l'ai dit plusieurs fois, les idées ne tombent pas du ciel, et même celles qui, à un moment donné, naissent de situations déterminées, avec l'impétuosité de la foi et avec un vêtement métaphysique, portent toujours en elles l'indice de leur correspondance avec l'ordre des faits, dont on cherche ou dont on tente l'explication. L'idée du progrès, comme unificateur de l'histoire, apparut avec violence et devint géante au xviii° siècle, c'est-à-dire dans la période héroïque de la vie politique et intellectuelle de la bourgeoisie révolutionnaire. De même que celle-ci a engendré, dans l'ordre des œuvres, la période de l'histoire la plus intensive que l'on connaisse, elle a produit aussi sa propre idéologie dans la notion du progrès. Cette idéologie dans sa substance signifie que le capitalisme est la seule forme de production qui soit capable de s'étendre à toute la terre, et de réduire tout le genre humain à des conditions qui se ressemblent partout. Si la technique moderne peut être transportée partout, si tout le genre humain apparaît comme un seul champ de concurrence, et toute la terre comme un seul marché, qu'y a-t-il d'étonnant si l'idéologie, qui reflète intellectuellement ces conditions de fait, est arrivée à affirmer que l'unité historique actuelle a été *préparée* par tout ce qui la précède ? Traduisez ce concept de prétendue *préparation* dans le concept tout à fait naturel de *conditions successives*, et voici ouverte la route par laquelle on passe de l'idéologie du progrès au matérialisme historique : et on arrive même à l'affirmation de Marx, que cette forme de la production bourgeoise est la dernière forme antagoniste du processus de la société.

Les miracles de l'époque bourgeoise, dans l'unification du processus social, ne trouvent rien d'analogue dans le passé. Voici tout le Nouveau-Monde, l'Australie, l'Afrique méridionale et la Nouvelle Zélande ! Et tous nous ressemblent ! Et le contre-coup dans l'Extrême-Orient se fait par l'imitation, et dans l'Afrique par la conquête ! Devant cette universalité et ce cosmopolitisme, l'acquisition des Celtes et des Ibères à la civilisation romaine, et celle des Germains et des Slaves au cycle de la civilisation romano-byzantino-chrétienne, se rapetisse. Cette unification toujours croissante se reflète chaque jour davantage dans le mécanisme politique de l'Europe ; ce mécanisme, parce qu'il est fondé sur la conquête économique des autres parties du monde, oscille désormais avec les flux et les reflux qui viennent des régions les plus éloignées. Dans ce mélange très compliqué d'actions et de réactions, la guerre entre le Japon et la Chine, qui a été faite avec des moyens imités, ou directement empruntés à la technique européenne, laisse ses traces, profondes et à longue portée, dans les rapports diplomatiques de l'Europe, et elle en laisse de plus vifs dans la bourse, qui est l'interprète fidèle de la conscience de notre temps. Cette Europe, maîtresse de tout le reste du monde, a vu récemment osciller les rapports de la politique des États dont elle se compose à la suite d'une révolte dans le Transwaal, et à la suite de l'insuccès des armées italiennes en Abyssinie dans ces derniers jours (1).

Les siècles, qui ont préparé et porté à sa forme actuelle la domination économique de la production bourgeoise, ont aussi développé la tendance à l'unification de l'histoire sous une vue générale ; et de cette façon se trouve expliquée et justifiée l'idéologie du progrès, qui remplit tant de livres de philosophie de l'histoire et de *Kulturgeschichte*. L'unité de forme sociale, c'est-à-dire l'unité de la forme capitaliste de la production, à laquelle la bourgeoisie tend depuis des siècles, s'est reflétée dans le concept de l'unité de l'histoire, dans des formes plus suggestives que ne pouvait jamais le présenter à la pensée l'étroit cosmopolitisme de l'empire romain, ou le cosmopolitisme unilatéral de l'église catholique.

Mais cette unification de la vie sociale, par l'œuvre de la forme capitaliste de la production,

(1) L'édition italienne de cet *Essai* porte la date du 10 mars 1896 (Note du trad.).

s'est développée d'abord, et elle continue à se développer, non pas d'après des règles, des plans et des desseins préconçus, mais, bien plutôt, par suite de frottements et de luttes, qui dans l'ensemble forment une colossale complication d'antithèses. Guerre à l'extérieur, guerre à l'intérieur. Lutte incessante entre les nations, et luttes incessantes entre les membres de chaque nation. Et l'entrecroisement des œuvres et des actions de tant d'émules, de concurrents et d'adversaires est si compliquée, que la coordination des événements échappe très souvent à l'attention, et c'est une chose très difficile d'en découvrir le lien intime. La lutte qui existe actuellement entre les hommes, les luttes qui maintenant, avec des méthodes variées, se déroulent entre les nations et dans les nations, sont arrivées à nous faire mieux comprendre au milieu de quelles difficultés s'est déroulée l'histoire du passé. Si l'idéologie bourgeoise, reflétant la tendance à l'unification capitaliste, a proclamé le progrès du genre humain, le matérialisme historique, à l'inverse, et sans proclamation, a découvert que ce sont les antithèses qui ont été jusqu'ici la cause et le moteur de tous les événements historiques.

Aussi le mouvement de l'histoire, pris en général, nous apparaît-il comme oscillant ; — ou mieux, pour nous servir d'une image mieux appropriée, il semble qu'il se déroule sur une ligne souvent interrompue, qui à certains moments semble revenir sur elle-même, et tantôt s'étend, en s'éloignant beaucoup du point de départ. — un vrai *zig-zag*.

Étant donnée la complication interne de chaque société, et étant donnée la rencontre de plusieurs sociétés sur le champ de la concurrence (des formes ingénues de la razzia, de la rapine et de la piraterie, aux méthodes raffinées de l'élégant jeu de bourse !), il est naturel que chaque résultat historique, quand il est mesuré à l'unique mesure de l'attente individuelle, apparaisse très souvent comme un *hasard*, et considéré ensuite théoriquement devienne pour l'esprit plus inextricable que les contingences météoriques.

Par conséquent parler de l'*ironie* qui siège *souveraine* sur l'histoire, ce n'est pas là une simple phrase ; parce que, en effet, si aucun dieu d'Epicure ne rit d'en haut sur les choses humaines, ici-bas les choses humaines jouent d'elles-mêmes une *divine comédie*.

Cette *ironie des destinées humaines* cessera-t-elle jamais ? Sera-t-elle jamais possible cette forme d'association qui donne lieu au *développement coopératif et intégral* de toutes les aptitudes, de sorte que le processus ultérieur de l'histoire devienne une évolution véritable et réelle ? Et, pour parler comme les amateurs de phrases ronflantes, y aura-t-il jamais une humanisation de tous les hommes ? Une fois éliminées, dans le *communisme de la production*, les antithèses qui sont maintenant la cause et l'effet des différenciations économiques, toutes les énergies humaines n'acquerraient-elles pas un degré très élevé d'efficacité et d'intensité dans les effets coopérateurs, et en même temps ne se développeraient-elles pas avec la plus grande liberté d'individuation chez tous les individus ?

C'est dans les réponses affirmatives à ces demandes que consiste ce que le *communisme critique* dit, c'est-à-dire prévoit, de l'avenir. Et il ne le dit pas et ne le prédit pas comme s'il discutait une possibilité abstraite, ou comme celui qui veut, par sa libre volonté, donner la vie à un état de choses qu'il désire et qu'il rêve. Mais il dit et prédit parce qu'il énonce ce qui doit inévitablement arriver par la nécessité immanente de l'histoire, vue et étudiée désormais dans le fond de son *infrastructure économique*.

« Ce n'est que dans un ordre de choses, où il n'y aura plus de classes et d'antagonisme de classes, que les *révolutions sociales* cesseront d'être des *révolutions politiques* (1). »

« A la vieille société bourgeoise, avec ses classes et ses antagonismes de classes, succédera une *association*, dans laquelle le libre déve-

---

(1) Marx, *Misère de la Philosophie*, Paris, 1847, p. 178.

loppement de chacun est la condition du libre développement de tous (1). »

« Les rapports de la production bourgeoise sont la dernière forme antagoniste du processus social de la production — forme antagoniste non pas au sens d'antagonisme individuel, mais d'un antagonisme qui sort des conditions de la vie sociale des individus ; mais les forces productives, qui se développent dans le sein de la société bourgeoise, créent en même temps les conditions matérielles pour résoudre cet antagonisme. Avec cette organisation sociale se termine la préhistoire du genre humain (2). »

« Avec la prise de possession des moyens de production de la part de la société, est exclue la production des marchandises, et avec elle la domination du produit sur le producteur. A l'anarchie qui domine dans la production sociale succédera l'organisation consciente. La lutte pour l'existence individuelle cessera. De cette façon seulement l'homme se détachera, dans un certain sens, du monde animal d'une façon définitive, et passera des conditions d'une existence animale à des conditions d'existence humaine.

---

(1) *Manifest der kommunistischen Partei*, London, 1848, p. 16.
(2) Marx, *Zur Kritik der politischen Oekonomie*, Berlin, 1859, p. VI de la préface. Conf. mon premier *Essai*, p. 47-50.

Tout l'ensemble des conditions de la vie, qui jusqu'ici a dominé les hommes, passera sous le commandement et l'examen des hommes eux-mêmes, qui deviendront ainsi, pour la première fois, les maîtres réels de la nature, parce qu'ils seront maîtres de leur propre association. Les lois de leur propre activité sociale, qui se tenaient en dehors d'eux comme des lois étrangères qui les dominaient, seront appliquées et maîtrisées par les hommes eux-mêmes, en pleine connaissance de cause. L'association elle-même, qui se présentait aux hommes, comme imposée par la nature et par l'histoire, deviendra leur œuvre libre et propre. Les forces étrangères et objectives, qui jusqu'ici dominaient l'histoire, passeront sous la surveillance des hommes. Depuis ce moment seulement les hommes feront avec pleine conscience leur propre histoire ; depuis ce moment seulement les causes sociales, qu'ils mettront en mouvement, pourront atteindre, en grande partie et avec une proportion toujours croissante, les effets voulus. C'est le saut du genre humain du règne de la nécessité dans celui de la liberté. Accomplir cette action libératrice du monde, telle est la mission historique du prolétariat moderne ». (1)

Si Marx et Engels avaient été des phraseurs, si

(1) Engels, *E. Duhring's Umwälzung der Wissenschaft*, 3ᵉ édit , Stuttgart, 1894, pp. 305-306.

leur esprit n'avait pas été rendu prudent, jusqu'au scrupule, par l'usage et l'application quotidiens et minutieux des moyens scientifiques, si le contact permanent de tant de conspirateurs et de visionnaires ne leur avait pas fait prendre en horreur toute utopie, jusqu'à la pédanterie contraire, ces formules pourraient passer pour de géniaux paradoxes, qui échappent à l'examen de la critique. Mais ces formules sont comme la fermeture, comme la conclusion effective, de la doctrine du matérialisme historique. Elles résultent en ligne droite de la *critique de l'économie* et de la *dialectique historique*.

Dans ces formules, que l'on pourrait développer, comme j'aurais l'occasion de le montrer ailleurs, se résume toute prévision de l'avenir, qui n'est pas et qui ne veut pas être un roman ou une utopie. Et dans ces formules mêmes il y a une réponse adéquate et concluante à la demande par laquelle commence ce dernier chapitre : y a-t-il dans la série des événements historiques un sens et une signification ?

10 mars 1896.

APPENDICE I

A propos de la crise du Marxisme

A PROPOS DE LA CRISE DU MARXISME (1)

Je me réfère à un livre, assez indigeste et fort volumineux, de M. Th. G. Masaryk, professeur à l'Université tchèque de Prague, qui vient de paraître (2). Je ne me propose pas cependant d'en faire un pur et simple *compte-rendu*. Et s'il peut sembler que pour exprimer sa propre opinion à propos d'un livre, il faut d'abord en faire le compte-rendu, je dirai que celui-ci aura nécessairement les proportions et l'allure d'un quasi-article.

Mon nom et le titre mis en tête de ces pages pourraient laisser croire que je me propose d'entreprendre une sorte de polémique de *parti*. Que le lecteur se rassure ! Je ne confondrai pas les pages de la *Rivista italiana di sociologia*

---

(1) Paru d'abord dans la *Rivista italiana di sociologia*, IIIe an., n° 3, Rome, mai 1899, puis en tirage à part, 1899.

(2) *Die philosophischen und sociologischen Grundlagen des Marxismus.* — *Studien zur socialen Frage*, von *Th. G. Masaryk, Professor an der böhmischen Universität Prag.* Wien, C. Konegen, pp. XV et 600, gr. in-8.

avec les colonnes d'un journal politique quotidien.

Je dirai seulement, *en passant*, que le fait très *curieux* du grand empressement avec lequel la presse politique italienne, quotidienne ou de tout autre périodicité, s'est mise depuis plusieurs mois à proclamer la mort du socialisme en parlant de la *crise du Marxisme*, a été pour moi un nouveau document sur ce vice organiquement national, que l'on peut désormais définir le *droit à l'ignorance*. Aucun de ces éminents croque-morts du socialisme qui, pour produire l'effet d'une foule autour de la crise, rapprochaient au hasard les noms incompatibles entre eux des écrivains les plus disparates, n'a eu l'idée de se poser ces simples et honnêtes questions : — la critique faite autour du marxisme dans d'autres pays peut-elle en quelque manière avoir un intérêt direct pour l'Italie ? — cette doctrine a-t-elle jamais eu, ou a-t-elle, une base solide et sûre de diffusion en Italie ? — et, en somme, le parti socialiste italien a-t-il déjà une force si grande et une telle extension sur les masses et parmi les masses, et a-t-il en lui-même un tel développement et une telle complexité de conditions et de dépendances politiques, qu'il nous présente ces caractères précis et nets d'organisation prolétarienne stable et durable, qui font que discuter à fond la doctrine c'est véritablement faire porter la discussion sur des choses et non sur des mots ? — et, pour aller plus au fond, y a-t-il quelqu'un qui puisse dire que notre pays a déjà parcouru toute la *via crucis* des transformations économiques, qui ont abouti ailleurs à ce qu'on appelle le système capitaliste, dont le Marxisme, de son côté, n'est que le contre-coup critique ?

Celui qui se serait posé ces questions, et d'autres semblables, serait arrivé à cette honnête conclusion, qu'il ne peut pas y avoir crise de ce..... qui n'existe pas encore.

Il se pourrait, il est certainement vrai, que tous ces nécrologistes du socialisme ignorent que cette expression de *crise du Marxisme* avait été forgée et mise en circulation précisément par le professeur Masaryk, auquel (lui qui ignore, comme cela est souvent vrai des étrangers, les choses d'Italie) est échu l'insigne honneur d'apporter chez nous une contribution nouvelle et inattendue à la *fortune des mots*. Il en est ainsi cependant. L'expression de *crise du Marxisme* a été inventée par M. Masaryk dans les numéros 177-179 de la *Zeit* de Vienne, du mois de février 1898, articles réunis ensuite en brochure (1) à la date du 10 mars : — et, remarquons-le, ce n'est pas parce que l'auteur de cette *invention littéraire* avait l'intention de proclamer la mort du

(1) *Die wissenschaftliche und philosophische Krise innerhalb des gegenvärtigen Marxismus*, Wien, 1898, pp. 24.

socialisme, mais parce qu'il lui avait semblé constater (qu'on me passe ce mot du jargon du journalisme) qu'il y avait une crise *au sein* du Marxisme ; en effet, il concluait : « Je voudrais avertir les ennemis du socialisme de ne pas fonder des espérances vaines sur cette crise du Marxisme, qui pourra tout au contraire servir grandement le socialisme, quand ses chefs voudront en critiquer librement les fondements et en dépasser les défauts. Comme tous les autres partis de réforme sociale, le socialisme a sa source vive dans les imperfections manifestes de l'ordre social actuel, dans son injustice et son immoralité, et surtout dans la misère matérielle, morale et intellectuelle de la grande masse chez tous les peuples (1) ».

Dans ces 24 pages, qui étaient en vérité un peu courtes pour l'importance du sujet, les données de la *crise* — en ce qui concerne la *Sozialdemokratie* allemande et avec quelques rapides références à la *littérature* française et anglaise — étaient énumérées, résumées, caractérisées, avec une certaine hâte, dans les chapitres suivants...

---

(1) *Ibid.*, p. 24. Cette même déclaration se retrouve maintenant longuement développée à la fin du livre, et notamment pp. 591-592. Une remarque encore sur la fortune des mots ! La crise *au sein* du marxisme est devenue la *crise du Marxisme* dans la traduction française de cette brochure, faite par M. Bugiel, Paris 1898 (extrait de la *Revue internationale de sociologie*, n° de juillet).

Mais pourquoi nous en tenir encore à cet opuscule du 10 mars 1898, si dans le livre paru le 27 mars 1899 ces 24 pages sont devenues 600 pages, oui 600, ce qui est vraiment trop, et pour ce qu'on y a exposé, et pour la patience moyenne des lecteurs.

M. le professeur Masaryk est un *positiviste*. C'est chez nous, en Italie, un mot d'emploi extraordinairement extensif et élastique, mais chez M. Masaryk, qui est un professeur de philosophie, cela veut dire, avec certaines modifications si l'on veut, qu'il se trouve sur le courant qui va de Comte à Spencer.... ou à M. Masaryk lui-même. Je ne suis pas à même de lui accorder toute l'admiration dont il est, peut-être, digne, parce qu'il a l'habitude, pour moi fort incommode, d'écrire en tchèque. Je ne connaissais de lui que sa *Logique concrète* dans sa traduction allemande. Je ne voudrais pas longuement subtiliser sur la valeur exacte de ses expressions, parce que son livre a été traduit par M. Kalandra dans un allemand quelque peu bureaucratique. L'ouvrage, dans son ensemble, comme le dit l'auteur lui-même dans la *préface*, ne doit pas être étudié au point de vue de la composition et du style. C'est une production très *ultra scolaire*, avec la division courante en introduction et sections, et celles-ci, au nombre de cinq et suivies chacune d'un résumé, se divisent à leur tour en chapitres, avec des subdivisions A, B, C, etc, le tout divisé en 162 paragraphes, avec une bibliographie en ordre dispersé et en ordre concentré, une table analytique vraiment étonnante, qui fait songer à tant de choses auxquelles le livre d'ailleurs ne répond pas, et avec l'inévitable table des matières. Ce sont, en somme des esquisses de leçons sur un ton calme et même un peu grêle, rédigées d'après un schéma encyclopédique, et qui ne sont pas toutes de la même époque. En effet, pendant que le livre, écrit d'abord en tchèque, et annoncé dans l'opuscule de l'an passé, qui peut en tenir lieu pour ceux qui ne veulent pas lire ces 600 pages, était imprimé dans sa traduction allemande, paraissait dans l'intervalle le livre désormais célèbre de Bernstein (conf. note 1 de la page 590), et l'auteur a éprouvé alors le besoin de prendre position ailleurs (1).

L'attitude de M. Marsaryk est vraiment *sui generis*. Il n'est pas socialiste, mais il a une connaissance très étendue de la littérature du socialisme ; il n'est pas un adversaire professionnel du socialisme, mais il le juge de haut, au nom de la *science.* Il a été député au *Reichsrath* de la Cisleithanie ; cependant, quoique nationaliste et progressiste, je crois, il ne s'est jamais

(1) C'est-à-dire dans les numéros 239 et 240 du 29 avril et 6 mai 1899 de la *Zeit* de Vienne. C'est ce qu'il avait fait déjà au mois d'octobre de l'année précédente à propos du *message* de Bernstein au congrès de Stuttgart.

confondu avec les *jeunes tchèques*. Il se tient actuellement, me semble-t-il, à l'écart de la politique. Il publie une revue, fort analogue à notre *Nuova Antologia* ; c'est un savant de profession, c'est-à-dire qu'il est un grand liseur et qu'il cite avec grand soin tout ce qu'il lit, jusqu'aux moindres détails les plus minutieux. Et c'est là le premier et le principal défaut de son livre, dans lequel il est parlé d'un nombre infini de choses, mais où on n'arrive jamais à la réalité, au fait, à ce qui est vivant. La vision de l'auteur est pour ainsi dire interceptée par le papier imprimé et par les ombres des écrivains, pour lesquels il a un respect égal, comme si son œil n'avait pas le sentiment de la perspective. — N'est-ce pas le principal devoir de celui qui se propose de discuter les fondements du Marxisme d'être en mesure de répondre, d'une façon nette, à cette question : croyez-vous ou ne croyez-vous pas à la possibilité d'une transformation de la société des pays les plus civilisés, grâce à laquelle les causes et les effets des luttes de classe actuelles cesseraient ? Etant donné ce problème général, le mode de transition à cet état futur, désiré ou prévu, est d'importance secondaire, parce que ce mode ne dépend pas de notre choix, et il ne dépend certainement pas de nos définitions, A côté de cette thèse générale il est, je ne dirai pas indifférent, mais certainement d'une importance très secondaire de savoir quelle partie de la *pensée* et des *opinions* (beaucoup de gens confondent ces deux choses !) de Marx et de ses disciples et interprètes les plus immédiats s'accorde ou ne s'accorde pas avec les conditions actuelles et futures du mouvement prolétarien ; parce qu'il n'y a pas besoin d'être un disciple enragé du matérialisme historique pour comprendre que les doctrines valent en tant que doctrines, c'est-à-dire en tant qu'elles sont une lumière intellectuelle sur un ordre de faits, mais que en tant que doctrines elles ne sont *cause de rien*. Mais M. Masaryk est, au contraire, un doctrinaire, c'est-à-dire un croyant dans la vertu des idées, c'est-à-dire un universitaire pour lequel tout se réduit à la lutte pour la *conception générale du monde* (*Weltanschauung*) ; et il ne faut pas s'étonner s'il repousse avec un souverain mépris (*passim*) l'expression *instinct des masses*. Sa critique, qui repose toute sur l'hypothèse d'un jugement souverainement impartial des luttes pratiques de la vie au nom de la *science*, et qui ignore la résignation de la pensée au cours naturel de l'histoire, est et demeure intrinsèquement caduque, parce qu'elle tourne *autour* du Marxisme sans jamais en saisir le nerf, qui est la conception générale du développement historique sous l'angle visuel de la révolution prolétarienne.

En m'attardant à définir l'attitude de M. Masaryk, je crois le payer en *courtoisie italienne* de l'ignorance dans laquelle il est de mes études sur ce sujet. Si jamais il les lit, il s'apercevra, peut-être, que, sans descendre aux détails de la polémique personnelle avec les journaux du parti, sans se proclamer inventeur ou auteur de la crise du Marxisme, on peut être partisan, même à l'heure actuelle, du matérialisme historique, tout en tenant compte de la nouvelle expérience historico-sociale, et en faisant la révision nécessaire des idées qui ont subi ou qui subissent la correction du cours naturel de la pensée. Les doctrines qui sont en train de se développer et de progresser ne peuvent pas être étudiées en *érudits* et en *philologues*, comme on le fait pour les formes dépassées de la pensée, et pour ce qui nous a été transmis par la tradition et qui appartient à l'*antiquité*. Mais les tempéraments intellectuels des hommes sont très différents ! Certains — en petit nombre — présentent au public le résultat de leur travail personnel, et ne croient pas devoir ajouter l'histoire intime de leurs lectures, jusqu'à la photographie de la plume dont ils se servent. Il en est d'autres — et c'est le grand nombre — qui éprouvent le besoin impérieux de livrer à l'impression tout le fruit de leurs lectures. Ils sont des gardiens vigilants de leurs cahiers de notes, pour que rien de leurs peines ne soit perdu, ni pour les contemporains, ni pour nos descendants. M. le professeur Masaryk — qui imprime en 600 pages une thèse de circonstance, et elle peut se résumer ainsi : « quelle opinion peut-on avoir du Marxisme en ce moment, étant donné qu'il est mis en discussion même *au sein* du parti ? » —, le professeur Masaryk, qui a tout lu, ne peut se dispenser de considérer le Marxisme lui-même sous les sacramentelles rubriques de la *philosophie*, de la *religion*, de l'*éthique*, de la *politique*, etc., à l'infini : et, chose curieuse, c'est lui, qui a tant de respect pour la bureaucratie universitaire et pour les rubriques des fétiches de la science, qui finit par déclarer que le Marxisme est un système syncrétique (*passim* dans tout le livre, et d'une façon explicite p. 587). Il m'avait semblé à moi que cette doctrine était précisément le contraire, quelque chose d'intimement unitaire, qui visait non-seulement à vaincre l'opposition doctrinale entre la science et la philosophie, mais aussi l'opposition plus courante entre la pratique et la théorie. Mais M. Masaryk est ce qu'il est, et nous devons le suivre dans ses rubriques.

Il laisse bien volontiers à d'autres le soin de s'occuper du socialisme en tant qu'il constitue une tendance (comme chez A. Menger) aux réformes juridiques ; il déclare qu'il ne veut pas entrer directement dans les questions d'*Économie* (il me semble, à moi, qu'il boîte des deux jambes dans cette matière), et il tient à mettre surtout en évidence la philosophie de Marx, car il en existe une, bien qu'elle ne se trouve pas exposée dans un livre *ad hoc* ; et il étudie dans les 600 pages la crise en tant qu'elle est strictement « scientifique et philosophique » (pag. 5). Ne demandez donc à l'auteur ni un examen concret des conditions actuelles du monde économique pris sur le vif, ni un conseil pratique et large de *politique sociale*. Que le mouvement de prolétarisation continue ou ne continue pas, que la théorie de la valeur soit exacte ou ne le soit pas, toutes ces questions et les questions connexes, bien qu'elles aient la plus grande importance, ne l'intéressent pas lui philosophe (pag. 4). Le résultat pratique consiste simplement en ceci, qu'il conseille aux socialistes (pag. 591) de s'en tenir au programme d'Engels de 1895, c'est-à-dire à la *tactique parlementaire*, ce qu'ils sont vraiment en train de faire partout dans le monde, et, à mon humble avis, pour cette simple raison qu'ils ne pourraient agir d'une autre manière sans être des fous ou des insensés. Mais M. Masaryk renforce le conseil par cet avertissement, qu'il faut également abandonner *l'idéologie marxiste* ! Ainsi, ce n'est pas le cours naturel de la politique de l'Europe civilisée qui a amené les socialistes à changer de tactique (et l'auteur ne saurait dire combien de temps cette nouvelle tactique durera ou pourra durer), mais ce sont les *idées* qui changent et doivent changer. Tout se ramène à la lutte pour la *Weltanschauung* (conf. notamment pag. 586-592), ce qui est naturel chez un écrivain qui tient tellement à la sacramentelle notion de la classification des sciences (pag. 4) et à donner la place prééminente à la philosophie.

Le *Philister*, dans sa *subspecie* professorale, se révèle là dans sa véritable nature. Il connaît d'une façon très étendue la littérature du socialisme, et il ignore de celui-ci la nature intime, le sens, l'esprit ! Cet esprit étant donné, l'orientation scientifique change entièrement, bien plus la place de la science dans l'économie de nos intérêts change également. Mais M. Masaryk n'y arrive jamais, parce qu'il devrait, pour y arriver, aller au-delà des limites des définitions. Aussi son livre, bien qu'il soit tout plein d'informations consciencieuses et dégagé du mépris professionnel pour le socialisme, se réduit-il, dans son objet et dans ses effets, à un énorme *plaidoyer du Positivisme* contre le Marxisme ! Je ferai ici deux observations. Mon affirmation paraîtra étrange à beaucoup en Italie, où il est d'usage de donner au mot positivisme toute espèce de sens. De plus, de même que j'ai plus d'une fois écrit que cette intuition de la vie et du monde, qui se résume sous le nom de matérialisme historique, n'a pas atteint toute sa perfection dans les écrits de Marx et d'Engels et de leurs disciples immédiats, de même j'affirme plus fortement encore que la continuation de cette doctrine va d'un pas encore lent, et qu'il en sera ainsi peut-être pour un bon bout de temps.

Mais les livres du genre de M. Masaryk ne servent à rien. Nous avons bien là un entassement d'objections faites au nom du Positivisme, mais non pas au nom d'une révision directe et authentique des problèmes de la science historique, et non pas au nom des questions politiques actuelles. La prétendue crise ne devient ni le sujet d'un examen fait par un publiciste, ni l'objet d'une étude faite par un sociologue, mais elle est une espèce d'*espace vide* ou un *reposoir*, dans lequel l'auteur va déposer, ou réciter, ses protestations philosophiques.

Une étude, qui n'est ni vaine ni sans intérêt, est consacrée à la formation première de la pensée de Marx (pag. 17-89). Mais le *facit* est finalement fort mesquin. « C'est dans le changement constant de l'organisation sociale que Marx trouve finalement la raison historique du communisme, comme s'imposant de lui-même. — D'après Marx la philosophie est la copie naturaliste du processus du monde. — Le communisme est donné par l'histoire elle-même. Le matérialisme de Marx est un matérialisme historique ». De semblables propositions, qui reproduisent à peu près la pensée fondamentale de l'écrivain qu'on étudie, devraient conduire, me semble-t-il, le critique à aller jusqu'aux fondements de ces conceptions, pour les renverser, si possible, par une critique *ab imis*. Or, que fait M. Masaryk ? Quelques lignes plus loin il écrit : « Sa philosophie et celle d'Engels ont un caractère *éclectique* ». — Et ensuite il nous offre, sous la lettre D du chapitre II, une salade russe des opinions contradictoires de Bax, K. Schmidt, Stern, Bernstein, Plekanoff, Mehring, sur la question de savoir si cette philosophie, appelons-la marxiste, peut se concilier ou ne peut pas se concilier avec le retour à Kant, à Spinoza, ou à tel autre ; et il ne se souvient pas de ce vers du poète, qui assistait à la fondation de l'Université de Prague, pour s'écrier avec lui :

Pauvre et nue tu vas philosophie (1)

L'étude que l'auteur consacre au *matérialisme historique* (pag. 92-168) est un peu décousue ; il s'arrête d'abord assez longuement sur la diversité des définitions ; la critique qu'il en fait ensuite repose tout entière sur la vieille conception des *facteurs*, plus ou moins dissimulée sous une phraséologie sociologique et psychologique assez vague. L'auteur ne peut arriver à saisir ce qu'est une conception objectivement

(1) Aux pag. 120-121 de *Socialisme et Philosophie*, Paris, 1899, je parle, pour les tourner en dérision, de ces prétendus retours à d'*autres philosophies*.

unitaire de l'histoire, et il lui arrive souvent de confondre l'explication du complexus historique par les variations *avant tout de la structure économique,* avec l'explication *illico et immédiate* d'un fait historique déterminé par l'action des conditions économiques individuelles. Il ne faut donc pas s'étonner de voir que Marx est considéré comme une espèce de philosophe à la Comte, et un Comte dégénéré, qui devient ensuite un disciple inconscient de Schopenhauer, parce qu'il accorde la première place à la volonté, doctrine qui est en contradiction avec la sacramentelle trichotomie psychologique de l'intelligence, du sentiment, de la volonté ! Peut-être bien que ce pauvre Marx ignorait que l'homme possédait, en dehors de l'intelligence, un foie *(sic !)*, ce qui est d'autant plus surprenant qu'il était très bilieux *(sic !)*, et c'est pour ces bonnes raisons qu'il se peut qu'il n'ait pas vu que la *plus-value* est un concept essentiellement *éthique (sic !).* Un professeur d'Université, qui traite son sujet en professeur, peut facilement se laisser aller à étudier un auteur du point de vue de toutes les autres doctrines que, comme critique, il a, lui, l'habitude d'étudier et de manier. Et alors, par une étrange illusion d'érudit, les termes de comparaison qui sont habituels au critique deviennent subrepticement des termes de dérivation réelle. C'est ce qui était en train d'arriver à M. Masaryk, quand, au milieu de toutes ces comparaisons, il se contredit et s'écrie (pag. 166) : « En réalité Marx a formulé ce qui, selon l'expression courante, était dans l'air, et c'est pour cela que je n'ai pas insisté sur les différentes influences qui ont agi sur sa formation intellectuelle ». Ergo, dirai-je, revenez sur vos pas, et mieux encore faites le chemin inverse. Chez l'auteur que vous étudiez s'est produite précisément cette inversion ; de la critique de l'économie et de la donnée des luttes de classe il est remonté à une nouvelle conception historique (et non pour modifier, bien évidemment, ce que techniquement on appelle la discipline de la *recherche* historique), et par là il est arrivé à une nouvelle orientation sur les problèmes généraux de la connaissance. Vous forcez les choses, vous les altérez complètement, en suivant un chemin qui n'est pas celui qu'a suivi l'objet de votre examen. Mais cela se comprend : en philosophe de profession vous descendez du haut des définitions au *détail* du matérialisme historique, et, avec le respect dû à la méthodologie, vous arrivez à la théorie des luttes de classe (pag. 168 à 234) comme on arrive à un *corollaire*.

Ici encore la fidélité de l'exposé matériel rend plus sensible l'incapacité à comprendre d'une façon profonde et forte. Par ci par là quelques observations utiles sur l'imprécision des termes *bourgeoisie*, *prolétariat*, etc, et quelques autres plus importantes sur l'impossibilité de réduire toute la société actuelle aux deux fameuses classes, étant donnée son articulation si variée et si complexe. A côté de tout cela, une incapacité singulière à saisir une idée aussi simple : c'est-à-dire que, étant donnée la complication de la vie sociale, les intentions individuelles peuvent être toutes erronnées — ce qui fait dire à l'auteur que dans le Marxisme la conscience individuelle se résoud en un pur *illusionisme* (!). Il ne peut pas arriver à croire que les lois économiques suivent un processus naturel ; — mais qu'il essaye donc d'en modifier la succession historique par des actes de volonté. Après avoir revendiqué la *spontanéité* (mais laquelle ?) des forces qui donnent l'impulsion à l'histoire, et l'*aristocratie* de l'esprit philosophique, et déclaré que le déterminisme marxiste ne fait qu'un avec le fatalisme, l'auteur nous fait cette confession : « J'explique le monde et l'histoire théistiquement (p. 234) ». *Deo gratias !*

Nous arrivons enfin à la pièce de résistance, c'est-à-dire à l'exposé du *monde capitaliste* (pag. 235-313), et à la critique du *communisme* et du *processus de la civilisation* (pag. 313-386). C'est là pour les socialistes le point essentiel, et c'est sur ce terrain seulement qu'on peut les combattre. Mais l'auteur était descendu des sommets, et ainsi soit-il. Je ne saurais lui refuser de reconnaître — pour commencer par la fin

— qu'il a certainement un peu raison là où il parle du *primitivisme* et du *simplisme* extrêmes, notamment en ce qui concerne la tentative d'Engels de retracer en quelques mots les étapes principales de l'histoire de la civilisation. Le devenir de l'Etat, c'est-à-dire de la société organisée en classes, avec les raisons de la domination et de l'autorité, la propriété privée et la famille monogamique étant données, a eu des modes variés de développement dans l'histoire spécialisée et concrète, et il est vraiment très difficile de rendre plausibles les schémas trop simples. Il se peut que des socialistes pour rendre leur argumentation plus facile aient trop simplifié l'enchaînement historique, et qu'ils l'aient réduit à un trop mince volume, ce qui les amène à simplifier également d'une façon purement arbitraire la société actuelle. Il ne sert évidemment de rien d'en appeler à tout bout de champ à la *négation de la négation*, qui n'est pas un instrument de recherche, car ce n'est qu'une formule sommaire, bonne, si elle est, *post factum*. Il est certain que le communisme, ou le rapprochement plus ou moins lointain de la société actuelle vers une nouvelle forme de la production, ne sera pas un produit mental de la dialectique subjective. Et c'est pour cela que je crois — je me sers d'armes courtoises avec les adversaires — qu'il n'y a qu'un moyen de combattre sérieusement le socialisme, et c'est d'essayer de démontrer que le système capitaliste a en lui — pour le moment tout au moins — une telle force d'adaptation, que tous les mouvements prolétariens se ramènent au fond à des agitations météoriques, sans jamais former un processus ascensionnel qui conduit finalement, avec l'élimination du salariat, à l'élimination de toute domination de classe. C'est à cette manière de voir critico-démonstrative que se ramène, par exemple, la force de l'école de Brentano et de ses disciples. Mais il semble que c'est là une nourriture qui ne convient pas aux dents de M. Masaryk, qui révèle toute son incapacité à saisir le nerf économique de la matière qu'il a dans les mains, précisément dans le chapitre qu'il consacre à la critique de la plus-value (pag. 250-313).

Après une revue bibliographique sur la *vexata quaestio* de la divergence fondamentale qu'il y aurait entre le Ier et le IIIe volume du *Capital*, l'auteur rejette comme inexacte la doctrine de la *valeur-travail*, et puis il affirme que Marx ne pouvait pas partir de la notion de l'*utilité* parce que son objectivisme extrême ne lui permettait pas de comprendre le point de vue psychologique (!). Il dit ensuite son opinion sur la place que l'Economie devrait occuper dans le système des sciences, étant donné qu'elle puise ses points de départ dans une *sociologie générale*. Après avoir rejeté l'opinion de ceux qui voient dans l'Économie une science historique, il propose de construire une science de l'économie qui, sans se confondre avec l'éthique, embrasse l'homme tout entier, et non pas seulement l'homme *qui travaille*. Il sophistique sur l'impossibilité de trouver une mesure du travail, d'autant que celui-ci, à son tour, doit mesurer la *valeur* ; et il considère la *plus-value* comme une construction tirée de l'hypothèse des deux classes en lutte entre elles. Avec beaucoup de circonlocutions il écrit l'apologie du *capitaliste*, en tant qu'il est entrepreneur, c'est-à-dire *ouvrier* et *directeur* ; et, tandis qu'il s'acharne contre la classe des parasites et contre les tromperies commerciales, il postule une éthique qui enseigne à chacun son devoir. Il se complait, enfin, à noter que Marx a découvert l'importance sociale des *ouvriers infimes* ; bien qu'il ait écrit un bon nombre de bêtises, que notre auteur énumère, comme par exemple que le travail complexe se ramène au travail simple, et surtout cette étrange opinion qu'il y aurait des luttes de classe, alors qu'il n'y a lutte qu'entre les individus.

Mais s'il est facile de réduire en poussière le matérialisme historique, mais si les luttes de classe comme principe de dynamique sociale ne sont que la fausse généralisation de faits mal compris, mais si l'attente du communisme est tout à fait utopique, mais si les doctrines du *Capi-*

tal sont à ce point fausses, mais si tous ses fondements sont désormais détruits, pourquoi l'auteur s'acharne-t-il encore à écrire deux cents pages sur le *droit*, sur *l'éthique,* sur la *religion,* etc., c'est-à-dire sur ces systèmes qu'il appelle *idéologiques*? Il m'aurait suffi à moi, par exemple, de ce qui est dit pag. 509-519, dans une espèce d'interruption dans la série des paragraphes, comme pour formuler une espèce de jugement final, auquel, d'ailleurs, par défaut de style, manque malheureusement la concentration de la pensée dans la concision des énoncés. Dans cet essai de résumé il s'efforce de caractériser le Marxisme, ce qui donne plus de relief à la *thèse* de l'auteur. — Marx marque la limite extrême de la réaction contre le *subjectivisme,* en ce que pour lui la nature est le *prius* et que la conscience n'est que le résultat, donc son système est un *objectivisme positif absolu*; pour lui l'histoire est l'antécédent et l'individu le conséquent, donc son système est la *négation absolue* de *l'individualisme.* La question de la connaissance est purement pratique. Entre la nature de l'homme et l'histoire humaine il y a une équation parfaite. Il n'y a pas d'autre source de connaissance de l'homme en dehors de celle que nous offre l'histoire. L'homme est tout dans ce que l'homme fait. De là le fondement économique de tout le reste. De là le travail comme fil conducteur de l'histoire. De là la persuasion que les différentes formes sociales ne sont que les différentes formes de l'organisation du travail. De là le socialisme, qui n'est plus une simple aspiration ou attente. De là le concept du communisme, qui n'est pas un simple système de rapports économiques, mais une innovation de toute la conscience, en dehors des limites de toutes les illusions actuelles, et dans l'organisation d'un humanisme positif. Mais cet objectivisme extrême est mis en pièce maintenant par le retour à Kant, c'est-à-dire par le criticisme. Marx fut incomplet. Il ne sut pas dépasser Hegel, il ne trouva pas l'expression adéquate de ses tendances, il retomba dans le romantisme de Rousseau, il voulut en vain se dégager de Ricardo et de Smith, dont il essaya de faire la critique, et il demeura l'auteur d'un système incomplet. Il y a en lui comme une *tragédie philosophique*. Il fait servir à de nouveaux idéals des idées déjà anciennes, il ne sut pas trouver d'autre ressort au révolutionarisme que les impulsions de l'*hédonisme*, et c'est pour cela qu'il est resté aristocratique et absolutiste dans sa passion révolutionnaire.

Ces traits qui seraient des coups de pinceau pour un styliste, ces traits qui peuvent nous montrer comment il y a à travers l'histoire une continuelle grande *tragédie du travail* (1), lais-

---

(1) Je me permets de renvoyer ici aux pages de 131-140 de mon *Socialisme et Philosophie*, Paris, 1899.

sent notre auteur impassible dans son pédantisme universitaire. Il n'oppose pas conception à conception dans une vue rapide d'une nouvelle interprétation des destinées humaines, mais il fait simplement des objections au nom « de la mission de notre temps à construire une nouvelle synthèse des sciences » (p. 513). — Et ici de nouveau Hume et Kant, et cette question : qu'est-ce que la vérité ? Et il nous parle de la *nouvelle éthique* qui doit descendre scientifiquement à la critique de la société. La nouvelle philosophie doit résoudre le problème de la religion, que Marx croyait avoir dépassé en faisant de celle-ci une simple illusion. Le pessimisme est la note dominante de notre temps. Schopenhauer s'est approché de la vérité en faisant de la volonté la racine du monde. Marx a fait quelque chose d'analogue avec sa doctrine *unilatérale* du travail Le Marxisme eut le tort de demeurer négatif. « Le *Capital* n'est que la transcription économique du Méphistophelès du Faust » (*sic* ! p. 516 — et si l'on ne me croit pas qu'on aille y voir !). Enfin nous apprenons — si j'ai bien compris — que c'est dans le retour à Kant et dans le passage de l'esprit révolutionnaire au parlementarisme, que consiste l'essentiel de la *crise*, c'est-à-dire le commencement de l'époque de Masaryk dans l'histoire du monde.

Donc Kant et le parlementarisme ! Mais quel

Kant ? Celui de la vie privée, très privée de M. *Philister* ? — ou bien cet auteur révolutionnaire d'écrits subversifs, dans lequel Heine vit un des héros de la *grande révolution* ? Et quel est ce parlement qui est appelé à transformer l'histoire ? Est-ce Kant et la *Convention* : — mais celle-ci succéda à la révolution, c'est-à-dire à l'ébranlement de tout le système social, à la ruine de toute une organisation politique, au déchaînement de toutes les passions de classe.... et cela suffit. M. Masaryk, en professionnel de la sociologie universitaire, a le droit d'ignorer cette histoire vivante, agitée, impulsive, passionnée qui plait à ces autres mortels qui ont le sens sympathique de la réalité humaine ; et il peut se complaire à son aise, dans cette persuasion que la période des révolutions est désormais dépassée pour toujours, et que nous sommes définitivement entrés dans la période des lentes évolutions, et même dans celle de l'idylle de la raison calme et résignée.

Revenons donc à ses compartiments.

Les développements sur la *doctrine de l'Etat et du droit* (p. 387-426) sont consacrés principalement à combattre cette vue d'après laquelle celui-ci et celui-là sont des formations secondaires et dérivées par rapport à la société en général. L'Etat existe depuis les origines de l'évolution et il existera toujours pour des raisons que l'intelligence et la morale approuvent (pag. 405) ; et puis l'homme « par suite de ses dispositions naturelles non seulement commande volontiers, mais se laisse aussi commander, et obéit volontiers ». Les inégalités naturelles rendent la hiérarchie légitime (p. 406). Fort bien ! Mais cela étant donné, pourquoi se fatiguer à démontrer ensuite que le droit ne dérive pas des conditions économiques, pourquoi perdre son temps à combattre les théories égalitaires d'Engels, et pourquoi en appeler à la solennelle autorité de Bernstein (p. 409), qui aurait remis en honneur l'*Etat* (voyez-vous, et cela dans un article de la *Neue Zeit* !), que les socialistes ne veulent plus abolir, mais seulement et simplement réformer ? Il lui est si facile de se trouver d'accord avec le vulgaire sens commun, qui ne se refuse pas à admettre, précisément comme le fait M. Masaryk, qu'il y a des inégalités justes et d'autres injustes (*sic* !). S'il nous en donnait au moins la mesure exacte !

Je passe sur le chapitre intitulé *nationalisme et internationalisme* (p. 426-454), dans lequel l'auteur, après s'être indigné contre la slavophobie de Marx, fait des observations utiles sur les obstacles spontanés que l'internationalisme rencontre dans l'esprit national — pour nous arrêter un peu sur les paradoxes étonnants qu'il développe à propos de la religion (p. 455-481). Il est ici un vrai décadent. Le catholicisme et le protestantisme sont encore des faits très vivants, et décisifs même sur la destinée du monde. Nous sommes tous, d'ailleurs, protestants ou catholiques. Bien plus, toute la philosophie moderne est protestante, et il n'y a pas de philosophie catholique si ce n'est par *nefas* (et votre Comte ?). Il y a dans Marx un élément catholique, non seulement parce qu'il a adopté le socialisme français, qui est catholique, et répugne à la conscience protestante, mais parce qu'il fut autoritaire, ennemi de l'individualisme, internationaliste et partisan de l'objectivisme absolu (p. 476). De même que la révolution française fut en grande partie un mouvement religieux, de même il y a implicitement un peu de religion dans le socialisme contemporain. Dans certains passages il déclare que le protestantisme et le catholicisme se complètent l'un l'autre dans une certaine manière, — et il se peut que l'auteur pense que le socialisme sera la religion de l'avenir, étant donné que « la foi est le plus haut *objectivisme* de l'homme normal, et par conséquent, *ipso facto*, social — ; mais l'objectivisme de Marx est trop *bilieux* » (p. 480).

Si la religion est éternelle, si l'Etat est immortel, si le droit est naturel, vous pensez bien que l'éthique (p. 482-500) ne peut être que super-éternelle. Pour l'auteur, la *conscience morale* est une donnée indiscutable et immédiate. Je ne m'arrête pas à montrer qu'il n'est nullement nécessaire d'être matérialiste de l'histoire, ni simplement matérialiste pour reléguer cette opinion puérile au rang des fables ; et je passe par conséquent sur les citations des articles de revue, dans lesquels Bernstein, Schmidt et autres socialistes auraient revendiqué les droits de l'éthique contre l'*amoralisme* de Marx (p. 49). Je ne parlerai pas non plus du *socialisme et de l'art* (p. 500-508).

Pour toutes ces raisons, en lisant ce que l'auteur écrit dans la cinquième section (p. 520-585) sur la *politique pratique du socialisme*, dans les deux chapitres intitulés, l'un *révolution et réforme*, et l'autre *Marxisme et parlementarisme*, on se trouve en présence d'une construction doctrinale du plus pur verbalisme. Que le socialisme, dans ces cinquante dernières années, soit passé de l'état de *secte* à l'état de *parti*, c'est là une chose suffisamment connue. Que le communisme impératif et catégorique d'autrefois se soit transformé en démocratie sociale, on le sait également. Que les partis socialistes aient actuellement une action pratique variée et circonstanciée, c'est là un fait historique, et c'est aussi de leur part faire la nouvelle histoire, que dans tout cela on commette des erreurs, et qu'il y ait des incertitudes dans la pratique, c'est un fait humainement inévitable : mais il est également vrai que pour comprendre toutes ces choses, il faut vivre au milieu d'elles, et les regarder avec l'œil et le sens d'un historien observateur. Que fait M. Masaryk ? Il ne voit lui que des catégorèmes ; — et voilà comment le passage est tout entier du révolutionnarisme systématique à la négation de la possibilité de toute révolution, du romantisme à l'expérience, de l'aristocratie révolutionnaire à l'éthique démocratique, de l'impératif catégorique à l'empirisme, de l'objectivisme pur à l'autocriticisme, du Titanisme à je ne sais quoi, mais on sait seulement que « Faust-Marx devient électeur » (p. 562). Heureux électeurs socialistes qui complétez Gœthe ! C'est vraiment une méthode spécieuse que de considérer la personne de Marx (dont je ne sais pourquoi l'auteur déclare ignorer la biographie ! p. 51) comme indéfiniment prolongée à travers tous les actes et toutes les manifestations des partis et de la presse socialistes, et de mettre ensuite à la charge du Marxisme de M. Karl Marx, comme s'il s'agissait de ses repentirs et de ses regrets, les paroles et les actes de tous les autres. Il semble que la *Nemesis* est apparue — parce que ce sacré Marx a voulu être trop de choses à la fois, c'est-à-dire un philosophe allemand et un révolutionnaire latin, protestant et catholique, — et la vengeance du protestantisme est venue (p. 566), et c'est là la devise définitive de la crise, c'est là le sens précis du nouveau 9 thermidor de Maximilien-Charles-Robespierre Marx.

Il serait inutile de suivre l'auteur dans toutes

ses citations de la presse socialiste et des actes du parti pour montrer que la dissolution du Marxisme est le fait même des marxistes, qui seraient comme un Marx prolongé. La thèse c'est que le socialisme *devient constitutionnel*. Pour appuyer cette thèse tout est bon, même le témoignage d'Enrico Ferri, qui aurait dit, je ne sais pas où vraiment, que la république est une affaire d'intérêt privé pour les partis bourgeois. Donc pas de république ! Et l'espérance de l'auteur est « que le socialisme, en perdant les caractères aigus de l'athéisme, du matérialisme et du révolutionnarisme, devienne finalement une démocratie véritable, qu'il soit une conception universelle de la vie et du monde. La politique d'un semblable démocratisme serait la vraie politique de la vie et du monde, une politique *sub specie aeternitatis* » (p. 585). Et ici, pour ma part, j'avoue ne rien comprendre.

J'ai suivi, avec un soin et une patience inaccoutumés — étant donné que le genre de mes occupations m'enlève le moyen de lire un livre d'un trait — les 600 pages de M. Masaryk. J'étais d'abord fort curieux de le lire. Tant de gens de culture moyenne et infime et, presque toujours sans compétence, avaient parlé de la crise du Marxisme que je croyais qu'il y aurait beaucoup à apprendre dans l'*opus magnum* de l'auteur du nouveau mot d'ordre de la science sociale. Tout ce que j'ai dit jusqu'ici explique ma désillusion.

Il est certain que M. Masaryk n'a rien de commun avec les différentes formes de l'ignorance professionnelle et de l'audacieux batelage, qui ont donné naissance, en si peu de temps, à tant de critiques *définitifs* du socialisme dans notre heureux pays, où végètent tant d'espèces d'anarchisme moral et intellectuel. Il n'y a rien de commun entre l'auteur dont je m'occupe et cette prétendue crise du marxisme en Italie, si ce n'est l'étiquette ; et cette étiquette nous est venue de la presse française.

La pensée honnête et modeste de M. Masaryk a été simplement de réciter l'éloge funèbre du marxisme, au nom d'une *autre philosophie*. La matière qu'il critique, il l'a recueillie par une lente et patiente étude, et le contexte même, et l'allure modeste et égale de son style nous disent aussi au nom de qui il a parlé et pourquoi : La question sociale est une *donnée*, le socialisme est lui aussi une *donnée* — le socialisme et le Marxisme désormais se confondent (l'auteur répète cela à plusieurs reprises, et je crois qu'il se trompe lourdement), mais le socialisme doit avoir des solutions différentes de celles qu'on attend du *socialisme marxiste* ; il nous faut donc retoucher, refaire, retourner la *Weltanschauung* qui est à la base du Marxisme, et puisque les marxistes eux-mêmes le discutent, soyons les arbitres de la crise.

Ce que veut exactement M. Masaryk, nous le

saurons peut-être mieux une autre fois, et j'avoue que pour moi je ne brûle pas du désir de le savoir. Mais cette lecture m'a fait penser à tout un siècle d'histoire des idées.

Le *Positivisme*, depuis ses origines, a toujours marché sur les talons du socialisme. Idéologiquement les deux choses sont nées presqu'en même temps dans l'esprit confus et génial de Saint-Simon. Elles ont été comme une espèce de complément, par antithèse, des principes de la Révolution. L'opposition entre les deux termes s'est développée dans la descendance bariolée des saint-simoniens ; et à un certain moment Comte est devenu le représentant de la réaction (*aristocratique*, dirait M. Masaryk), qui donne aux hommes, dans le cadre fixe du système, la place et la fonction, au nom de la science *classificatrice* et omnisciente. A mesure que le socialisme est devenu la conscience de la lutte de classe dans l'orbite de la production capitaliste, et à mesure que la sociologie, de construction plusieurs fois mal assurée, s'est consolidée dans le matérialisme historique, le *Positivisme*, cet héritier infidèle de l'esprit révolutionnaire, s'est enfermé dans l'orgueil de la classification supérieure des sciences, qui méprise la conception matérialiste de la science elle-même, qui y voit une chose qui change avec les variations des conditions pratiques, c'est-à-dire du *travail*. Masaryk est un homme trop modeste pour faire revivre la papauté scientifique de Comte, mais il est assez professeur pour croire encore à la *Weltanschauung*, comme à un je ne sais quoi qui plane au-dessus de la question sociale des *humbles ouvriers*. Tournez-le et retournez-le comme comme vous voulez, il y a dans le professeur quelque chose du prêtre, qui crée la divinité qu'il adore ensuite, que ce soit un fétiche ou l'hostie consacrée.

Et maintenant nous pouvons croire que nous avons compris.

J'aurais la tentation de citer ici quelques passages de mes livres, d'où il ressortirait clairement la différence qu'il y a entre la *critique* et la *crise*. Mais au point où j'en suis, il me semble que cela suffit.

Comme la politique ne peut être que l'interprétation pratique et vivante d'un moment historique donné, le socialisme doit aujourd'hui résoudre — pour nous en tenir aux traits généraux, et sans tenir compte des différences qu'il y a entre les différents pays — ce problème vraiment compliqué et difficile : tout en évitant de se perdre dans les tentatives vaines d'une reproduction romantique du révolutionnarisme traditionnel (M. Masaryk dirait : sans abandonner toute idéologie !), il doit éviter également ces modes d'adaptation et d'acquiescement qui, par la voie des transactions, le feraient disparaître dans le mécanisme élastique du monde bourgeois. C'est le désir, l'attente, l'espérance de cet acquiescement de la part du socialisme qui ont amené tant de porte-voix de l'ordre social actuel à donner une importance extraordinaire aux polémiques littéraires du parti socialiste et au modeste livre de Bernstein, auquel on a fait l'honneur de le tenir pour un symptôme historique (1). Cela seul caractérise et condamne en même temps ce livre, comme tant d'autres manifestations analogues : mais M. Masaryk n'est pour rien dans tout cela. M. Masaryk, en professeur en exercice, a fait de la *philologie* à travers le papier imprimé.

Rome, 18 juin 1899.

(1) Sur le livre de Bernstein, voir mon article dans le *Mouvement socialiste* du 1er mai 1899.

APPENDICE II

Manifeste du parti communiste.

MANIFESTE
DU PARTI COMMUNISTE (1)

Un spectre hante l'Europe, le spectre du communisme. Toutes les puissances de la vieille Europe se sont unies en une Sainte-Alliance pour traquer ce spectre : le Pape et le Czar, Metternich et Guizot, les radicaux de France et les policiers d'Allemagne.

Quelle est l'opposition que n'ont pas accusée de communisme ses adversaires au pouvoir ? Quelle est l'opposition qui, à son tour, n'a pas relancé à ses adversaires de droite ou de gauche l'épithète flétrissante de communistes ?

Deux choses ressortent de ces faits :

1° Déjà le communisme est reconnu par toutes les puissances d'Europe comme une puissance ;

2° Il est grand temps que les communistes exposent, à la face du monde entier, leur manière de voir, leurs buts et leurs tendances ; qu'ils opposent au conte du spectre du communisme un manifeste du parti.

(1) Traduction de Laura Lafargue.

Dans ce but, des communistes de diverses nationalités se sont réunis à Londres et ont rédigé le manifeste suivant, qui sera publié en anglais, français, allemand, italien, flamand et danois.

I

Bourgeois et Prolétaires

L'histoire de toute société jusqu'à nos jours n'a été que l'histoire des luttes de classes.

Hommes libres et esclaves, patriciens et plébéiens, barons et serfs, maîtres de jurandes et compagnons, en un mot, oppresseurs et opprimés, en opposition constante, ont mené une guerre ininterrompue, tantôt ouverte, tantôt dissimulée ; une guerre qui finissait toujours, ou par une transformation révolutionnaire de la société tout entière, ou par la destruction des deux classes en lutte.

Dans les premières époques historiques, nous constatons presque partout une division hiérarchique de la société, une échelle graduée de positions sociales. Dans la Rome antique, nous trouvons des patriciens, des chevaliers, des plébéiens et des esclaves ; au moyen âge, des seigneurs, des vassaux, des maîtres, des compagnons, des serfs ; et dans chacune de ces classes, des gradations spéciales.

La société bourgeoise moderne, élevée sur les ruines de la société féodale, n'a pas aboli les antagonismes de classes. Elle n'a fait que substituer aux anciennes, de nouvelles classes, de nouvelles conditions d'oppression, de nouvelles formes de lutte.

Cependant, le caractère distinctif de notre époque, de l'ère de la Bourgeoisie, est d'avoir simplifié les antagonismes de classes. La société se divise de plus en plus en deux vastes camps opposés, en deux classes ennemies : la Bourgeoisie et le Prolétariat.

Des serfs du moyen âge naquirent les éléments des premières communes ; de cette population municipale sortirent les éléments constitutifs de la Bourgeoisie.

La découverte de l'Amérique, la circumnavigation de l'Afrique, offrirent à la Bourgeoisie naissante un nouveau champ d'action. Les marchés de l'Inde et de la Chine, la colonisation de l'Amérique, le commerce colonial, l'accroissement des moyens d'échange et des marchandises, imprimèrent une impulsion, inconnue jusqu'alors, au commerce, à la navigation, à l'industrie, et assurèrent, en conséquence, un rapide développement à l'élément révolutionnaire de la société féodale en dissolution.

L'ancien mode de production ne pouvait plus satisfaire aux besoins qui croissaient avec l'ouverture de nouveaux marchés. Le métier, entouré de privilèges féodaux, fut remplacé par la manufacture. La petite bourgeoisie industrielle supplanta les maîtres de jurandes ; la division du travail entre les différentes corporations disparut devant la division du travail dans l'atelier même.

Mais les marchés s'agrandissaient sans cesse ; la demande croissait toujours. La manufacture, elle aussi, devint insuffisante ; alors la machine et la vapeur révolutionnèrent la production industrielle. La grande industrie moderne supplanta la manufacture ; la petite bourgeoisie manufacturière céda la place aux industriels millionnaires, — chefs d'armées de travailleurs, — aux bourgeois modernes.

La grande industrie a créé le marché mondial, préparé par la découverte de l'Amérique. Le marché mondial accéléra prodigieusement le développement du commerce, de la navigation, de tous les moyens de communication. Ce développement réagit à son tour sur la marche de l'industrie ; et au fur et à mesure que l'industrie, le commerce, la navigation, les chemins de fer se développaient, la Bourgeoisie grandissait, décuplant ses capitaux et refoulant à l'arrière plan les classes transmises par le moyen âge.

La Bourgeoisie, nous le voyons, est elle-même le produit d'un long développement, d'une série de révolutions dans les modes de production et de communication.

Chaque étape de l'évolution parcourue par la Bourgeoisie était accompagnée d'un progrès correspondant. Etat opprimé par le despotisme féodal, association armée se gouvernant elle-même dans la commune ; ici république municipale, là tiers-état taxable de la monarchie ; puis, durant la période manufacturière, contre-poids de la noblesse dans les monarchies limitées ou absolues ; pierre angulaire des grandes monarchies, la Bourgeoisie, depuis l'établissement de la grande industrie et du marché mondial, s'est enfin emparée du pouvoir politique, — à l'exclusion des autres classes, — dans l'Etat représentatif moderne. Le gouvernement moderne n'est qu'un comité administratif des affaires de la classe bourgeoise.

La Bourgeoisie a joué dans l'histoire un rôle essentiellement révolutionnaire.

Partout où elle a conquis le pouvoir, elle a foulé aux pieds les relations féodales, patriarcales et idylliques. Tous les liens multicolores qui unissaient l'homme féodal à ses supérieurs naturels, elle les a brisés sans pitié, pour ne laisser subsister d'autre lien entre l'homme et l'homme que le froid intérêt, que le dur *argent comptant*. Elle a noyé l'extase religieuse, l'enthousiasme chevaleresque, la sentimentalité du petit bourgeois, dans les eaux glacées du calcul égoïste. Elle a fait de la dignité personnelle une simple valeur d'échange ; elle a substitué aux nombreuses libertés, si chèrement conquises, l'unique et impitoyable liberté du commerce. En un mot, à la place de l'exploitation, voilée par des illusions religieuses et politiques, elle a mis une exploitation ouverte, directe, brutale et éhontée.

La Bourgeoisie a dépouillé de leur auréole toutes les professions jusqu'alors réputées vénérables, et vénérées. Du médecin, du juriste, du prêtre, du poète, du savant, elle a fait des travailleurs salariés.

La Bourgeoisie a déchiré le voile de sentimentalité qui recouvrait les relations de famille et les a réduites à n'être que de simples rapports d'argent.

La Bourgeoisie a démontré comment la brutale manifestation de la force au moyen âge, si admirée de la réaction, trouve son complément naturel dans la plus crasse paresse. C'est elle qui, la première, a prouvé ce que peut accomplir l'activité humaine : elle a créé bien d'autres merveilles que les pyramides d'Egypte, les aqueducs romains, les cathédrales gothiques ; elle a conduit bien d'autres expéditions que les antiques migrations de peuples et les croisades.

La Bourgeoisie n'existe qu'à la condition de révolutionner sans cesse les instruments de travail, ce qui veut dire le mode de production, ce qui veut dire tous les rapports sociaux. La conservation de l'ancien mode de production était, au contraire, la première condition d'existence de toutes les classes industrielles antérieures. Ce bouleversement continuel des modes de production, ce constant ébranlement de tout le système social, cette agitation et cette insécurité perpétuelles, distinguent l'époque bourgeoise de toutes les précédentes. Tous les rapports sociaux traditionnels et figés, avec leur cortège de croyances et d'idées admises et vénérées, se dissolvent ; ceux qui les remplacent deviennent surannés avant de se cristalliser. Tout ce qui était solide et stable est ébranlé, tout ce qui était sacré est profané, et les hommes sont forcés, enfin, d'envisager leurs conditions d'existence et leurs relations réciproques avec des yeux dégrisés.

Poussée par le besoin de débouchés toujours nouveaux, la Bourgeoisie envahit le globe entier. Il lui faut pénétrer partout, s'établir partout, créer partout des moyens de communication.

Par l'exploitation du marché mondial, la bourgeoisie donne un caractère cosmopolite à la production de tous les pays. Au désespoir des réactionnaires, elle a enlevé à l'industrie sa base nationale. Les vieilles industries nationales sont détruites, ou sur le point de l'être. Elles sont supplantées par de nouvelles industries, dont l'introduction devient une question vitale pour toutes les nations civilisées, industries qui n'emploient plus des matières premières indigènes, mais des matières premières venues des régions les plus éloignées, et dont les produits se consomment non seulement dans le pays même, mais dans tous les coins du globe.

A la place des anciens besoins, satisfaits par les produits nationaux, naissent de nouveaux besoins, réclamant pour leur satisfaction les produits des contrées les plus lointaines et des climats les plus divers. A la place de l'ancien isolement des nations se suffisant à elles-mêmes, se développe un trafic universel, une interdépendance des nations. Et ce qui est vrai pour la production matérielle s'applique à la production intellectuelle. Les productions intellectuelles d'une nation deviennent la propriété commune de toutes. L'étroitesse et l'exclusivisme nationaux deviennent de jour en jour plus impossibles ; des nombreuses littératures nationales et locales se forme une littérature universelle.

Par le rapide développement des instruments de production et des moyens de communication, la Bourgeoisie entraîne dans le courant de la civilisation jusqu'aux nations les plus barbares. Le bon marché de ses produits est la grosse artillerie qui bat en brèche toutes les murailles de Chine et fait capituler les barbares les plus opiniâtrement hostiles aux étrangers. Sous peine de mort elle force toutes les nations à adopter le mode de production bourgeois. En un mot, elle modèle le monde à son image.

La Bourgeoisie a soumis la campagne à la ville. Elle a créé d'énormes cités ; elle a prodigieusement augmenté la population des villes aux dépens de celle des campagnes, et par là, elle a préservé une grande partie de la population de l'idiotisme de la vie des champs. De même qu'elle a subordonné la campagne à la ville, les nations barbares ou demi-civilisées aux nations civilisées, elle a subordonné les pays agricoles aux pays industriels, l'Orient à l'Occident.

La Bourgeoisie supprime de plus en plus l'éparpillement des moyens de production, de la propriété et de la population. Elle a aggloméré les populations, centralisé les moyens de production et concentré la propriété dans les mains de quelques individus. La conséquence fatale de ces changements a été la centralisation politique. Des provinces indépendantes, reliées entre elles par des liens fédéraux, mais ayant des intérêts, des lois, des gouvernements, des tarifs douaniers différents, ont été réunies en une seule nation, sous un seul gouvernement, une seule loi, un seul tarif douanier et un seul intérêt national de classe.

La Bourgeoisie, depuis son avènement, à peine séculaire, a créé des forces productives plus variées et plus colossales que toutes les générations passées prises ensemble. La subjugation des forces de la nature, les machines, l'application de la chimie à l'industrie et à l'agriculture, la navigation à vapeur, les chemins de fer, les télégraphes électriques, le défrichement de continents entiers, la canalisation des rivières, des populations entières sortant de terre comme par enchantement, quel siècle antérieur a soupçonné que de pareilles forces productives dormaient dans le travail social ?

Voici donc ce que nous avons vu : les moyens de production et d'échange servant de base à l'évolution bourgeoise furent créés dans le sein de la société féodale. A un certain degré du développement de ces moyens de production et d'échange, les conditions dans lesquelles la société féodale produisait et échangeait ses produits, l'organisation féodale de l'industrie et de la manufacture, en un mot, les rapports de la propriété féodale, cessèrent de correspondre aux nouvelles forces productives. Ils entravaient la production au lieu de la développer. Ils se transformèrent en autant de chaînes. Il fallait briser ces chaînes. On les brisa. A la place s'éleva la libre concurrence, avec une constitution sociale et politique correspondante, avec la domination économique et politique de la classe bourgeoise.

Sous nos yeux il se produit un phénomène analogue. La société bourgeoise moderne, qui a mis en mouvement de si puissants moyens de production et d'échange, ressemble au magicien qui ne sait plus dominer les puissances infernales qu'il a évoquées. Depuis trente ans au moins, l'histoire de l'industrie et du commerce n'est que l'histoire de la révolte des forces productives contre les rapports de propriété qui sont les conditions d'existence de la Bourgeoisie et de son règne. Il suffit de mentionner les crises commerciales qui, par leur retour périodique, mettent de plus en plus en question l'existence de la société bourgeoise. Chaque crise détruit régulièrement non seulement une masse de produits déjà créés, mais encore une grande partie des forces productives elles-mêmes. Une épidémie, qui, à toute autre époque, eût semblé un paradoxe, s'abat sur la société, — l'épidémie de la surproduction. La société se trouve subitement rejetée dans un état de barbarie momentanée ; on dirait qu'une famine, qu'une guerre d'extermination lui coupent tous les moyens de subsistance ; l'industrie et le commerce semblent annihilés. Et pourquoi? Parce que la société a trop de civilisation, trop de moyens de subsistance, trop d'industrie, trop de commerce. Les forces productives dont elle dispose ne favorisent plus le développement des conditions de la propriété bourgeoise ; au contraire, elles sont devenues trop puissantes pour ces conditions, qui se tournent en entraves ; et toutes les fois que les forces productives sociales s'affranchissent de ces entraves, elles précipitent dans le désordre la société tout entière et menacent l'existence de la propriété bourgeoise. Le système bourgeois est devenu trop étroit pour contenir les richesses créées dans son sein.

Comment la Bourgeoisie surmonte-t-elle ces crises? D'une part, par la destruction forcée d'une masse de forces productives; d'autre part, par la conquête de nouveaux marchés, et l'exploitation plus parfaite des anciens. C'est-à-dire qu'elle prépare des crises plus générales et plus formidables et diminue les moyens de les prévenir.

Les armes dont la Bourgeoisie s'est servie pour abattre la féodalité se retournent aujourd'hui contre la bourgeoisie elle-même.

Mais la Bourgeoisie n'a pas seulement forgé les armes qui doivent lui donner la mort; elle a produit aussi les hommes qui manieront ces armes, — les ouvriers modernes, les *Prolétaires*.

Avec le développement de la Bourgeoisie, c'est-à-dire du capital, se développe le Prolétariat, la classe des ouvriers modernes, qui ne vivent qu'à la condition de trouver du travail, et qui n'en trouvent plus dès que leur travail cesse d'agrandir le capital. Les ouvriers, contraints de se vendre au jour le jour, sont une marchandise comme tout autre article du commerce; ils subissent, par conséquent, toutes les vicissitudes de la concurrence, toutes les fluctuations du marché.

L'introduction des machines et la division du travail, dépouillant le travail de l'ouvrier de son caractère individuel, lui ont enlevé tout attrait. Le producteur devient un simple appendice de la machine ; on n'exige de lui que l'opération la plus simple, la plus monotone, la plus vite apprise. Par conséquent, le coût de production de l'ouvrier se réduit à peu près aux moyens d'entretien dont il a besoin pour vivre et pour propager sa race. Or, le prix du travail, comme celui de toute marchandise, est égal au coût de sa production. Donc, plus le travail devient répugnant, plus les salaires baissent. Bien plus, la somme de travail s'accroît avec le développement de la machine et de la division du travail, soit par la prolongation de la journée de travail, soit par l'accélération du mouvement des machines.

L'industrie moderne a transformé le petit atelier de l'ancien patron patriarcal en la grande fabrique du bourgeois capitaliste. Des masses d'ouvriers, entassés dans la fabrique, sont organisés militairement. Traités comme des soldats industriels, ils sont placés sous la surveillance d'une hiérarchie complète d'officiers et de sous-officiers. Ils ne sont pas seulement les esclaves de la classe bourgeoise, du gouvernement bourgeois, mais encore, journellement et à toute heure, les esclaves de la machine, du contremaître et surtout du maître de la fabrique. Plus ce despotisme proclame hautement le profit comme son but unique, plus il est mesquin, odieux et exaspérant.

Moins le travail exige d'habileté et de force, c'est-à-dire plus l'industrie moderne progresse, plus le travail des hommes est supplanté par celui des femmes. Les distinctions d'âge et de sexe n'ont plus d'importance sociale pour la classe ouvrière. Il n'y a plus que des instruments de travail, dont le prix varie suivant l'âge et le sexe.

Une fois que l'ouvrier a subi l'exploitation du fabricant et qu'il a reçu son salaire en argent comptant, il devient la proie d'autres membres de la bourgeoisie, du petit propriétaire, du prêteur sur gages.

La petite Bourgeoisie, les petits industriels, les marchands, les petits rentiers, les artisans et les paysans propriétaires, tombent dans le Prolétariat; d'une part, parce que leurs petits capitaux ne leur permettant pas d'employer les procédés de la grande industrie, ils succombent dans leur concurrence avec les grands capitalistes; d'autre part, parce que leur habileté spéciale est dépréciée par les nouveaux modes de production. De sorte que le Prolétariat se recrute dans toutes les classes de la population.

Le Prolétariat passe par différentes phases d'évolution. Sa lutte contre la Bourgeoisie commence dès sa naissance.

D'abord la lutte est engagée par des ouvriers isolés, ensuite par les ouvriers d'une même fabrique, enfin par les ouvriers du même métier dans une localité, contre le bourgeois qui les exploite directement. Ils ne se contentent pas de diriger leurs attaques contre le mode bourgeois de production, ils les dirigent contre les instruments de production : ils détruisent les marchandises étrangères qui leur font concurrence, brisent les machines, brûlent les fabriques et s'efforcent de reconquérir la position perdue de l'artisan du moyen âge.

A ce moment du développement, le Prolétariat forme une masse incohérente, disséminée sur tout le pays, et désunie par la concurrence. Si parfois les ouvriers s'unissent pour agir en masse compacte, cette action n'est pas encore le résultat de leur propre union, mais de celle de la Bourgeoisie qui, pour atteindre ses fins politiques, doit mettre en branle le Prolétariat tout entier, et qui, pour le moment, possède encore le pouvoir de le faire. Durant cette phase, les prolétaires ne combattent pas encore leurs propres ennemis, mais les ennemis de leurs ennemis, c'est-à-dire les restes de la monarchie absolue, les propriétaires fonciers, les bourgeois non industriels, les petits bourgeois. Tout le mouvement historique est de la sorte concentré entre les mains de la Bourgeoisie ; toute victoire remportée dans ces conditions est une victoire bourgeoise.

Or, l'industrie, en se développant, non seulement grossit le nombre des prolétaires mais les concentre en masses plus considérables ; les prolétaires augmentent en force et prennent conscience de leur force. Les intérêts, les conditions d'existence des prolétaires s'égalisent de plus en plus, à mesure que la machine efface toute différence dans le travail et presque partout réduit le salaire à un niveau également bas. Par suite de la croissante concurrence des bourgeois entre eux et des crises commerciales qui en résultent, les salaires deviennent de plus en plus incertains ; le constant perfectionnement de la machine rend la position de l'ouvrier de plus en plus précaire ; les collisions individuelles entre l'ouvrier et le bourgeois prennent de plus en plus le caractère de collisions entre deux classes. Les ouvriers commencent par se coaliser contre les bourgeois pour le maintien de leurs salaires. Ils vont jusqu'à former des associations permanentes en prévision de ces luttes occasionnelles. Çà et là la résistance éclate en émeute.

Parfois les ouvriers triomphent ; mais c'est un triomphe éphémère. Le véritable résultat de leurs luttes est moins le succès immédiat que la solidarité croissante des travailleurs. Cette solidarisation est facilitée par l'accroissement des moyens de communication, qui permettent aux ouvriers de localités différentes d'entrer en relation. Or, il suffit de cette mise en contact pour transformer les nombreuses luttes locales, qui partout revêtent le même caractère, en une lutte nationale, en une lutte de classe. Mais toute lutte de classe est une lutte politique. Et l'union que les bourgeois du moyen âge mettaient des siècles à établir par leurs chemins vicinaux, les prolétaires modernes l'établissent en quelques années par les chemins de fer.

L'organisation du Prolétariat en classe, et par suite en parti politique, est sans cesse détruite par la concurrence que se font les ouvriers entre eux. Mais elle renaît toujours, et toujours plus forte, plus ferme, plus formidable. Elle profite des divisions intestines des bourgeois pour les obliger à donner une garantie légale à certains intérêts de la classe ouvrière, par exemple, la loi de dix heures de travail en Angleterre.

En général, les collisions dans la vieille société favorisent de diverses manières le développement du Prolétariat. La Bourgeoisie vit dans un état de guerre perpétuelle, d'abord contre l'aristocratie, puis contre cette catégorie de la Bourgeoisie dont les intérêts viennent en conflit avec les progrès de l'industrie, toujours, enfin, contre la Bourgeoisie des pays étrangers. Dans toutes ces luttes, elle se voit forcée de faire appel au Prolétariat, d'user de son concours et de l'entraîner dans le mouvement politique, en sorte que la Bourgeoisie fournit aux Prolétaires les éléments de sa propre éducation politique et sociale, c'est-à-dire des armes contre elle-même.

De plus, ainsi que nous venons de le voir, des fractions entières de la classe dominante sont précipitées dans le Prolétariat, ou sont menacées, tout au moins, dans leurs conditions d'existence. Elles aussi apportent au Prolétariat de nombreux éléments de progrès.

Enfin, au moment où la lutte des classes approche de l'heure décisive, le procès de dissolution de la classe régnante de la société tout entière, prend un caractère si violent et si âpre qu'une fraction de la classe régnante s'en détache et se rallie à la classe révolutionnaire, à la classe qui représente l'avenir. De même que jadis une partie de la noblesse se rangea du côté de la Bourgeoisie, de nos jours une partie de la Bourgeoisie fait cause commune avec le Prolétariat, notamment cette partie des idéologues bourgeois parvenue à l'intelligence théorique du mouvement historique dans son ensemble. De toutes les classes qui à l'heure présente se trouvent face à face avec la Bourgeoisie, le Prolétariat seul est la classe vraiment révolutionnaire. Les autres classes périclitent et périssent avec la grande industrie ; le Prolétariat, au contraire, est son produit tout spécial.

La classe moyenne, les petits fabricants, les détaillants, les paysans combattent la Bourgeoisie, parce qu'elle compromet leur existence en tant que classe moyenne. Ils ne sont donc pas révolutionnaires, mais conservateurs ; qui plus est, ils sont réactionnaires ; ils demandent que l'histoire fasse machine en arrière. S'ils agissent révolutionnairement, c'est par crainte de tomber dans le Prolétariat : ils défendent alors leurs intérêts futurs et non leurs intérêts actuels ; ils abandonnent leur propre point de vue pour se placer à celui du Prolétariat.

La voyoucratie des grandes villes, cette putréfaction passive, cette lie des plus basses couches de la société, est çà et là entraînée dans le mouvement par une révolution prolétarienne ; cependant, ses conditions de vie la prédisposeront plutôt à se vendre à la réaction.

Les conditions d'existence de la vieille société sont déjà détruites dans les conditions d'existence du Prolétariat. Le prolétaire est sans propriété ; ses relations de famille n'ont rien de commun avec celles de la famille bourgeoise. Le travail industriel moderne, qui implique l'asservissement de l'ouvrier par le capital, aussi bien en France qu'en Angleterre, qu'en Amérique, qu'en Allemagne, dépouille le Prolétaire de tout caractère national. Les lois, la morale, la religion sont pour lui autant de préjugés bourgeois, derrière lesquels se cachent autant d'intérêts bourgeois.

Toutes les classes précédentes qui avaient conquis le pouvoir ont essayé de consolider leur situation acquise en soumettant la société à leur propre mode d'appropriation. Les Prolétaires ne peuvent s'emparer des forces productives sociales qu'en abolissant leur propre mode d'appropriation et par suite le mode d'appropriation en vigueur jusqu'à nos jours. Les Prolétaires n'ont rien à eux à assurer ; ils ont, au contraire, à détruire toute garantie privée, toute sécurité privée existantes.

Tous les mouvements historiques ont été, jusqu'ici, des mouvements de minorités au profit de minorités. Le mouvement prolétarien est le mouvement spontané de l'immense majorité. Le Prolétariat, la dernière couche de la société actuelle, ne peut se redresser sans faire sauter toutes les couches superposées qui constituent la société officielle.

La lutte du Prolétariat contre la Bourgeoisie, bien qu'elle ne soit pas au fond une lutte nationale, en revêt cependant, tout d'abord, la forme. Il va sans dire que le Prolétariat de chaque pays doit en finir, avant tout, avec sa propre Bourgeoisie.

En esquissant à grands traits les phases du développement prolétarien, nous avons décrit l'histoire de la guerre civile, plus ou moins occulte, qui travaille la société jusqu'à l'heure où cette guerre éclate en une révolution ouverte, et où le Prolétariat établit les bases de sa domination par le renversement violent de la bourgeoisie.

Toutes les sociétés antérieures, nous l'avons vu, ont reposé sur l'antagonisme de la classe oppressive et de la classe opprimée. Mais pour opprimer une classe il faut, au moins, pouvoir lui garantir les conditions d'existence qui lui permettent de vivre en esclave. Le serf, en pleine féodalité, parvenait à se faire membre de la Commune ; le bourgeois embryonnaire du moyen âge atteignait la position de bourgeois, sous le joug de l'absolutisme féodal. L'ouvrier moderne, au contraire, loin de s'élever avec le progrès de l'industrie, descend toujours plus bas, au-dessous même du niveau des conditions de sa propre classe. Le travailleur tombe dans le paupérisme, et le paupérisme s'accroît plus rapidement encore que la population et la richesse. Il est donc manifeste que la Bourgeoisie est incapable de remplir le rôle de classe régnante et d'imposer à la société comme loi suprême les conditions d'existence de sa classe. Elle ne peut régner, parce qu'elle ne peut plus assurer l'existence à son esclave, même dans les conditions de son esclavage ; parce qu'elle est obligée de le laisser tomber dans une situation telle, qu'elle doit le nourrir au lieu de s'en faire nourrir. La société ne peut plus exister sous sa domination, ce qui revient à dire que son existence est désormais incompatible avec celle de la société.

La condition essentielle d'existence et de suprématie pour la classe bourgeoise est l'accumulation de la richesse dans les mains privées, la formation et l'accroissement du capital ; la condition du capital est le salariat. Le salariat repose exclusivement sur la concurrence des ouvriers entre eux. Le progrès de l'industrie, dont la Bourgeoisie est l'agent passif et inconscient, remplace l'isolement des ouvriers par leur union révolutionnaire au moyen de l'association. Le développement de la grande industrie sape sous les pieds de la bourgeoisie le terrain même sur lequel elle a établi son système de production et d'appropriation.

La Bourgeoisie produit avant tout ses propres fossoyeurs. Sa chute et la victoire du Prolétariat sont également inévitables.

II

Prolétaires et Communistes

Quelle est la position des communistes vis-à-vis des prolétaires pris en masse ?

Les communistes ne forment pas un parti distinct, opposé aux autres partis ouvriers.

Ils n'ont point d'intérêts qui les séparent du prolétariat en général.

Ils ne proclament pas de principes sectaires sur lesquels ils voudraient modeler le mouvement ouvrier.

Les communistes ne se distinguent des autres partis ouvriers que sur deux points :

1º Dans les différentes luttes nationales des prolétaires, ils mettent en avant et font valoir les intérêts communs du Prolétariat ;

2º Dans les différentes phases évolutives de la lutte entre prolétaires et bourgeois, ils représentent toujours et partout les intérêts du mouvement général.

Pratiquement, les communistes sont donc la section la plus résolue, la plus avancée de chaque pays, la section qui anime toutes les autres ; théoriquement, ils ont sur le reste du prolétariat l'avantage d'une intelligence nette des conditions, de la marche et des fins générales du mouvement prolétarien.

Le but immédiat des communistes est le même que celui de toutes les fractions du Prolétariat : organisation des prolétaires en parti de classe, destruction de la suprématie bourgeoise, conquête du pouvoir politique par le Prolétariat.

Les propositions théoriqués des communistes ne reposent nullement sur des principes inventés ou découverts par tel ou tel réformateur du monde.

Elles ne sont que l'expression, en termes généraux, des conditions réelles d'une lutte de classe existante, d'un mouvement historique évoluant sous nos yeux. L'abolition des rapports de propriété qui ont existé jusqu'ici n'est pas le caractère distinctif du communisme.

La propriété a subi de constants changements, de continuelles transformations historiques.

La Révolution française, par exemple, abolit la propriété féodale en faveur de la propriété bourgeoise.

Le caractère distinctif du communisme n'est pas l'abolition de la propriété en général, mais l'abolition de la propriété bourgeoise.

Or, la propriété privée, la propriété bourgeoise moderne, est la dernière et la plus parfaite expression du mode de production et d'appropriation basé sur les antagonismes de classes, sur l'exploitation des uns par les autres.

En ce sens, les communistes peuvent résumer leur théorie dans cette proposition unique : abolition de la *propriété privée*.

On nous a reproché, à nous autres communistes, de vouloir abolir la propriété personnelle, péniblement acquise par le travail, propriété que l'on déclare être la base de toute liberté, de toute activité, de toute indépendance individuelle.

La propriété personnelle, fruit du travail d'un

homme ! Veut-on parler de la propriété du petit bourgeois, du petit paysan, forme de propriété antérieure à la propriété bourgeoise ? Nous n'avons que faire de l'abolir, le progrès de l'industrie l'a abolie, ou est en train de l'abolir. Ou bien veut-on parler de la propriété privée, de la propriété bourgeoise moderne ?

Est-ce que le travail salarié crée de la propriété pour le prolétaire ? Nullement. Il crée le capital, c'est-à-dire la propriété qui exploite le travail salarié, et qui ne peut s'accroître qu'à la condition de produire du nouveau travail salarié afin de l'exploiter de nouveau. Dans sa forme présente la propriété se meut entre les deux termes antinomiques : capital et travail. Examinons les deux côtés de cette antinomie.

Être capitaliste signifie occuper non seulement une position personelle, mais encore une position sociale dans le système de la production. Le capital est un produit collectif ; il ne peut être mis en mouvement que par les efforts combinés de beaucoup de membres de la société, et même, en dernière instance, que par les efforts combinés de tous les membres de la société.

Le capital n'est donc pas une force personnelle ; il est une force sociale.

Dès lors, quand le capital est transformé en propriété commune, appartenant à tous les membres de la société, ce n'est pas là une propriété personnelle transformée en propriété sociale. Il n'y a que le caractère social de la propriété qui soit transformé. Elle perd son caractère de propriété de classe.

Arrivons au travail salarié.

Le prix moyen du travail salarié est le minimum du salaire, c'est-à-dire la somme des moyens d'existence dont l'ouvrier a besoin pour vivre en ouvrier. Par conséquent, ce que l'ouvrier s'approprie par son activité est tout juste ce qui lui est nécessaire pour entretenir une maigre existence, et pour se reproduire.

Nous ne voulons en aucune façon abolir cette appropriation personnelle des produits du travail, indispensable à l'entretien et à la reproduction de la vie humaine, cette appropriation ne laissant aucun profit net qui donne du pouvoir sur le travail d'autrui. Ce que nous voulons, c'est supprimer ce triste mode d'appropriation qui fait que l'ouvrier ne vit que pour accroître le capital et ne vit que juste autant que l'exigent les intérêts de la classe régnante.

Dans la société bourgeoise, le travail vivant n'est qu'un moyen d'accroître le travail accumulé. Dans la société communiste, le travail accumulé n'est qu'un moyen d'élargir, d'enrichir et d'embellir l'existence.

Dans la société bourgeoise, le passé domine le présent ; dans la société communiste c'est le présent qui domine le passé. Dans la société bourgeoise, le capital est indépendant et personnel, tandis que l'individu agissant est dépendant et privé de personnalité.

C'est l'abolition d'un pareil état de choses que la bourgeoisie flétrit comme l'abolition de l'individualité et de la liberté. Et avec juste raison. Car il s'agit effectivement de l'abolition de l'individualité, de l'indépendance et de la liberté bourgeoises.

Par liberté, dans les conditions actuelles de la production bourgeoise, on entend la liberté du commerce, le libre échange.

Mais avec le trafic, le trafic libre disparaît. Au reste, tous les grands mots sur le libre échange, de même que toutes les forfanteries libérales de nos bourgeois n'ont un sens que par contraste au commerce entravé, au bourgeois asservi du moyen âge ; ils n'en ont aucun lorsqu'il s'agit de l'abolition, par les communistes, du trafic, des rapports de la production bourgeoise et de la bourgeoisie elle-même.

Vous êtes saisis d'horreur parce que nous voulons abolir la propriété privée. Mais dans votre société la propriété privée est abolie pour les neuf dixièmes de ses membres. C'est précisément parce qu'elle n'existe pas pour ces neuf dixièmes qu'elle existe pour vous. Vous nous reprochez donc de vouloir abolir une forme de la propriété qui ne peut se constituer qu'à la condition de priver l'immense majorité de la société de toute propriété.

En un mot, vous nous accusez de vouloir abolir votre propriété à vous. A la vérité, c'est bien là notre intention.

Dès que le travail ne peut plus être converti en capital, en argent, en propriété foncière, bref, en pouvoir social capable d'être monopolisé, c'est-à-dire dès que la propriété individuelle ne peut plus se transformer en propriété bourgeoise, vous déclarez que l'individualité est supprimée.

Vous avouez donc que lorsque vous parlez de l'individu, vous n'entendez parler que du bourgeois. Et cet individu-là, sans contredit, doit être supprimé.

Le communisme n'enlève à personne le pouvoir de s'approprier sa part des produits sociaux ; il n'ôte que le pouvoir d'assujettir, à l'aide de cette appropriation, le travail d'autrui.

On a objecté encore qu'avec l'abolition de la propriété privée toute activité cesserait, qu'une paresse générale s'emparerait du monde.

Si cela était, il y a beau jour que la société bourgeoise aurait succombé à la fainéantise, puisque ceux qui y travaillent ne gagnent pas et que ceux qui y gagnent ne travaillent pas.

Toute l'objection se réduit à cette tautologie, qu'il n'y a plus de travail salarié là où il n'y a plus de capital.

Les accusations portées contre le mode communiste de production et d'appropriation des produits matériels ont été également portées contre la production et l'appropriation intellectuelles. De même que pour le bourgeois la disparition de la propriété de classe équivaut à la disparition de toute propriété, de même la disparition de la culture intellectuelle de classe signifie, pour lui, la disparition de toute culture intellectuelle.

La culture, dont il déplore la perte, n'est pour l'immense majorité que le façonnement à devenir machine.

Mais ne nous querellez pas tant que vous appliquerez à l'abolition de la propriété bourgeoise l'étalon de vos notions bourgeoises de liberté, de culture, de droit, etc. Vos idées sont elles-mêmes les produits des rapports de la production et de la propriété bourgeoises, comme votre droit n'est que la volonté de votre classe érigée en loi, volonté dont le contenu est déterminé par les conditions matérielles d'existence de votre classe.

La conception intéressée qui vous fait ériger en lois éternelles de la nature et de la raison les rapports sociaux qui naissent de votre mode de production, — rapports sociaux transitoires, qui surgissent et disparaissent au cours de l'évolution de la production, — cette conception vous la partagez avec toutes les classes jadis régnantes et disparues aujourd'hui. Ce que vous concevez pour la propriété antique, ce que vous comprenez pour la propriété féodale, il vous est défendu de l'admettre pour la propriété bourgeoise.

Vouloir abolir la famille ! Jusqu'aux plus radicaux qui s'indignent de cet infâme dessein des communistes.

Sur quelle base repose la famille bourgeoise de notre époque ? Sur le capital, le gain individuel. La famille, à l'état complet, n'existe que pour la bourgeoisie ; mais elle trouve son complément dans la suppression forcée de toute famille pour le prolétaire, et dans la prostitution publique.

La famille bourgeoise s'évanouit naturellement avec l'évanouissement de son complément nécessaire, et l'un et l'autre disparaissent avec la disparition du capital.

Nous reprocherez-vous de vouloir abolir l'exploitation des enfants par leurs parents ? Nous avouons le crime.

Mais nous brisons, dites-vous, les liens les plus sacrés, en substituant à l'éducation de la famille l'éducation sociale.

Et votre éducation à vous, n'est-elle pas, elle aussi, déterminée par la société ? Par les conditions sociales dans lesquelles vous élevez vos enfants, par l'intervention directe ou indirecte de la société à l'aide des écoles, etc. ? Les communistes n'inventent pas cette ingérence de la société dans l'éducation, ils ne cherchent qu'à en changer le caractère et à arracher l'éducation à l'influence de la classe régnante.

Les déclamations bourgeoises sur la famille et l'éducation, sur les doux liens qui unissent l'enfant à ses parents, deviennent de plus en plus écœurantes à mesure que la grande industrie détruit tout lien de famille pour le prolétaire et transforme les enfants en simples objets de commerce, en simples instruments de travail.

Mais de la bourgeoisie toute entière s'élève une clameur : vous autres communistes, vous voulez introduire la communauté des femmes !

Pour le bourgeois sa femme n'est rien qu'un instrument de production. Il entend dire que les instruments de production doivent être mis en commun et il conclut naturellement qu'il y aura communauté des femmes.

Il ne soupçonne pas qu'il s'agit précisément d'assigner à la femme un autre rôle que celui de simple instrument de production.

Rien de plus grotesque, d'ailleurs, que l'horreur ultra-morale qu'inspire à nos bourgeois la prétendue communauté officielle des femmes chez les communistes. Les communistes n'ont pas besoin d'introduire la communauté des femmes. Elle a presque toujours existé.

Nos bourgeois, non contents d'avoir à leur disposition les femmes et les filles des prolétaires, sans parler de la prostitution officielle, trouvent un plaisir singulier à se cocufier mutuellement.

Le mariage bourgeois est, en réalité, la communauté des femmes mariées. Tout au plus pourrait-on accuser les communistes de vouloir mettre à la place d'une communauté de femmes hypocrite et dissimulée, une autre qui serait franche et officielle. Il est évident, du reste, qu'avec l'abolition des rapports de production actuels, la communauté des femmes qui en dérive, c'est-à-dire la prostitution officielle et non officielle, disparaîtra.

En outre, on accuse les communistes de vouloir abolir la patrie, la nationalité.

Les ouvriers n'ont pas de patrie. On ne peut leur ravir ce qu'ils n'ont pas. Comme le prolétariat de chaque pays doit, en premier lieu, conquérir le pouvoir politique, s'ériger en classe maîtresse de la nation, il est par là encore national lui-même, quoique nullement dans le sens bourgeois.

Déjà les démarcations et les antagonismes nationaux des peuples disparaissent de plus en plus avec le développement de la bourgeoisie, la liberté du commerce et le marché mondial, avec l'uniformité de la production industrielle et les conditions d'existence qui y correspondent.

L'avènement du prolétariat les fera disparaître plus vite encore. L'action commune des différents prolétariats, dans les pays civilisés tout au moins, est une des premières conditions de leur émancipation.

Abolissez l'exploitation de l'homme par l'homme, et vous abolissez l'exploitation d'une nation par une autre nation.

Lorsque l'antagonisme des classes, à l'intérieur des nations, aura disparu, l'hostilité de nation à nation disparaîtra.

Quant aux accusations portées contre les communistes, au nom de la religion, de la philosophie et de l'idéologie en général, elles ne méritent pas un examen approfondi.

Est-il besoin d'un esprit bien profond pour comprendre que les vues, les notions et les conceptions, en un mot, que la conscience de l'homme change avec tout changement survenu dans ses relations sociales, dans son existence sociale ?

Que démontre l'histoire de la pensée si ce n'est que la production intellectuelle se transforme avec la production matérielle ? Les idées dominantes d'une époque n'ont jamais été que les idées de la classe dominante.

Lorsqu'on parle d'idées qui révolutionnent une société tout entière, on annonce seulement le fait que dans le sein de la vieille société les éléments d'une nouvelle société se sont formés et que la dissolution des vieilles idées marche de pair avec la dissolution des anciennes relations sociales.

Quand l'ancien monde était à son déclin, les vieilles religions furent vaincues par la religion chrétienne ; quand, au XVIIIe siècle, les idées chrétiennes cédèrent la place aux idées philosophiques, la société féodale livrait sa dernière bataille à la bourgeoisie, alors révolutionnaire. Les idées de liberté religieuse et de liberté de conscience ne firent que proclamer le règne de la libre concurrence dans le domaine de la connaissance.

« Sans doute, dira-t-on, les idées religieuses, morales, philosophiques, politiques et juridiques se sont modifiées dans le cours du développement historique, mais la religion, la morale, la philosophie se maintenaient toujours à travers ces transformations.

« Il y a de plus des vérités éternelles, telles que la liberté, la justice, etc., qui sont communes à toutes les conditions sociales. Or, le communisme abolit les vérités éternelles, il abolit la religion et la morale au lieu de les constituer sur une nouvelle base, ce qui est contradictoire à tout le développement historique antérieur. »

A quoi se réduit cette objection? L'histoire de toute société se résume dans le développement des antagonismes des classes, antagonismes qui ont revêtu des formes différentes aux différentes époques.

Mais quelle qu'ait été la forme revêtue par

ces antagonismes, l'exploitation d'une partie de la société par l'autre est un fait commun à tous les siècles antérieurs. Donc, rien d'étonnant à ce que la conscience sociale de tous les âges, en dépit de toute divergence et de toute diversité, se soit toujours mue dans de certaines formes communes, dans des formes de conscience qui ne se dissoudront complètement qu'avec l'entière disparition de l'antagonisme des classes.

La révolution communiste est la rupture la plus radicale avec les rapports de propriété traditionnels ; rien d'étonnant à ce que, dans le cours de son développement, elle rompe de la façon la plus radicale avec les vieilles idées traditionnelles.

Mais laissons là les objections faites par la bourgeoisie au communisme.

Ainsi que nous l'avons vu plus haut, la première étape dans la révolution ouvrière est la constitution du prolétariat en classe régnante, la conquête du pouvoir public par la démocratie.

Le prolétariat se servira de sa suprématie politique pour arracher petit à petit tout capital à la bourgeoisie, pour centraliser tous les instruments de production dans les mains de l'État, c'est-à-dire du prolétariat organisé en classe régnante, et pour augmenter au plus vite les masses des forces productives disponibles.

Ceci, naturellement, ne pourra s'accomplir, au début, que par une violation despotique des droits de propriété et des rapports de production bourgeoise, c'est-à-dire par la prise de mesures qui, au point de vue économique, paraîtront insuffisantes et insoutenables, mais qui au cours du mouvement se dépassent elles-mêmes et sont indispensables comme moyen de révolutionner le mode de production tout entier.

Ces mesures, bien entendu, seront bien différentes dans les différents pays.

Cependant, pour les pays les plus avancés, les mesures suivantes pourront assez généralement être applicables.

1° Expropriation de la propriété foncière et confiscation de la rente foncière au profit de l'Etat.

2° Impôt fortement progressif.

3° Abolition de l'héritage.

4° Confiscation de la propriété de tous les émigrants et de tous les rebelles.

5° Centralisation du crédit dans les mains de l'Etat au moyen d'une banque nationale avec capital de l'Etat et avec le monopole exclusif.

6° Centralisation, dans les mains de l'Etat, de tous les moyens de transport.

7° Augmentation des manufactures nationales et des instruments de production, défrichement des terrains incultes et amélioration des terres cultivées d'après un système général.

8° Travail obligatoire pour tous, organisation d'armées industrielles, particulièrement pour l'agriculture.

9° Combinaison du travail agricole et industriel, mesures tendant à faire disparaître la distinction entre ville et campagne.

10° Education publique et gratuite de tous les enfants, abolition du travail des enfants dans les fabriques, tel qu'il est pratiqué aujourd'hui. Combinaison de l'éducation avec la production matérielle, etc., etc.

Les antagonismes des classes une fois disparus dans le cours du développement, et toute la production concentrée dans les mains des individus associés, le pouvoir public perd son caractère politique. Le pouvoir politique, à proprement parler, est le pouvoir organisé d'une classe pour l'oppression d'une autre Si le prolétariat, dans sa lutte contre la bourgeoisie, se constitue forcément en classe, s'il s'érige par une révolution en classe régnante, et, comme classe régnante, détruit violemment les anciens rapports de production, il détruit, en même temps que ces rapports de production, les conditions d'existence de l'antagonisme des classes, il détruit les classes en général et, par là, sa propre domination comme classe.

A la place de l'ancienne société bourgeoise, avec ses classes et ses antagonismes de classes, surgit une association où le libre développement de chacun est la condition du libre développement pour tous.

III

Littérature Socialiste et Communiste

I. — Le socialisme réactionnaire

A. — *Le socialisme féodal*

Par leur position historique, les aristocraties françaises et anglaises se trouvèrent appelées à lancer des libelles contre la société bourgeoise. Dans la révolution française de 1830, dans le mouvement réformiste anglais, elles avaient succombé une fois de plus sous les coups du parvenu abhorré. Pour elles, il ne pouvait plus désormais être question d'une lutte politique sérieuse, il ne leur restait plus que la lutte littéraire. Or, dans le domaine littéraire aussi, la vieille phraséologie de la Restauration était devenue impossible.

Pour se créer des sympathies, il fallait que l'aristocratie fît semblant de perdre de vue ses intérêts propres, et qu'elle dressât son acte d'accusation contre la bourgeoisie, dans le seul intérêt de la classe ouvrière exploitée. Elle se ménagea de la sorte la satisfaction de faire des chansons satiriques sur son nouveau maître et de fredonner à ses oreilles des prophéties grosses de malheurs.

C'est ainsi que naquit le socialisme féodal,

mélange de jérémiades et de pasquinades, d'échos du passé et de vagissements de l'avenir. Si parfois sa critique mordante et spirituelle frappa au cœur la bourgeoisie, son impuissance absolue à comprendre la marche de l'histoire moderne finit toujours par le rendre ridicule.

En guise de drapeau, ces messieurs arboraient la besace du mendiant, afin d'attirer à eux le peuple; mais dès que le peuple accourut, il aperçut leurs derrières ornés du vieux blason féodal et se dispersa avec de grands et d'irrévérencieux éclats de rire.

Une partie des légitimistes français et la jeune Angleterre ont donné au monde ce réjouissant spectacle.

Quand les champions de la féodalité démontrent que le mode d'exploitation de la féodalité était autre que celui de la bourgeoisie, ils n'oublient qu'une chose, c'est qu'elle exploitait dans des conditions tout à fait différentes et aujourd'hui surannées. Quand ils font remarquer que sous leur régime le prolétariat moderne n'existait pas, ils oublient que la bourgeoisie est précisément un rejeton fatal de la société féodale.

Ils cachent si peu, d'ailleurs, le caractère réactionnaire de leur critique, que leur premier chef d'accusation contre la bourgeoisie est justement d'avoir créé sous son régime une classe qui fera sauter tout l'ancien ordre social.

Aussi, n'est-ce pas tant d'avoir produit un

prolétariat qu'ils imputent à crime à la bourgeoisie que d'avoir produit un prolétariat révolutionnaire.

Dans la lutte politique ils prennent donc une part active à toutes les mesures violentes contre la classe ouvrière. Et dans la vie de tous les jours ils savent, en dépit de leur phraséologie boursoufflée, s'abaisser pour ramasser les fruits d'or qui tombent de l'arbre de l'industrie, et troquer toutes les vertus chevaleresques, l'honneur, l'amour et la fidélité, contre la laine, le sucre de betterave et l'eau-de-vie.

De même que le prêtre et le seigneur féodal marchèrent jadis la main dans la main, voyons-nous aujourd'hui le socialisme clérical marcher côte à côte avec le socialisme féodal.

Rien n'est plus facile que de recouvrir d'un vernis de socialisme l'ascétisme chrétien. Le christianisme, lui aussi, ne s'est-il pas élevé contre la propriété privée, le mariage, l'Etat? Et à leur place n'a-t-il pas prêché la charité et les guenilles, le célibat et la mortification de la chair, la vie monastique et l'Eglise? Le socialisme chrétien n'est que de l'eau bénite avec laquelle le prêtre consacre le mécontentement de l'aristocratie.

B. — *Le Socialisme des petits bourgeois*

L'aristocratie féodale n'est pas la seule classe

ruinée par la bourgeoisie, elle n'est pas la seule classe dont les conditions d'existence s'étiolaient et dépérissaient dans la société bourgeoise moderne. Les petits bourgeois et les petits paysans du moyen âge étaient les précurseurs de la bourgeoisie moderne. Dans les pays où le commerce et l'industrie sont peu développés, cette classe continue à végéter à côté de la bourgeoisie qui s'épanouit.

Dans les pays où la civilisation moderne est florissante, il s'est formé une nouvelle classe de petits bourgeois qui oscillent entre le Prolétariat et la Bourgeoisie ; partie complémentaire de la société bourgeoise, elle se constitue toujours de nouveau. Mais les individus qui la composent se voient sans cesse précipités dans le prolétariat, par suite de la concurrence et, qui plus est, avec la marche progressive de la grande production, ils voient approcher le moment où ils disparaîtront complètement comme fraction indépendante de la société moderne et où ils seront remplacés dans le commerce, la manufacture par des contre-maîtres, des garçons de boutique et des laboureurs.

Dans les pays comme la France, où les paysans forment bien au-delà de la moitié de la population, les écrivains qui prenaient fait et cause pour le prolétariat contre la bourgeoisie, devaient naturellement critiquer le régime bourgeois et défendre le parti ouvrier au point de vue du petit bourgeois et du paysan. C'est ainsi que se forma le socialisme du petit bourgeois. Sismondi est le chef de cette littérature, aussi bien pour l'Angleterre que pour la France.

Ce socialisme analysa avec beaucoup de pénétration les contradictions inhérentes aux rapports de production modernes. Il mit à nu les hypocrites apologies des économistes. Il démontra d'une façon irréfutable les effets meurtriers de la machine et de la division du travail, la concentration des capitaux et de la propriété foncière, la surproduction, les crises, la misère du prolétariat, l'anarchie dans la production, la criante disproportion dans la distribution des richesses, la guerre industrielle d'extermination des nations entre elles, la dissolution des vieilles mœurs, des vieilles relations familiales, des vieilles nationalités.

Le but positif, toutefois, de ce socialisme des petits bourgeois est, soit de rétablir les anciens moyens de production et d'échange, et, avec eux, les anciens rapports de propriété et l'ancienne société, soit de faire rentrer de force les moyens modernes de production et d'échange dans le cadre étroit des anciens rapports de production qui ont été brisés et fatalement brisés par eux. Dans l'un et l'autre cas, ce socialisme est tout à la fois réactionnaire et utopique.

Pour la manufacture, le système des corporations, pour l'agriculture, des relations patriarcales : voilà son dernier mot.

Finalement, quand les faits historiques l'eurent tout à fait désenivrée, cette forme de socialisme s'est abandonnée à une lâche mélancolie.

C. — *Le socialisme allemand ou le VRAI socialisme*

La littérature socialiste et communiste de la France, née sous la pression d'une bourgeoisie régnante, est l'expression littéraire de la révolte contre ce règne. Elle fut introduite en Allemagne au moment où la bourgeoisie commençait sa lutte contre l'absolutisme féodal.

Des philosophes, des demi-philosophes, et des beaux esprits allemands se jetèrent avidement sur cette littérature, mais ils oublièrent qu'avec l'importation de la littérature française en Allemagne, il n'y avait pas eu en même temps importation des conditions sociales de la France. Par rapport aux conditions allemandes, la littérature française perdit toute signification pratique immédiate et prit un caractère purement littéraire. Elle ne devait plus paraître qu'une spéculation oiseuse sur la *réalisation de la nature humaine*. C'est ainsi que pour les philosophes allemands du xviiie siècle, les revendications de la première révolution française n'étaient que les revendications de la « raison pratique » en général, et la manifestation de la volonté des bourgeois révolutionnaires de la France ne signifiait, à leurs yeux, que la manifestation des lois de la volonté pure, de la volonté telle qu'elle doit être, de la véritable volonté humaine.

Le travail des gens de lettres allemands se bornait à mettre d'accord les idées françaises avec leur vieille conscience philosophique, ou plutôt à s'approprier les idées françaises en les accommodant à leur point de vue philosophique.

Ils se les approprièrent comme on s'assimile une langue étrangère, par la traduction.

On sait comment les moines superposèrent sur les manuscrits des auteurs classiques du paganisme les absurdes légendes des saints catholiques. Les gens de lettres allemands agirent en sens inverse à l'égard de la littérature française. Ils glissèrent leurs non-sens sous l'original français. Par exemple, sous la critique française des fonctions économiques de l'argent, ils écrivirent : « Aliénation de l'être humain » ; sous la critique française de l'État bourgeois, ils écrivirent : « Elimination de la catégorie de l'universalité abstraite », et ainsi de suite.

L'introduction de cette phraséologie philosophique au milieu des développements français ils la baptisèrent : « Philosophie de l'action »,

« Vrai socialisme », « Science allemande du socialisme », « Base philosophique du socialisme », etc.

De cette façon, on émascula complètement la littérature socialiste et communiste française. Et parce qu'elle cessa, entre les mains des allemands, d'être l'expression de la lutte d'une classe contre une autre, ceux-ci se félicitèrent de s'être élevés au-dessus de *l'étroitesse française*, et d'avoir défendu non pas de vrais besoins, mais « le besoin du vrai » ; d'avoir défendu, non pas les intérêts du prolétaire, mais les intérêts de l'être humain, de l'homme en général, de l'homme qui n'appartient à aucune classe ni à aucune réalité et qui n'existe que dans le ciel embrumé de la fantaisie philosophique.

Ce socialisme allemand qui prenait si solennellement au sérieux ses maladroits exercices d'écolier et qui les tambourinait à la façon des saltimbanques, perdit cependant petit à petit son innocence de pédant.

La lutte de la bourgeoisie allemande et principalement de la bourgeoisie prussienne contre la monarchie absolue et féodale, en un mot, le mouvement libéral, devint plus sérieux.

De la sorte, le *vrai* socialisme eut l'occasion tant souhaitée de confronter les réclamations socialistes avec le mouvement politique. Il put lancer les anathèmes traditionnels contre le libéralisme, contre l'état représentatif, contre la concurrence bourgeoise, contre la liberté bourgeoise de la presse, contre le droit bourgeois, contre la liberté et l'égalité bourgeoises ; il put prêcher aux masses qu'elles n'avaient rien à gagner, mais au contraire, tout à perdre à ce mouvement bourgeois. Le socialisme allemand oublia, bien à propos, que la critique française, dont il était le niais écho, présupposait la société bourgeoise moderne, avec les conditions matérielles d'existence qui y correspondent et une constitution politique conforme, choses précisément que, pour l'Allemagne, il s'agissait encore de conquérir.

Pour les gouvernements absolus, avec leur cortège de prêtres, de pédagogues, de hobereaux et de bureaucrates, ce socialisme servit d'épouvantail pour faire peur à la bourgeoisie qui se dressait menaçante.

Il compléta, par son hypocrisie doucereuse, les amers coups de fouet et les balles que ces mêmes gouvernements administrèrent aux ouvriers allemands qui se soulevaient.

Si le *vrai* socialisme devint ainsi une arme entre les mains des gouvernements, il représentait directement, en outre, l'intérêt réactionnaire, l'intérêt du petit bourgeois. La classe des petits bourgeois, léguée par le xvi° siècle, et depuis lors sans cesse renaissante sous des formes diverses, constitue pour l'Allemagne la vraie base sociale de l'état de choses existant.

La maintenir c'est maintenir les conditions allemandes actuelles. La suprématie industrielle et politique de la bourgeoisie menace cette classe de destruction certaine, d'une part par la concentration des capitaux, d'autre part par le développement d'un prolétariat révolutionnaire. Le *vrai* socialisme lui parut pouvoir faire d'une pierre deux coups. Il se propagea comme une épidémie.

Le vêtement tissé avec les fils immatériels de la spéculation, brodé de fleurs de rhétorique et tout saturé d'une rosée sentimentale, ce vêtement transcendant, dans lequel les socialistes allemands enveloppèrent leurs quelques maigres « vérités éternelles », ne fit qu'activer la vente de leur marchandise auprès d'un pareil public.

De son côté le socialisme allemand comprit de mieux en mieux que c'était sa vocation d'être le représentant pompeux de cette petite bourgeoisie.

Il proclama la nation allemande la nation normale et le philistin allemand l'homme normal. A toutes les infamies de cet homme normal il donna un sens occulte, un sens supérieur et socialiste, qui les faisait tout le contraire de ce qu'elles étaient. Il alla jusqu'au bout, en s'élevant contre la tendance « brutalement destructive » du communisme et en déclarant que, impartial, il planait au-dessus de toutes les luttes de classes. A quelques exceptions près les publications soi-disant socialistes ou communistes, qui circulent en Allemagne (en 1847), appartiennent à cette sale et énervante littérature.

II. — LE SOCIALISME CONSERVATEUR ET BOURGEOIS

Une partie de la bourgeoisie cherche à porter remède aux maux sociaux dans le but d'assurer l'existence de la société bourgeoise.

Dans cette catégorie se rangent les économistes, les philanthropes, les humanitaires, les améliorateurs du sort de la classe ouvrière, les organisateurs de bienfaisance, les protecteurs des animaux, les fondateurs de sociétés de tempérance, les réformateurs en chambre de tout acabit. Et l'on est allé jusqu'à élaborer ce socialisme bourgeois en systèmes complets.

Citons, comme exemple, la *Philosophie de la Misère* de Proudhon.

Les socialistes bourgeois veulent les conditions de vie de la société moderne sans les dangers et les luttes qui en dérivent fatalement. Ils veulent la société actuelle, mais avec élimination des éléments qui la révolutionnent et la dissolvent. Ils veulent la bourgeoisie sans le prolétariat. La bourgeoisie, comme de juste, se représente le monde où elle domine comme le meilleur des mondes possibles. Le socialisme bourgeois élabore cette représentation consolante en système ou en demi-système. Lorsqu'il somme le prolétariat de réaliser ces systèmes et de faire son entrée dans la nouvelle Jérusalem, il ne fait pas autre chose au fond que de l'engager à s'en tenir à la société actuelle, mais à se débarrasser de sa conception haineuse de cette société.

Une seconde forme de ce socialisme, moins systématique, mais plus pratique, essaya de dégoûter les ouvriers de tout mouvement révolutionnaire, en leur démontrant que ce n'était pas tel ou tel changement politique, mais seulement une transformation des rapports de la vie matérielle et des conditions économiques qui pouvait leur profiter. Notez que par transformation des rapports matériels de la société, ce socialisme n'entend pas parler de l'abolition des rapports de production bourgeois, mais uniquement de réformes administratives s'accomplissant sur la base même de la production bourgeoise, qui, par conséquent, n'affectent pas les relations du capital et du salariat, et qui, dans les meilleurs cas, ne font que diminuer les frais et simplifier le travail administratif du gouvernement bourgeois.

Le socialisme bourgeois n'atteint son expression adéquate qu'alors qu'il devient une simple figure de rhétorique.

Libre-échange ! dans l'intérêt de la classe

ouvrière ; droits protecteurs ! dans l'intérêt de la classe ouvrière ; prisons cellulaires ! dans l'intérêt de la classe ouvrière : voilà son dernier mot, le seul mot dit sérieusement par le socialisme bourgeois.

Car le socialisme bourgeois tient tout entier dans cette phrase : les bourgeois sont des bourgeois dans l'intérêt de la classe ouvrière.

III. — LE SOCIALISME ET LE COMMUNISME CRITICO-UTOPIQUE

Il ne s'agit pas ici de la littérature qui, dans toutes les grandes révolutions modernes, a formulé les revendications du prolétariat (les écrits de Babœuf, etc.).

Les premières tentatives directes du prolétariat pour faire prévaloir ses propres intérêts de classe, faites en un temps d'effervescence générale, dans la période du renversement de la société féodale, échouèrent nécessairement, aussi bien à cause de l'état embryonnaire du prolétariat lui-même qu'à cause de l'absence des conditions matérielles de son émancipation, conditions qui ne pouvaient être produites que sous l'ère bourgeoise. La littérature révolutionnaire qui accompagnait ces premiers mouvements du prolétariat eut forcément un caractère réactionnaire. Elle préconise un ascétisme général et un grossier égalitarisme.

LITTÉRATURE SOCIALISTE ET COMMUNISTE

Les systèmes socialistes et communistes proprement dits, les systèmes de Saint-Simon, de Fourier, de Owen, etc., font leur apparition dans la première période de la lutte entre le prolétariat et la bourgeoisie, période décrite ci-dessus (Voir *Bourgeois et Prolétaires*).

Les inventeurs de ces systèmes se rendent bien compte de l'antagonisme des classes, ainsi que de l'action des éléments dissolvants dans la société dominante elle-même. Mais ils n'aperçoivent du côté du prolétariat aucune action historique, aucun mouvement politique qui lui soient propres.

Comme le développement de l'antagonisme des classes marche de pair avec le développement de l'industrie, ils ne trouvent pas davantage les conditions matérielles de l'émancipation du prolétariat et se mettent en quête d'une science sociale, de lois sociales, dans le but de créer ces conditions.

L'activité sociale doit céder la place à leur activité cérébrale personnelle, les conditions historiques de l'émancipation à des conditions fantastiques, l'organisation graduelle et spontanée du prolétariat en classe à une organisation fabriquée de toute pièce par eux mêmes. L'histoire future du monde se résout pour eux dans la propagande et la mise en pratique de leurs plans de société.

Dans la formation de leurs plans, toutefois,

ils ont la conscience de défendre avant tout les intérêts de la classe ouvrière, parce qu'elle est la classe la plus souffrante. La classe ouvrière n'existe pour eux que sous cet aspect de la classe la plus souffrante.

Mais, ainsi que le comportent la forme peu développée de la lutte des classes et leur propre position sociale, ils se considèrent bien au-dessus de tout antagonisme des classes. Ils désirent améliorer les conditions matérielles de la vie pour tous les membres de la société, même des plus privilégiés. Par conséquent, ils ne cessent de faire appel à la société tout entière sans distinction, ou plutôt ils s'adressent de préférence à la classe régnante. Puisque, aussi bien, il suffit de comprendre leur système pour reconnaître que c'est le meilleur de tous les plans possibles de la meilleure des sociétés possibles.

Ils repoussent donc toute action politique et surtout toute action révolutionnaire, ils cherchent à atteindre leur but par des moyens paisibles et essayent de frayer un chemin au nouvel évangile social par la force de l'exemple, par des expériences en petit, condamnées d'avance à l'insuccès.

La peinture fantastique de la société future, faite à une époque où le prolétariat, peu développé encore, envisage sa propre position d'une manière fantastique, correspond aux premières aspirations instinctives des ouvriers vers une complète transformation de la société.

Mais les écrits socialistes et communistes renferment aussi des éléments critiques. Ils attaquent la société existante à ses bases. Ils ont fourni, par conséquent, dans leur temps, des matériaux d'une grande valeur pour éclairer les ouvriers. Leurs propositions positives relatives à la société future, telle que la suppression de la distinction entre ville et campagne, l'abolition de la famille, du gain privé et du travail salarié, la proclamation de l'harmonie sociale et la transformation de l'Etat en une simple administration de la production, toutes ces propositions ne font qu'indiquer la disparition de l'antagonisme des classes, antagonisme qui commence seulement à se dessiner, et dont les faiseurs de systèmes ne connaissent encore que les premières formes indistinctes et indéterminées. Aussi ces propositions n'ont-elles encore qu'un sens purement utopique.

L'importance du socialisme et du communisme critico-utopique est en raison inverse du développement historique. A mesure que la lutte des classes s'accentue et prend une forme, ce fantastique dédain pour la lutte, cette fantastique opposition à la lutte perdent toute valeur pratique, toute justification théorique. C'est pourquoi si, à beaucoup d'égards, les fondateurs de ces systèmes étaient des révolutionnaires, les sectes formées par leurs disciples sont toujours réactionnaires, car ces disciples s'obstinent à opposer les vieilles conceptions des maîtres à l'évolution historique du prolétariat. Ils cherchent donc, et en cela ils sont conséquents, à émousser la lutte des classes et à concilier les antagonismes. Ils rêvent toujours la réalisation expérimentale de leurs utopies sociales, l'établissement de phalanstères isolés, la création de colonies à l'intérieur et la fondation d'une petite Icarie — édition in-douze de la nouvelle Jérusalem, et pour donner une réalité à tous ces châteaux en Espagne, ils se voient forcés de faire appel aux cœurs et aux caisses des bourgeois. Petit à petit, ils tombent dans la catégorie des socialistes réactionnaires ou conservateurs dépeints plus haut, et ne s'en distinguent plus que par un pédantisme plus systématique et une foi superstitieuse et fanatique dans l'efficacité miraculeuse de leur science sociale.

Ils s'opposent donc avec acharnement à toute action politique de la classe ouvrière, une pareille action ne pouvant provenir, à leur avis, que d'un aveugle manque de foi dans le nouvel évangile.

Les Owenistes en Angleterre, les Fouriéristes en France réagissent, là contre les Chartistes, ici contre les Réformistes.

IV

Position des Communistes vis-à-vis des différents partis de l'opposition

D'après ce que nous avons dit plus haut (voir Chapitre II), la position des communistes vis-à-vis des partis ouvriers déjà constitués s'explique d'elle-même, et, partant, leur position vis-à-vis des Chartistes en Angleterre et des réformateurs agraires dans l'Amérique du Nord.

Ils combattent pour les intérêts et les buts immédiats de la classe ouvrière, mais dans le mouvement du présent, ils défendent et représentent en même temps l'avenir du mouvement. En France, les communistes se rallient au parti démocrate-socialiste contre la bourgeoisie conservatrice et radicale, tout en se réservant le droit de critiquer les phrases et les illusions léguées par la tradition révolutionnaire.

En Suisse ils appuient les radicaux, sans méconnaître que ce parti se compose d'éléments contradictoires, moitié de démocrates socialistes, dans l'acceptation française du mot, moitié de bourgeois radicaux.

En Pologne les communistes soutiennent le parti qui voit dans une révolution agraire la condition de l'affranchissement national, c'est-à-dire le parti qui fit la révolution de Cracovie en 1846.

En Allemagne le parti communiste lutte d'accord avec la bourgeoisie, toutes les fois que la bourgeoisie agit révolutionnairement, contre la monarchie absolue, la propriété foncière féodale et la petite bourgeoisie.

Mais jamais, à aucun moment, ce parti ne néglige d'éveiller chez les ouvriers une conscience claire et nette de l'antagonisme profond qui existe entre la bourgeoisie et le prolétariat, afin que, l'heure venue, les ouvriers allemands sachent convertir les conditions sociales et politiques, créées par le régime bourgeois, en autant d'armes contre la bourgeoisie ; afin que, sitôt les classes réactionnaires de l'Allemagne détruites, la lutte puisse s'engager contre la bourgeoisie elle-même.

C'est vers l'Allemagne surtout que se tourne l'attention des communistes, parce que l'Allemagne se trouve à la veille d'une révolution bourgeoise, et parce qu'elle accomplira cette révolution dans des conditions plus avancées de la civilisation européenne et avec un prolétariat infiniment plus développé que l'Angleterre et la France n'en possédaient au xviie et au xviiie siècle, et que, par conséquent, la révolution bourgeoise allemande ne saurait être que le court prélude d'une révolution prolétarienne.

En somme, les communistes appuient partout tout mouvement révolutionnaire contre l'état de choses social et politique existant.

Dans tous ces mouvements, ils mettent en avant la question de la propriété, quelle que soit la forme plus ou moins développée qu'elle ait revêtue, comme la question fondamentale du mouvement.

Enfin les communistes travaillent à l'union et à l'entente des partis démocratiques de tous les pays.

Les communistes ne s'abaissent pas à dissimuler leurs opinions et leurs buts. Ils proclament hautement que ces buts ne pourront être atteints sans le renversement violent de tout l'ordre social actuel. Que les classes régnantes tremblent à l'idée d'une révolution communiste. Les prolétaires n'ont rien à y perdre, hors leurs chaînes. Ils ont un monde à gagner.

Prolétaires de tous les pays, unissez-vous !

TABLE DES MATIÈRES

	Pages
PRÉFACE.	I

PREMIER ESSAI

En mémoire du Manifeste du parti communiste	1

DEUXIÈME ESSAI

Le Matérialisme historique.	99

APPENDICE I

A propos de la crise du marxisme	279

APPENDICE II

Manifeste du parti communiste	315

LAVAL. — IMPRIMERIE PARISIENNE, L. BARNÉOUD & Cie

BIBLIOTHÈQUE SOCIALISTE INTERNATIONALE

(SÉRIE IN-18)

DEVILLE (G.). — **Principes socialistes.** 1898. Deuxième édition. 1 volume in-18 . . . . 3 fr. 50

MARX (Karl). — **Misères de la philosophie.** Réponse à la philosophie de la misère de M. Proudhon. 1896. 1 volume in-18 . . . . 3 fr. 50

LABRIOLA (Antonio). — **Essais sur la conception matérialiste de l'histoire.** 2ᵉ éd., 1902. 1 vol. in-18 . . . . 3 fr. 50

DESTRÉE (J.) et VANDERVELDE (E.). — **Le Socialisme en Belgique.** 2ᵉ édit. 1902. 1 volume in-18 . . . . 3 fr. 50

LABRIOLA (Antonio). — **Socialisme et Philosophie.** 1899. 1 volume in-18 . . . . 2 fr. 50

MARX (Karl). — **Révolution et contre-révolution en Allemagne,** traduit par Laura Lafargue. 1900. 1 volume in-18 . . 2 fr. 50

GATTI (G.). — **Le Socialisme et l'Agriculture,** préface de G. Sorel. 1902. 1 volume in-18 . . . . 3 fr. 50

(SÉRIE IN-8)

WEBB (Béatrix et Sydney). — **Histoire du Trade-Unionisme.** 1897, traduit par Albert Métin. 1 volume in-8 . . . . 10 fr. »

KAUTSKY (Karl). — **La question agraire.** — **Étude sur les tendances de l'Agriculture moderne,** traduit par Edgard Milhaud et Camille Polack. 1900. 1 volume in-8 . . . . 8 fr. »

MARX (Karl). — **Le Capital,** traduit à l'Institut des sciences sociales de Bruxelles par J. Borchardt et H. Vanderrydt :

— Livre II. — **Le Procès de circulation du capital.** 1900, 1 volume in-18 . . . . 10 fr. »

— Livre III. — **Le Processus d'ensemble de la production capitaliste.** 1901-1902. 2 volumes in-8 . . . . 20 fr. »

Pour paraître prochainement :

— Livre I. — **Le Procès de production du capital.** 1 vol. in-8.

A LA MÊME LIBRAIRIE

CROCE (Benedetto). — **Matérialisme historique et Économie marxiste,** trad. par Alfred Bonnet. 1901. Un vol. in-18 . . 3 fr. 50

FERRI (E.), *professeur à l'Université de Rome.* **Socialisme et science positive** (Darwin-Spencer-Marx). 1897. 1 volume in-8 . . 4 fr. »

MARX (Karl) et ENGELS (Fr.). — **Manifeste du parti communiste.** Nouvelle édition française autorisée avec les préfaces des auteurs aux éditions allemandes. Traduction de Laura Lafargue, revue par Engels. 1901. Un petit vol. in-18 (72 pages) . . . . 0 fr. 20

MARX (Karl). — **Prix, salaires, profits,** trad. par Ch. Longuet. 1899. Une broch. in-18 . . . . 0 fr. 50

MENGER (A.), *professeur à l'Université de Vienne.*— **Le Droit au produit intégral du Travail,** avec préface de Ch. Andler. 1900. 1 vol. in-18 . . . . 3 fr. 50

RAE (John). — **La Journée de huit heures.** Théorie et étude comparée de ses applications et de leurs résultats économiques et sociaux. 1900. Un volume in-8 . . . . 6 fr. »

SOMBART (Werner), *professeur à l'Université de Breslau.* — **Le socialisme et le mouvement social au XIXᵉ siècle,** 1 volume in-18 . . . . 2 fr. »

LAVAL. — IMPRIMERIE PARISIENNE, L. BARNÉOUD & Cⁱᵉ.

www.ingramcontent.com/pod-product-compliance
Lightning Source LLC
Chambersburg PA
CBHW060605170426
43201CB00009B/907